ENCONTROS COM SÃO CLEMENTE

OTTO WEISS

# ENCONTROS COM SÃO CLEMENTE

*(1751-1820)*

Editora
SANTUÁRIO

DIRETOR EDITORIAL:
Marcelo C. Araújo

COORDENAÇÃO EDITORIAL:
Ana Lúcia de Castro Leite

TRADUÇÃO:
CLóvis Bovo

COPIDESQUE:
Lessandra Muniz de Carvalho

REVISÃO:
Paola Goussain S. Macahiba

DIAGRAMAÇÃO E CAPA:
Juliano de Sousa Cervelin

Título original: *Begegnungen mit Klemens Maria Hofbauer – 1751-1820*
© Verlag Friedrich Pustet, Regensburg, 2009.
Edição brasileira por mediação de Eulama – agência literária
ISBN 978-3-7917-2179-8

**Dados Internacionais de Catalogação na Publicação (CIP)**
**(Câmara Brasileira do Livro, SP, Brasil)**

Weiss, Otto
    Encontros com São Clemente (1751-1820) / Otto Weiss; [tradução Clóvis Bovo]. – Aparecida, SP: Editora Santuário, 2011.

    Título original: Begegnungen mit Klement Maria Hofbauer: 1751-1820
    Bibliografia
    ISBN 978-85-369-0250-0

    1. Hofbauer, Clemente Maria, Santo, 1751-1820 2. Santos cristãos – Áustria – Biografia I. Título.

11-10403                                                                    CDD-282.092

**Índices para catálogo sistemático:**

1. Santos: Igreja Católica: Vida e obra
282.092

Todos os direitos em língua portuguesa
reservados à **EDITORA SANTUÁRIO** – 2011

Composição, CTcP, impressão e acabamento:
**EDITORA SANTUÁRIO** – Rua Padre Claro Monteiro, 342
12570-000 – Aparecida-SP – Fone: (12) 3104-2000

# Prefácio

Mais um livro sobre Clemente Hofbauer! Já não existem escritos suficientes sobre o "Patrono de Viena"?

Sim, com certeza. É surpreendente! Quem já escreveu tudo sobre o Padre Clemente Maria Hofbauer: simples padres (curas espirituais) e professores, escritores populares e políticos. Alguns nomes: Sebastian Brunner, mordaz jornalista católico, anti-iluminista, antissemita e juiz impiedoso do classicismo alemão, mas, ao mesmo tempo, homem de grande engajamento social; Martin Spahn, "católico moderno" que lutou por uma independência maior da Igreja alemã e, mais tarde, ficou contaminado pelo nacionalismo; Hermann Bahr, poeta e propugnador da "Viena moderna"; Richard Kralik, que por longo tempo foi tido como o papa austríaco da literatura e cultura católicas; Ernst Karl Winter, reformador conservador, do qual se originou a sentença de que o político católico deve "ficar à direita e pensar à esquerda"; Eduard Winter, historiador crítico, que colocou sobre nova base a pesquisa do josefinismo na Áustria.

E aí estão os Redentoristas, historiadores e escritores austríacos que dedicaram a seu confrade grossos volumes e longos tratados: Matthias Bauchinger, parlamentar do império; Adolf Innerkofler, parente de um tirolês do Sul, lutador pela libertação do Tirol, ele mesmo lutou a vida inteira por um Tirol livre; Johannes Hofer, bisneto do grande Andreas Hofer, historiador erudito e biógrafo insuperável de Hofbauer; por fim, Eduard Hosp, arquiconservador, mas sempre preocupado com a objetividade, intelectual incansável e exato, revolvendo constantemente os arquivos.

Aí está o Pe. Wladyslaw Szoldrski da Polônia, que viajou pela Europa durante 50 anos, recolhendo documentos nos arquivos eclesiásticos e estatais. O resultado foi uma obra verdadeiramente monumental de fontes, *Monumento Hofbaueriana*, de 15 volumes de material de arquivo! A respeito de qual santo católico de nosso tempo existe uma obra semelhante?

Por fim Josef Heinzmann, por longos anos Provincial suíço e incansável cura espiritual, que, seguindo o *Monumento Hofbaueriana*, escreveu um valioso volume sobre São Clemente, no qual se percebe a íntima aproximação do autor com seu biografado.

Hoje sabemos muito sobre o homem e sacerdote Hofbauer, até mais do que alguns de seus contemporâneos, mesmo aqueles que viviam diariamente com ele. Por que, então, um novo livro sobre ele? Realmente, estaria parecendo supérfluo se, sim, fosse apenas para repetir datas e acontecimentos conhecidos por todos. Para isso não seria necessário este livro. Ele surgiu da necessidade de – após ocupar-me continuamente durante cinquenta anos com a figura de Hofbauer, com seus amigos, com sua época – rever alguma coisa que ainda vagueia por suas biografias.

Trata-se de distorções que se introduziram furtivamente ao longo de duzentos anos, alojando-se no fundo das correntes do tempo – ideias e ideologias que pouco têm a ver com o Clemente autêntico. Cada época vai formando seus modelos e santos conforme a própria imaginação. Hofbauer não faz nenhuma exceção.

Os procedimentos para torná-lo santo foram sancionados por Roma na segunda metade do século XIX. Tais procedimentos terminaram com a canonização em 1909, há cerca de cem anos. Sua Causa foi introduzida no reinado de Pio IX, e São Pio X efetuou sua canonização. Ambos os Papas eram por uma orientação rigorosa na Teologia e na Igreja, na rejeição do iluminismo e da modernidade. Clemente devia prestar-se a este esquema. Se era para ser canonizado, necessário se fazia – como pensava um historiador da Igreja – convencer o ambiente ultramontano da época, tendo o Papa na frente. A vida de Hofbauer devia, "por assim dizer, ser escrita no coração do Papa Pio IX" (Schwedt, 451). Os que "construíram" sua beatificação, começando pelas testemunhas convocadas, tudo fizeram para justificar esse objetivo. Hofbauer foi altamente estilizado como "o derrotador do iluminismo", o "pai da Contrarreforma no século XIX"; afirmou-se até com toda a seriedade que ele impediu a fundação de uma igreja nacional alemã, independente de Roma, "arquitetada" por Ignaz Heinrich von Wessenberg, seguido pelo bispo João Miguel Sailer. Mas tudo o que não se ajustava ao plano pré--concebido, era excluído, desconsiderado, silenciado.

A desfiguração de Clemente, para ser o líder anti-iluminista austríaco, não foi a única distorção. Para aumentar sua "glória", um grupo entusiasmado do romantismo católico na Áustria, sob a liderança do historiador da Literatura Richard von Kralik, a partir da virada para o século XX, fez de Hofbauer o "reformador da Literatura" e até "pai do Romantismo" por causa de sua amizade com figuras importantes do Romantismo tardio de Viena.

Um discípulo de Kralik, o jovem Ernst Karl Winter, acrescentou um acento especial – à maneira austríaca. Também para ele, Clemente foi "a corporificação do Romantismo", mas "do Romantismo austríaco" que ele entendia como "síntese do Romantismo romano com o germânico" ou a da "forma" com a "força". Assim escreveu sobre Hofbauer:

> São Clemente é um ícone, um estandarte, uma encarnação que acontece apenas uma vez a cada cem anos: o homem austríaco ideal, que é igualmente o europeu católico, o romano sério, o germano audaz, o eslavo de fé numa só palavra. Este homem, patriota fiel e de bem com todo o mundo, carrega consigo a humanidade (E. K. WINTER, 437).

Por mais grandioso que isto tudo possa soar, trata-se de uma solene distorção e desfiguração ideológica que mal se ajusta ao Hofbauer histórico como homem de seu tempo. Poder-se-ia incluir outras distorções, por exemplo a suposta estilização de Clemente como político eclesiástico, como precursor da "Ação católica", como, a gente denominaria hoje, "um fundamentalista".

Portanto está no tempo de remover o que os séculos – embora com a melhor das intenções – foram acumulando como entulho. A finalidade de tal demitização é obter um conhecimento melhor de Clemente Hofbauer.

Otto Weiss

Viena, verão de 2008.

# Introdução

Quase dois séculos depois da morte de Hofbauer, exatamente cem anos após sua canonização, já está no tempo de "historiar" sua vida e sua obra. Tentemos, pois, remover as fitas coloridas que durante dois séculos foram sendo colocadas na imagem de Clemente, o "apóstolo de Varsóvia" e "patrono de Viena". Contudo não nos esqueçamos de que também nós podemos correr o perigo de introduzir, no passado, problemas, ideologias, fome de poder da atualidade e descobrir tradições onde não existem; em outras palavras, perigo de criar um Clemente Maria segundo nossa imagem e semelhança. As fontes devem ser sempre seguras, sendo válidas também quando a realidade encontrada nas fontes já é uma realidade interpretada. Mas talvez valha também quando a realidade, agora interpretada, que deixa de ser simples faticidade, representa toda a realidade.

Embora muito comprometidos com as fontes – em nosso trabalho podem aparecer fontes até aqui desconsideradas, esquecidas ou falsificadas – , precisamos também ter nosso ponto de vista todo especial. Todo o nosso conhecimento é perspectivista. Isto aplica-se também a nossa visão ou maneira de ver as pessoas, pessoas vivas ou personagens da História, também os santos. E como em cada pessoa muda o ponto de vista, a perspectiva, isso vale também para o tempo que muda ao longo da História. Cada pessoa de cada época vê no passado, primeiramente, o que lhe interessa, o que a tocou, o que para ela tem relação com o presente. Isto tudo é legítimo. Assim, pois, de nosso olhar para Clemente irá nos interessar, antes de tudo, o que hoje ainda nos interpela.

Com isso, deixemos de lado o que já foi descrito mais vezes. O objetivo de nossas reflexões não é montar uma "biografia" de Clemente. Quem o desejar, encontra indicações suficientes no fim deste livro. A nós, porém, compete lançar fachos de luz sobre Clemente, sua personalidade, seu tempo e seu mundo de então, apresentando-o também como um homem que não tinha medo de conflitos quando isto lhe parecia necessário.

As pessoas que viveram próximas a Hofbauer formam o centro de nossa aproximação com ele. Ao menos alguns deles são apresentados na segunda parte do livro. Enquanto na primeira parte nós mesmos procuramos encontrar-nos com Clemente por diversos caminhos, na segunda parte estão em primeiro plano as experiências que os homens do seu tempo tiveram no encontro com ele.

Quem eram eles? De onde vieram? O que foi feito deles? Qual a importância de Clemente para eles, e deles para Clemente? Para nossa procura do Clemente original, não do santo colocado no Olimpo, é importante o conhecimento adquirido através dessas pessoas. Pois o provérbio "dize-me com quem andas e te direi quem és" vale também para Clemente.

Para o método de nosso trabalho, tudo isso é importante, pois não vamos proceder cronológica, mas tematicamente. Isto tem vantagem para quem se interessa por um tema determinado não precisar percorrer tudo, do começo ao fim. Assim pode-se destacar despreocupadamente o capítulo escolhido.

Contudo, também o leitor que não conhece Hofbauer, ou o conhece pouco, poderá reunir cronológica e ordenadamente o que foi exposto no livro, embora seja o esboço de sua vida. Pode ainda facilitar o que procura, orientando-se pelo quadro cronológico no fim deste livro.

## Breve Currículo da vida de Clemente Hofbauer

*Infância e juventude*

João Hoffbauer – assim era seu nome original, também a grafia com dois f – nasceu em Tasswitz (Moravia), no dia 26 de dezembro de 1751. Aos 16 anos começou um aprendizado de padeiro em Znaim. Sem dúvida, seria bom se já pudesse ficar padre. Este objetivo ficou mais próximo quando seu primo Johann Martin Jahn conseguiu licença junto ao Prior do mosteiro dos Premonstratenses em Klosterbruck para ele frequentar a escola do mosteiro. Concluiu o curso em 1777. Não ingressou no mosteiro, mas em 1778 fez uma peregrinação a Roma, onde juntou-se, pela emissão dos votos religiosos, a uma comunidade de eremitas, e adotou o nome de Clemente. Em 1778 voltou como eremita para sua pátria, construiu para si uma cela nas proximidades de Mühlfraun e assumiu uma vida de eremita.

Sabemos pouco a respeito dos anos seguintes. É certo que em 1779/80 frequentou como eremita um curso de catequese em Viena e proveu seu sustento como ajudante do padeiro; que estudou Filosofia e Teologia em Viena e encontrou benfeitores que lhe possibilitaram esse estudo; que ficou conhecendo seu amigo, o jovem estudante Tadeu Hübl, da Boêmia, dez anos mais novo que ele.

*Ingresso na Congregação dos Redentoristas*

Provavelmente em 1782 acontece o primeiro encontro de Clemente com Nikolaus Joseph Albert von Diessbach, convertido, ex-jesuíta, oriundo de Berna, que exerceu forte influência sobre ele e chamou sua atenção para a Congregação Redentorista. Três anos depois, entrou nesta Congregação em Roma com seu amigo Tadeu Hübl. Em 1786, após a ordenação, ambos voltaram para o norte e detiveram-se um ano em Viena para completar seus estudos.

Hofbauer foi nomeado Superior de todas as casas a serem fundadas ao norte dos Alpes. Daí vem o nome de "Redentoristas transalpinos". Foi-lhe conferido o título de Vigário-Geral pelo Superior-Geral de Roma.

*Pastoreio em Varsóvia*

Em 1787 Hofbauer e Hübl continuaram o caminho. Como as fontes deixam transparecer, a Congregação Romana da Propaganda queria enviá-los para a Rússia Branca ou para a Pomerânia sueca, assim chamada naquele tempo. Ficaram aguardando em Varsóvia. Os alemães que participavam da Irmandade de São Beno, em Varsóvia, precisavam de um padre. Os dois

Redentoristas acederam a seu pedido. Assim nasceu a primeira casa fora da Itália, na então Varsóvia Prussiana, à qual dentro de 20 anos chegou membros, não só alemães, como também poloneses e franceses emigrantes. Uma consequência do rápido crescimento foi que, no edifício realmente pobre, passaram a viver três até quatro padres no mesmo quarto.

Sua atuação caminhou por duas direções: inicialmente era o ensino nas escolas fundadas e dirigidas por eles. À atividade escolar sobreveio a atividade pastoral específica na igreja de São Beno, que se tornou logo um centro religioso, estendendo-se além da comunidade alemã. Deve-se mencionar aqui também a organização dos leigos ou Associação dos Oblatos, que Clemente criou para fomentar a Fé e elevar a moralidade.

*Fundações no sul da Alemanha*
*e na Suíça – Expulsão de Varsóvia*

Na verdade, a fundação de Varsóvia nunca foi um convento canônico. Era proibido erigir tais conventos. Assim se compreende por que Hofbauer saía para empreender sempre novas viagens de fundação na Alemanha e Suíça. Algumas fundações – Wolrau/ Zürchersee, Jestetten, Triberg, Babenhausen – se concretizaram, mas foram logo supressas, na maioria das vezes por causa das vicissitudes do tempo. Dia 20 de junho de 1808 caiu a florescente comunidade de Varsóvia, vítima da dissolução por ordem de Napoleão. Os padres não poloneses foram transportados para a fortaleza de Küstrin e repatriados após curta reclusão. Para Clemente, Viena valeu como sua pátria. Viajou para lá com o estudante de Teologia Martin Stark e o Irmão Matthias Widhalm.

*Pastoral em Viena*

Hofbauer, entrementes com 57 anos, começou tudo do começo em Viena. Na verdade foi sempre seu objetivo a fundação de um convento, mas, como isso não era possível por causa do governo, colocou-se na situação de espera. De 1808 a 1813, serviu na igreja nacional dos italianos, igreja dos Minoritas. De 1813 em diante atuou como confessor das Irmãs e Reitor da igreja Santa Úrsula. Não tinha paróquia nem função específica. Não obstante, era tudo, menos inativo, pois desenvolvia uma atividade pastoral e caritativa quase inacreditável. Atuou como confessor, pregador, mas também como conselheiro dos Núncios, e ainda achava tempo bastante para levar mantimentos aos pobres nos arrabaldes e dedicar-se ao apostolado dos moradores das periferias, enfermos, agonizantes, desesperados. Daí em diante tornou-se o centro de diversos círculos de acadêmicos, estudantes e professores, entre eles figuras de liderança do Romantismo tardio de Viena.

*Morte – Beatificação – Canonização*

Hofbauer morreu em Viena, no dia 15 de março de 1820. Um forasteiro que viu a multidão na cerimônia do sepultamento exclamou admirado: "Mas esse deve ter sido um homem muito rico". O filósofo Frederico Schlegel, que narra isso, acrescenta: "Que ele tenha sido rico, sim; mas num outro sentido". Alguns dias após sua morte, a Congregação Redentorista foi reconhecida oficialmente na Áustria. Sobre Hofbauer mesmo, jornais e revistas falaram muito. Embora nunca tivesse escrito alguma coisa, excetuando algumas cartas, sua memória perdurou na História.

Em 1887 foi beatificado pelo Papa Leão XIII. Há cerca de cem anos, no dia 20 de maio de 1909, teve lugar a canonização por Pio X. Desde então sua veneração não diminuiu, mas cresceu. Na Áustria, Alemanha e Suíça foram-lhe dedicadas numerosas igrejas.

*Um santo problemático?*

Sem dúvida, também é verdade que Clemente tornou-se um "santo problemático" para não poucos católicos. Figurou nas maiores publicações da História Eclesiástica dos séculos XVIII e XIX, mas é frequentemente mal interpretado. Por isso, agora, seria o tempo de a gente iluminar o mais positivamente possível os pontos nevrálgicos da vida deste santo, tanto em seu lado bom como no menos bom.

# PARTE I

## APROXIMAÇÕES

# I

## TEMPO E AMBIENTE EM QUE VIVEU

### "Derrotou o Iluminismo"?

Por mais diferentes que as biografias de Clemente possam ter sido, uma coisa se encontra praticamente em todas: Hofbauer é apontado como "derrotador do Iluminismo", vencedor do eclesialismo estatal austríaco – "o josefinismo" – e até mesmo como detentor da criação da "Igreja nacional alemã independente". Abstraindo totalmente disso o papel do modesto e incansável cuidador do corpo e da alma, todas essas afirmações – papel político e histórico no setor religioso que ele sempre afastou de si – são simplesmente falsas. Uma coisa, entretanto, é certa: em vista da orientação estreita da Igreja e da Teologia no século XIX, aquelas afirmativas foram de utilidade quando se tratou de conseguir "a honra dos altares" para Clemente. Assim já aparecem no parecer do Cardeal da Cúria, Carl August, conde de Reisach, por ocasião da abertura do processo de beatificação de Clemente, em 1866. Durante cerca de dois séculos – até os dias de hoje – estas "construções" continuaram sendo narradas com grande fervor pelos biógrafos de Clemente, visando aumentar sua glória.

Basta um olhar nas fontes para refutar estas palavras estereotipadas. De fato, Hofbauer tinha um tratamento ambivalente para o Iluminismo eclesiástico e o josefinismo. Estava tanto arraigado num catolicismo popular conservador, marcado pela piedade barroca, quanto aberto para impulsos que vinham da reforma josefinista. Voltaremos a falar disso depois.

## Avaliação católica da época do Iluminismo

Na verdade os depoimentos citados sobre Hofbauer não são falsos apenas. Estão também completamente errados, justamente por isso, porque neles se faz uma avaliação do processo histórico que não se orienta pela realidade histórica, mas introduz pressupostos neles. Inteiramente no estilo das publicações pontifícias do século XIX – encíclica "Mirari vos" de Gregório XVI, "Syllabus errorum" de Pio IX – o Iluminismo, o livre pensamento, a cultura moderna são julgados maus em si mesmos e condenados como ameaça à Fé e aos costumes.

Os biógrafos de Hofbauer no século XIX não estavam sozinhos. Pensar assim fazia parte do bom católico. Quando o historiador da Igreja Sebastian Merkle em 1909 – ano em que Clemente foi canonizado – mostrou que, então, a avaliação católica do iluminismo foi unilateral e falsa, e fez ver que houve também um "Iluminismo eclesiástico" avaliado positivamente, esbarrou numa forte resistência, que cedeu pouco a pouco em favor de um melhor juízo. Muitas vezes, porém, os antigos preconceitos foram sendo transmitidos para frente sem se olhar melhor.

### Sebastian Brunner

Precisamente, um de seus primeiros biógrafos, dificultou para quem escreve a vida de Hofbauer, ao caluniar como nenhum outro o iluminismo católico e as reformas eclesiásticas do imperador José II: Sebastian Brunner, padre vienense, publicista e inovador social. Brunner flagelou com amarga ironia e sarcasmo mordaz "a criadagem teológica da corte de José II" e "os mistérios do Iluminisno na Áustria". Contudo, a renhida polêmica e de curta duração que ele põe à vista do leitor deve ser avaliada com prudência. Oferece um prato requintadamente variegado, no qual são jogados sem escolha e sem distinção livres pensadores, iluminados, febronianos, iluministas eclesiásticos e bispos da reforma romana.

Foi Sebastian Brunner que, em sua biografia, pintou Hofbauer conforme sua imagem e semelhança. Isso não estava totalmente errado. Que em 1848 o reformador social tenha colocado no pelourinho os católicos ricos diante da penúria dos pobres proletários, e propagado o nome de Clemente como modelo de amor desinteressado ao próximo, sem dúvida acertou em cheio. Também que na virada do século XIX o anti-iluminista Brunner tenha visto em sua biografia a Teologia e a Igreja na Áustria dominadas pela "aridez espiritual" e o "racionalismo insosso", contra os quais Hofbauer se insurgiu, não pode ser totalmente falso. Só que isso ainda não era todo o Hofbauer, e não havia só "aridez espiritual" na Viena católica. Mesmo teólogos iluministas nem sempre foram acometidos por ela.

Finalmente coloca-se a pergunta: Clemente era, realmente, apenas um "anti-iluminista"?; "de coração estreito, em algum ponto de vista, um pouco racionalista até"?, como escreveu Joseph Ratzinger (J. RATZINGER, *Glaube und Zukunft*, Munique, 1970, p.119), ele era o que hoje chamaríamos de "fundamentalista" – assim como seu biógrafo Kornelius Fleischmann – ou existiu também o Hofbauer "iluminista"?

Para poder responder a estas questões, tentemos nos próximos capítulos deixar de lado as ideologias, os preconceitos e os pré-julgamentos que seus biógrafos continuam transmitindo até hoje, e com base em recentíssimas investigações mostrar o que houve realmente com a reforma josefinista e o iluminismo na Igreja austríaca. Pode acontecer então que também a imagem que temos de Clemente corresponda melhor à realidade histórica.

### A época de Hofbauer – Início de um novo tempo

Os biógrafos de Clemente cometem quase sempre o mesmo erro: julgam a partir do hoje. Não conhecem ou conhecem de modo rotineiro o tempo em que Hofbauer nasceu, a época em que atuou e viveu. A gente deveria ser daquele tempo para evocar na memória, ao menos de modo elementar, alguma coisa que a pesquisa histórica trouxe à luz sobre esse tempo.

*Tempo de transição*

O tempo em que Hofbauer viveu, foi um tempo conturbado como poucos. Quem se ocupa dele compreende por que algum historiador prolonga o fim da Idade Média até o século XVIII. Ele compreende por que a contagem da história hodierna encara o início do século XIX como um tempo de mudança (Reinhart Kosellek), no qual pontos de vista tradicionais e horizontes definidos, verdades supostamente imutáveis, linhas de conduta, dogmas, estruturas que foram constantes através dos séculos, hoje tudo isso é substituído por novos paradigmas, novos conceitos sobre o mundo, não sem desencadear conflitos violentos.

A virada do século XVIII para o XIX foi um tempo de transição: social, política e religiosa. Industrialização e ideias de nacionalismo estatal se anunciavam. A "tendência para o racional" (razão pura), a atualizada e "moderna" convocação para o indivíduo pensante, ao qual somente Deus e a consciência, com mais ninguém comprometida, podiam ter acesso, atingiram seu ponto culminante no Iluminismo e no apelo de Kant ao povo, para que este abandonasse a menoridade inconsciente e usasse a razão.

Na verdade a questão decisiva do Iluminismo alemão, diversamente do Iluminismo radical e anticristão de Voltaire, sempre foi, e ainda é, Deus. Entretanto, a religião ligada à Igreja deixou de ser a norma única de vida, e não raramente, ao lado da antiga Fé com seus ritos e costumes, voltou-se para uma espécie de fé na nação, cercando-se de símbolos "sagrados", bandeiras, monumentos, promessas e juramentos. Um pluralismo de ideias começou pouco a pouco a abolir a ordem equilibradamente religiosa e cristã do ser humano, do estado e da sociedade e as normas que decorriam dela. Sobreveio a secularização, a descristianização, o alheamento da igreja.

*A Revolução Francesa e o caos napoleônico*

A revolução francesa – culminância popularizada do iluminismo – anunciou com sinas inflamados o início da nova época. A cidadania teve uma chance e assumiu a direção intelectual do novo tempo, assim que o século XIX tornou-se especificamente o século da cidadania. Não era mais só a origem e a situação da pessoa que determinavam sua carreira. Perguntava-se agora pela capacitação, pela atuação, pela alegre iniciativa. Mas a revolução tinha dupla face. Em nome do Iluminismo, da Razão e da Liberdade, praticavam-se as mais horríveis crueldades; e a Fé iluminada, para que o conhecimento do Bem produzisse naturalmente a boa ação, foi levada para o absurdo. Nas guerras napoleônicas que se seguiram à revolução francesa, a Europa transformou-se num grande acampamento de guerra, que desmantelou a antiga ordem dos Estados europeus. O Papa foi levado para a prisão, e, com o milenar Sacro Império Romano da nação alemã, terminou a antiga e poderosa igreja do império.

*O Romantismo*

Seguiu-se a reação com todas as suas formas de manifestação e entrou nos livros de História com o nome de "Romantismo" – entendido não só como movimento literário, mas como um novo sentido de vida antirracionalista que atuava na Cultura, Arte, Ciência e Filosofia, e no conceito de Sociedade, Estado e Igreja. Não mais a glorificação da luz, da claridade do dia e do pensamento, mas justamente, e muito mais, o escuro, a noite, o terreal feminino.

Depois da fase do Neorromantismo, conhecido tanto pela manifestação da subjetividade e do sentimento pessoal quanto pela valorização positiva do irracional, dos "lados sombrios" da vida, da fantasia, do sonho e da mística, seguiu-se numa segunda fase – sem ter perdido em importância o que já foi mencionado – uma nova virada para a objetividade.

Isso torna-se visível nos sistemas filosóficos do idealismo alemão, na vigência da mentalidade dos povos e de sua vocação histórica conforme

Herder, na revalorização do orgânico/ vivo, da História, inclusive da História das religiões e dos mitos dos afastados povos orientais; por fim, numa nova virada para a Igreja institucional, precisamente a católica, que, frente à "desunião" e à "fragilidade" do ser humano, interveio dando apoio e refúgio.

Revolução e guerra fizeram a gente experimentar a ameaça e fragilidade da existência humana até no último recanto da Europa. A crença iluminista no aperfeiçoamento através da educação e formação estava desmantelada. A religião, sim, ofereceu refúgio e procurou entender também o incompreensível como disposição divina. E foi ainda a Igreja católica que, como rochedo firme no meio do redemoinho do liberalismo e individualismo, foi novamente solicitada, também junto aos intelectuais, para mostrar como se faz a volta ou a conversão dos dirigentes da política e da vida intelectual para o catolicismo.

*Românticos em Viena*

Vamos encontrar alguns deles na vida de Hofbauer: o filósofo e orientalista Frederico Schlegel. Este não rejeitou o Iluminismo simplesmente, como de algum modo nem o filósofo romântico de Munique, Franz von Baader, que só se referia ao "Iluminismo" como a um tipo de lixo (em alemão, Aufkläricht). Schlegel mostrava "tendência para um método rigorosamente científico", contudo estava convencido de que, em Teologia e Fé, a "maneira de pensar da modernidade" não é suficiente. Conhecimento religioso para ele é, sobretudo, um encontro com Deus, Vida e Amor que se revela na História. Na revista vienense dos românticos, *Ölzweige* (que significa ramos de oliveira), criada por Clemente Hofbauer – esta revista, mais adiante, ainda vai se encontrar conosco – escreveu:

> A razão conhece, e tem, e dá apenas um conceito negativo ou nenhum sobre Deus. Somente o amor leva para um positivo – para não falar numa linguagem abstrata, mas viva – conhecimento vivo de Deus, para a abundância da vida e do amor nele (SCHLEGEL, em *Ölzweige* I, 1819, 429).

Outro convertido célebre desempenhou também um papel na vida de Clemente. Foi Adam Müller, que antes havia pensado num Romantismo político e, como importante teórico do Estado, tirou dos "ganhos" da Idade Média as linhas mestras para a construção do Estado e da Sociedade, e propôs, contra o moderno subjetivismo e isolamento do indivíduo, uma estrutura vivamente orgânica do Estado e da Sociedade e uma ordem corporativa. Adam Müller foi também quem enalteceu o cristianismo como uma força com as condições necessárias para unir e reunir todos os domínios da Vida, da Ciência e da Arte.

Homens, como Schlegel e Müller, não foram os únicos que estavam a favor de uma renovação eclesiástica. Movimentos de renovação faziam-se presentes nos lugares mais diversos. Agrupados ao redor de figuras destacadas – como Pedro Ostini em Roma (Cardeal posteriormente) e, com ele, os artistas alemães –, com o conde Frederico Leopoldo de Stolberg e a princesa Gallitzin, com Lammenais e Lacordaire, com João Miguel Sailer, por mais diferentes que pudessem ser, estavam unidos na preocupação de fomentar a Fé, enquanto procuravam conciliar o "depósito da Fé" com os novos tempos e seus ideais.

De modo geral pode-se constatar o seguinte: Religião e Igreja, não obstante o Iluminismo, a secularização e a "descristianização" incipiente, determinaram no início do século XIX a vida e a conduta da população, fortemente apoiada apenas numa tênue liderança de intelectuais, mesmo se afetada muitas vezes por uma espécie de "secularização prática". Para as largas camadas da população, o problema não era a falta de fé, e sim a evasão de uma ultrapassada compreensão de nossos papéis civis, eclesiais e sociais.

Após esse apanhado geral, nos próximos tratados focalizaremos a situação religiosa e eclesial da Áustria no tempo de Hofbauer. Só depois de a conhecer, é que iremos compreender Hofbauer.

### A "piedade" dos habsburgos

A Igreja não tinha, conhecidamente, nenhum espaço como comunidade visível, como instituição e como instituto jurídico na mente eclesial dos reformadores. Mas como, sem estruturas jurídicas, a coisa não caminhava, a reforma passou estas "formalidades" para o Estado, ou mais exatamente para o soberano respectivo. Isto agora só podia dar certo! Desde tempos imemoriais, quando o soberano era supremo juiz e sacerdote ao mesmo tempo, os poderosos procuravam subordinar a si a religião. Agora implantou-se nos territórios protestantes, como também nos católicos, o "regalismo", a igreja estatal dos novos tempos. Para os príncipes iluministas e absolutistas do tempo moderno, a Igreja era uma instituição para cumprimento das obrigações religiosas e morais dos súditos. Compreende-se que a Igreja tenha levantado tempestade contra essa evolução e que, desde o começo do século XIX, tenha por vezes condescendido através de sua política de concordata. Entretanto os políticos eclesiásticos de Roma eram pragmáticos. Enquanto o eclesialismo estatal não contrariava os interesses de Roma, a gente tolerava. Assim foi na Áustria e mais ainda em outros lugares.

*Uma religião barroca*

Também na Áustria o Estado mandava na Igreja, e isso já antes de José II e de Maria Theresia. Propriedade civil e religiosa, poder civil e religioso viviam enlaçados entre si desde a Idade Média. Contudo a Igreja estatal austríaca foi tolerada por Roma, até fomentada; tanto é certo que a corte imperial teve o auxílio da Ordem jesuíta para levar avante com todo rigor a Contrarreforma. Os protestantes que não queriam voltar para a antiga confissão católica eram perseguidos sem piedade e mandados embora do país.

O empenho dos habsburgos em favorecer a "religião católica", para fomentar a marca identificadora do Estado austríaco, empenho motivado por uma especial vocação divina da dinastia, fazia parte da alardeada "piedade austríaca", que se manifestou na época da arte barroca, sobretudo através do estímulo da "piedade católica" (HOLLERWEGER, 28s.). As formas pré-tridentinas da piedade "barroca" foram suscitadas com o apoio da dinastia imperial com vistas a um reflorescimento.

A devoção a Maria e a adoração ao Santíssimo Sacramento foram fomentadas oficialmente por causa do Estado, e, por isso, sem esbarrar em alguma resistência. Pois a devoção barroca correspondia ao sentimento vital dos austríacos e estava profundamente arraigada no povo. Procissões, peregrinações, veneração aos túmulos dos santos e as festas de inúmeros santos taumaturgos, chamados "santos agricultores", ocupavam o dia a dia. Somente em Viena, na metade do século XVIII, havia cerca de 150 associações com milhares de membros. Também a devoção ao Coração de Jesus, que veio da França, encontrou, finalmente, entusiasmada acolhida por parte da população, não só por último pela católica e conservadora "Terra Santa do Tirol", pois ainda em 1796, ante o avanço das tropas de Napoleão, consagrou-se solenemente ao Sacratíssimo Coração de Jesus.

### Convocação para as reformas

Enquanto Igreja e Estado perseguiam interesses comuns, sobrevieram problemas não com Roma, e sim com a pretensão dos soberanos e protetores da Igreja. Isso mudou quando, no século XVIII, também na Áustria, a vida religiosa experimentou uma decadência principalmente nos conventos e mosteiros ricos, e a dinastia imperial representada pela imperatriz Maria Theresia – ainda em estreita sintonia com Roma – colocou-se à frente dos que estavam querendo uma renovação. Ocasião para a reforma foi a comprovação de que ainda viviam clandestinamente na Áustria numerosos protestantes. Concluiu-se daí que as reformas do Concílio de Trento não surtiram muito efeito. O povo, assim se constatou, era piedoso, mas sua piedade parecia mais pagã do que cristã. Achou-se que a causa de tudo isso era o diminuto número dos cuidadores espirituais (curas-d'alma) e a extensão incomensurável das dioceses e paróquias. Bispos e a dinastia imperial procuraram juntos uma solução. Nos anos entre 1752/1756 levaram o problema para Roma. Roma entrou com algumas propostas de reforma. Assim, uma parte dos 150 feriados rurais – chamados, popularmente, feriados do granizo – foi riscada. Entretanto, o programa da renovação malogrou por ora, não por causa de seus conteúdos, e sim porque não se chegou a uma unidade sobre organização e financiamento. O empecilho principal era que na Áustria a Pastoral estava frequentemente nas mãos dos conventos e mosteiros ricos, que escapavam à jurisdição dos bispos. Roma estava totalmente pronta para ir ao encontro do Estado, mas não queria cortar os privilégios dos mosteiros.

A seguir, o Estado, sob a direção de Maria Theresia e em consenso com os bispos atuantes na reforma, tomou a iniciativa e iniciou as reformas, tendo em vista tanto as estruturas diocesanas e paroquiais como a formação dos cuidadores espirituais (curas-d'alma) e da religiosidade do povo.

## Josefinismo e Iluminismo eclesiástico na Áustria – Os fundamentos

As bases religiosas para o catolicismo reformado na Áustria ofereceram correntes para o Josefinismo – assim chamado porque partiu do imperador José II, filho de Maria Theresia.

### O Febronianismo

Primeiramente foi o *Febronianismo,* que teve suas raízes na França e no realce galicano da independência das igrejas rurais. Em adesão aos autores galicanos e jansenistas, também canonistas alemães manifestaram-se contra os "abusos curiais" e a favor de maior independência das igrejas locais. Igualmente, o arcebispo Nikolaus von Hontheim de Treveris, seguindo Gottfried Wilhelm Leibniz, interessou-se por uma reunificação dos protestantes com os católicos, objetivo que ele viu ameaçado pelos "ultramontanistas", os quais iriam reconhecer no Papa um poder ilimitado. Sob o pseudônimo "Justinus Febronius", em 1763 expôs numa obra latina muito apreciada o que, em sua opinião, se deveria fazer para remover os obstáculos "ultramontanistas" que impediam a reunificação dos cristãos. Os bispos príncipes do império alemão acataram solicitamente as ideias de Hontheim. Igualmente, os soberanos seculares, guiados pela dinastia dos habsburgos, viram confirmada a supremacia de sua igreja estatal.

*O Iluminismo eclesiástico*

A segunda corrente que se tornou virulenta nas regiões alemãs durante a metade do século XVIII foi o *Iluminismo católico ou eclesiástico.* Este, semelhante à teologia evangélica, assumiu as ideias do Iluminismo alemão, que de modo algum demonstrou a radicalidade do Iluminismo europeu ocidental.

Portadoras de um iluminismo iniciante nos territórios católicos europeus – sul da Alemanha e Áustria –, onde o ensino estava nas mãos das Ordens eclesiásticas, eram as "antigas Ordens" dos Premonstratenses, Beneditinos e Cônegos agostinianos. Dos mosteiros franceses de beneditinos e agostinianos, influenciados jansenisticamente, saíram incitações para o cientificismo crítico. Logo em 1683 o famoso intelectual dos Maurinos, Jean Mabillon, visitou as abadias beneditinas da Baviera e da Áustria. No mosteiro de Melk, junto ao rio Danúbio, encontrou no arquivista Bernard Pez um aluno dócil. Também da Itália vieram estímulos para um catolicismo "iluminista". A Universidade dos beneditinos de Salzburgo foi o portão de entrada para as ideias de Ludovico Antonio Muratori. Este, inteiramente na linha do Concílio de Trento, estimulava o uso do raciocínio também nos assuntos de religião.

Numa segunda fase do Iluminismo eclesiástico, o ideário de Christian Wolff e Gottfried Wilhelm Leibniz ganhava terreno entre os católicos reformistas do sul da Alemanha e da Áustria, sendo assumido pelos próprios jesuítas. Na Áustria esta corrente do raciocínio culminou no ideário do matemático, teólogo e filósofo Bernard Bolzano, cujos esquemas filosóficos repercutiram eficazmente para além da metade do século XIX. Já antes o iluminismo havia-se radicalizado em alguns professores austríacos da Universidade. A gente estava fechada para a teologia protestante e queria dar à razão o seu direito.

*O Jansenismo*

A terceira corrente que desembocou no josefinismo foi o *jansenismo,* que não só veio com o febronianismo, que veio da França para a Áustria e desde o começo fecundou sorrateiramente o Iluminismo eclesiástico da Áustria, um pouco pelo contato das antigas Ordens com seus confrades franceses, mas também diretamente – consequência da soberania austríaca sobre a Neerlândia – pela influência da igreja jansenista de Utrecht exercida sobre a Áustria. Líderes jansenistas na Áustria foram, digamos: Ignaz Müller, prelado agostiniano de Viena e confessor de Maria Theresia; o teólogo Melchior Blarer; e o editor da revista *Wienerischen Kirchenzeitung* (revista vienense), Marco Antônio Vittola, com quem também Hofbauer teve contatos. Mas deve ser mencionado nesta relação também o grande bispo vienense da reforma, Cardeal Christoph Anton von Miggazzi.

Contudo, não fique esquecido que o jansenismo tardio na Áustria não tinha mais muita coisa em comum com a doutrina original do professor de Louvânia Cornélio Jansênio, a não ser o nome. Era sabido que, nos debates em torno de Cornélio Jansênio, entrou evidentemente a controvérsia sobre a Graça, tão antiga como a própria Teologia. Discutiu-se a questão seguinte: Como a Graça se comporta perante o agir humano? Jansênio era pelo primado da graça. Na prática pastoral, porém, acontecia que seus adeptos partiam para um rigorismo ético, que fazia do ideal da conduta moral uma norma. No andar do tempo, o jansenismo uniu-se com a igreja estatal francesa, o galicanismo, e voltou-se ao mesmo tempo com toda a agudeza contra a Ordem jesuíta, que, não só na doutrina da Graça e na práxis pastoral, defendia posições contrárias, mas também fazia-se valer como defensora do papado e de suas aspirações de soberania universal.

Mas com isso abandonou-se o plano teológico. Chegou-se a uma polarização entre dois catolicismos, dos quais cada qual debatia-se em favor da renovação da Igreja e da doutrina teológica. De um lado estava a Sociedade de Jesus (os jesuítas), com sua imagem sobre a Igreja e sua espiritualidade. Suas marcas principais eram, na sequência do Concílio de Trento, a tendência para o fechamento e a uniformidade na doutrina, conforme um rumo centralizante para Roma na estrutura de Igreja.

Por outro lado havia uma multiplicidade de agrupamentos, de "modernos" grupos reformistas e Ordens religiosas, que tinham todos em comum a virada para a pessoa (o humano), para a consciência e para o novo acento da subjetividade. A isso acrescia-se o cultivo de uma piedade interior, até mística, e a preocupação com as Ciências Modernas, a saber, as Ciências Naturais e a Ciência da História, baseada em fontes críticas, como também no testemunho de um catolicismo "raisonable" (sensato).

Quando, então, o jansenismo aportou na Áustria, chegou sobretudo como advogado desse catolicismo. Contudo os "jansenistas" austríacos não deram o passo final para o iluminismo eclesiástico radical.

### As Reformas Josefinistas

Maria Theresia e seu filho José II efetuaram suas reformas "iluministas" na Igreja com o auxílio das correntes mencionadas. Seu objetivo principal residia no terreno organizativo da Igreja e na prática da piedade. Excrescências barrocas na piedade foram cortadas. Foi destinada uma importância central à Pastoral, a estrutura diocesana foi reajustada, criaram-se paróquias menores, bem repartidas. Foi também a reforma josefinista da Igreja que introduziu a Pastoral como disciplina escolar; igualmente o acento da catequese na formação dos sacerdotes é filho do josefinismo e de suas reformas.

Em resumo, a pesquisa atual concorda que o josefinismo, visto em conjunto, representou um movimento louvável de reforma na Igreja da Áustria, mesmo que o soberano absoluto, o iluminista José II, tenha realizado a reforma por causa do Estado, o que contudo não excluiu o apoio de numerosos bispos e professores de universidades católicas.

Contudo, em princípio, a reabilitação do josefinismo não deveria levar a isso, isto é, que seus aspectos sombrios passassem desapercebidos. É certo que José II, devoto como sua mãe Maria Theresia, em suas reformas do culto divino esquecia-se frequentemente de que o homem não é só Razão, de que a Fé é mais que uma virtuosa conduta moral e de que a piedade quer se expressar corporalmente.

E no que se refere às medidas de reforma em particular, pode-se perguntar: Era realmente necessário que muitos mosteiros "inúteis" fossem supressos dessa maneira, inclusive o Instituto dos Eremitas, difundido largamente na Áustria, o que veio repercutir em Hofbauer também? Era preciso que, com o decreto real de 11 de março de 1781, o imperador proibisse não somente a missão popular, como também a própria palavra "missionários"? Era preciso que o imperador interviesse na estrutura da Liturgia e das celebrações: na proibição das missas com orquestra; na introdução de um só caixão fúnebre utilizável mais vezes, cujo fundo pudesse abrir-se quando o corpo fosse baixado até o chão da sepultura; nas disposições do supremo poder imperial sobre o uso de velas e enfeite com flores... Conhecidamente Frederico II da Prússia o denominou "arquissacristão do Sacro Império Romano".

Sem dúvida, isso foi longe demais – contudo alguma coisa ficará mais compreensível quando se olhar para a realidade histórica. Por que, por exemplo, o imperador chegou a prescrever o número de velas no altar? O motivo foi o incêndio numa igreja em 1781, provocado por centenas de velas.

# II

# AS RAÍZES

**Pátria e juventude**

Hofbauer nasceu em Tasswitz, pequena aldeia ao sul da Moravia, não longe do rio Thaya, fronteiriço com a Áustria Inferior. Veio de uma aldeia na qual até há poucos decênios, como nas regiões circunvizinhas, falava-se o alemão e se constata ainda hoje os nomes dos fundadores nas janelas envidraçadas da pequena igreja de Tasswitz, construída no lugar onde antigamente estava a casa natal de Hofbauer. Seguramente falava-se o dialeto, que obviamente se distinguia um pouco do alemão falado em Viena. Aliás, de Hofbauer se disse mais tarde que ele falava um dialeto horrível, isto é, um alemão misturado com o polonês. Seus amigos, o médico Johann Emanuel Veith e o filósofo Anton Günther, diziam que ele não chegou a falar muito bem o alemão clássico. Teria, por exemplo, dito "driben" em vez de "drüben"? Ou terá usado um dialeto como ainda é usado não longe de sua terra natal, na região de Hollarunn, na Áustria Inferior, um dialeto que se caracteriza pelo som "a" prolongado? Pode ser.

Ele, pessoalmente, sentia-se alemão. "Eu sou o primeiro redentorista alemão", disse uma vez. Tais afirmações eram óbvias naquele tempo. O moderno "homem austríaco" ainda não fora encontrado quando o imperador ou a imperatriz de todos os alemães residiam no palácio de Viena. Isto não era dirigido contra os checos ou boêmios, como então se dizia, ou contra outros grupos na grande Viena habitada por povos diferentes, porque o pai de Hofbauer muito provavelmente era boêmio legítimo, portanto um checo. E com isso chegamos à família de Hofbauer.

## A família

A família Steer, assim era o nome de solteira de sua mãe, Maria, não era propriamente rica, nem pobre; sim, poder-se-á dizer que ela pertencia às famílias notáveis da aldeia. O avô de Clemente, Paul Steer, mestre dos açougueiros ou, como se diz na Áustria, mestre dos cortadores de carne, exercia o ofício de juiz da aldeia. Quando Maria Steer se casou aos vinte anos de idade, seu pai pôde entregar-lhe uma quinta de tamanho médio com lavoura e prados, um vinhedo e um capãozinho de mato. Podia também entregar a profissão de açougueiro da aldeia exercida pela família, pois o escolhido por Maria em 1736 para seu marido exercia o mesmo ofício.

O pai de Clemente era natural de Mährisch-Budwitz e chamava-se Pawel Dvorak. Sua língua materna era o checo. Antes ainda de ir para Tasswitz, aldeia de língua alemã, "alemanizou" seu nome para "Paul Hoffbauer". Do casamento nasceram 12 filhos, dos quais, como era frequente naquele tempo, morreram sete na mais tenra idade. Clemente Hofbauer foi o nono filho. Nasceu dia 26 de dezembro de 1751 e foi batizado no mesmo dia. Seu nome de batismo não era Clemente, desusado na Moravia e Áustria. Tomou-o mais tarde. Era João Evangelista.

Três irmãos mais velhos que ele deixaram bem cedo a casa paterna. Karl foi para o exército e mais tarde estabeleceu-se em Temeswar como açougueiro. Os outros dois, Hermann e Lorenz, ficaram morando perto de Tasswitz. Como parece, Clemente continuou unido estreitamente com eles. Anton Priesching, filho de sua irmã Bárbara, foi noviço em Varsóvia, mas voltou para sua terra após a supressão daquele convento. Franz Xaver Hoffbauer, filho de seu irmão Lourenço, que se retirou como eremita para Bratelsbrunn, situado a oeste de Tasswitz, o acompanhou durante toda a sua vida no convento. Foi um dos primeiros redentoristas que, em 1841, se estabeleceram em Altötting, na Baviera.

*Em casa com a mãe*

No dia 25 de julho de 1758 morreu seu pai, quando tinha 6 anos. É conhecida a cena junto à cruz quando a mãe, com o olhar no crucificado, disse ao menino: "Daqui em diante é Ele o teu pai". Agora o menino ficou unido ainda mais estreitamente a sua mãe. Sempre falou dela com respeito. Era-lhe grato pelo que ele era.

Foi com muito esforço que a mãe de Hofbauer venceu na vida. Em 1865 entregou sua propriedade para a filha mais velha, Bárbara, cujo marido, Andreas Priesching, assumiu também o açougue da família. Joãozinho, que ainda estava com ela, queria ser padre. Mas de onde tirar o dinheiro para mandar seu filho João estudar? Ele, por sua vez, não queria deixar a mãe sozinha. Ela precisava dele, e assim ficou com ela até os 15 anos de idade. Sem dúvida, alguns biógrafos admitem que ele morou algum tempo com os parentes de seu pai e lá aprendeu a língua checa.

Não há fontes diretas sobre sua "vida oculta" em Tasswitz. Fontes indiretas até existem. Durante esses anos o jovem Hofbauer adquiriu algum conhecimento que poderia ser de utilidade mais tarde. Assim, terá aprendido a costurar. Na idade avançada ainda remendou suas meias. Aprendeu desde o início o trabalho no campo. Sabemos que ele, como vigário-geral de sua Congregação em Jestetten, cultivou batatas e legumes. Lá ele cozinhou também para seus confrades.

*Aprendiz de padeiro e estudante*

De 1767 em diante as fontes diretas começam a borbulhar, embora escassamente. Na caderneta da cooperativa dos padeiros encontra-se um registro sobre Clemente, escrito na língua alemã daquele tempo, cujo teor é este:

> Dia 31 de março de 1767... foi aceito como aprendiz um rapazinho do lugarejo de Znaim. Após um tempo de prova, o mestre padeiro Franz Dobsch aceitou o garoto como aprendiz...Seu nome é Joannis (João) Hofbauer, de Tasswitz.

Hofbauer foi aceito por Franz Dobsch como aprendiz na corporação dos padeiros de Znaim. O pouco que sabemos de seu tempo de aprendiz mostra que o jovem era muito querido, tanto por seu mestre como pelo companheiro de nome Nachtigall. Sinais extraordinários de piedade não são relatados, mas é realçado seu gosto pelo canto. Encontrou no filho mais velho do mestre um companheiro que lhe ensinou "a cantar pelas notas".

Aos 18 anos de idade, após o ano escolar, saindo da rotina diária, empreendeu uma peregrinação a Roma com o ajudante de padeiro Peter Kunzmann – que mais tarde tornou-se Irmão redentorista. Foi sua primeira viagem a Roma, à qual sucederam-se outras e outras até 1803. Ao voltar, trabalhou como ajudante de padeiro no convento premonstratense de Klosterbruck, perto de sua casa. Pode ser que seu antigo desejo de tornar-se padre, e talvez premonstratense, o tenha levado a isto, embora o ofício de auxiliar de padeiro para o sacerdócio mal e mal franqueasse o caminho. Isso mudou quando em 1773, na idade de 21 anos, por intermédio de seu primo Johann Jahn, teve a possibilidade de frequentar o ginásio do mosteiro. Quatro anos depois, portanto em 1777, tinha concluído o ginásio.

Este estudo não se alongou muito. Não tem sentido, como alguns biógrafos afirmam, dizer que Hofbauer nunca teve uma formação escolar completa. Em quatro anos ele aprendeu, como seus condiscípulos, o que era necessário para aquele tempo. Quão bem ele aprendeu, dão testemunho as numerosas cartas escritas por ele em latim e os outros documentos. Ele redigia num latim bom e fluente.

Contudo, como podia ir para frente? Os biógrafos têm procurado adivinhar o motivo por que Hofbauer não prosseguiu os estudos após concluir o ginásio. De qualquer modo, num seminário para padres ele não podia ingressar, porque precisaria fazer os dois anos regulamentares de Filosofia numa Universidade. Para isso faltava-lhe o dinheiro. O que era possível agora, entrar no mosteiro de Klosterbruck – que era sua intenção original –, ele não queria. Em 1922, seu biógrafo Johannes Hofer supôs, e com razão, que ele tinha dado uma olhada na vida pouco conventual dos cônegos do mosteiro. Mais tarde falou abertamente a seus jovens amigos em Viena sobre a decadência dos conventos, especialmente de um que ele conheceu muito bem. Os monges teriam vivido relaxadamente nesse convento, comendo, bebendo e se divertindo.

Contudo, qual tenha sido o motivo, o certo é que por ora o seu ideal, o sacerdócio, recuou novamente para bem longe. Nos anos seguintes tornou-se peregrino e eremita.

**Feliz de mim se eu pudesse morrer de puro amor por Ti!**

Pouca coisa chegou até nós a respeito da evolução religiosa do jovem João Hofbauer. O pouco que sabemos dá a entender que ele cresceu no catolicismo popular do tempo barroco, transmitido por sua piedosa mãe. Que ele, como reconhecimento, jejuava na sexta-feira e no sábado, mal estava na intenção das reformas josefinistas. Também nada sabemos sobre sua atividade como eremita, pois faltam fontes diretas que, além do mais, forneçam dados sobre sua religiosidade nos anos da juventude.

*Piedade barroca*

Contudo, fontes indiretas existem. Mesmo que também a gente devesse precaver-se de fixar a piedade posterior de Clemente só no catolicismo barroco, certas formas de exteriorizar sua religiosidade demonstram que ele foi marcado por esse catolicismo desde a juventude; por exemplo, até a idade avançada distribuía santinhos e benzia rosários, quando exprimia sua alegria pela afluência de povo aos lugares de romaria, especialmente aos santuários marianos. É uma devoção na qual a corte celeste dos santos guiados pela Virgem Maria – cópia da corte dos príncipes absolutistas – desempenha um papel importante.

Já, em 1842, o primeiro biógrafo de Clemente, Frederico Pösl, acentuou um traço saliente dessa piedade: a devoção a São José, um santo típico do tempo barroco: "Ele tinha uma devoção especial para com São José. A exemplo de Santa Teresa d'Ávila, ele recomendava sua invocação, especialmente em cada empreendimento". Em Varsóvia, depois da Mãe de Deus, seu esposo José desempenhava um papel especial nas cerimônias religiosas que os Redentoristas realizavam em sua igreja de São Beno, seguindo-se o "santo boêmio", João Nepomuceno, cuja devoção remontou sem dúvida até Clemente.

Outros santos aos quais Clemente tinha devoção eram os pais de Maria, Joaquim e Ana, depois Judas Tadeu, Tiago Maior (cuja estátua se achava com as Irmãs Ursulinas em Viena), Luís Gonzaga e Estanislau Kostka – todos eles santos que estavam altamente em voga entre o povo. Contudo, sai um tanto fora do costume a devoção de Hofbauer a Santo Atanásio, no qual via evidentemente um lutador destemido pela verdade, como Santa Catarina de Sena, uma mulher que disse corajosamente a verdade também para o Papa.

*Louvor a Deus com corpo e alma*

Também os cantos religiosos que o próprio Clemente cantava, ou indicava a outros, são típicos do barroco; entre todos, sua canção predileta era "Tudo para louvor de meu Deus", em cujo texto original, cantado até a metade do século XX, toda a corte celeste lhe presta honra e louvor. O mesmo vale para os hinos marianos que Hofbauer costumava cantar. A emotividade da piedade barroca, isenta do puritanismo iluminista, ressoa num canto que Hofbauer punha-se a cantar quando se assentava no confessionário em Weinfried/Babenhausen, e sem ninguém para se confessar naquele momento:

> Feliz de mim se pudesse morrer
> De puro amor por Deus!
> Ah! Se me fosse dada a ventura
> De o amor fútil desprezar.
> Este seria meu epitáfio:
> Aqui jaz aquele
> Que a paixão do amor
> Fez dele um cadáver,
> Que morreu de amor.
> *(Spicilegium Historicum CSSR 39, 1991, 97)*

Finalmente, seja lembrado o livro de cânticos que os Redentoristas utilizavam em Varsóvia, mas também em outros lugares. Os hinos reunidos nesse livro eram cantados em Viena no tempo do Barroco. Originam-se quase todos do então "Livro vienense de cânticos", introduzido pelo imperador José II; alguns ainda são encontrados em Viena, no departamento de cânticos das dioceses de língua alemã. Junto com os hinos em honra de Jesus Cristo, dos quais numerosos deles contemplam a Paixão de Jesus e louvam o "Sagrado Coração de Jesus", o livro contém também numerosos cânticos que enaltecem a Mãe de Deus e decantam suas alegrias, como também seus sofrimentos.

Contudo não são somente os cânticos que revelam a proximidade de Hofbauer com o sentido barroco da vida. O que cai na vista é seu esforço em fazer do culto divino uma festa para todos os sentidos. Aqui entram as músicas orquestradas e o coral, a decoração com flores e velas. O povo não é atraído apenas pela palavra, disse em Varsóvia; para poder ouvir, é necessário ver primeiro.

E o povo afluía em torrentes para vivenciar um impressionante espetáculo religioso. Assim, por exemplo, na festa do Santíssimo Corpo e Sangue de Cristo. Na igreja e na praça na frente da igreja ardiam centenas de velas. Por toda a parte aquela pompa variegada de flores. Doze coroinhas portavam as taças de incenso. Crianças vestidas de branco salpicado de ouro espargiam flores diante do Santíssimo Sacramento.

Era bem diferente do iluminismo sóbrio como José II propagava. Mas o resultado era que a igreja alemã de São Beno não podia comportar os frequentadores do culto; não eram somente os alemães que vinham participar, mas também os poloneses. Entre os alemães havia até muitos protestantes.

Que Hofbauer estava pessoalmente atrás disso tudo e que, em toda parte aonde ia, queria fazer do culto divino uma festa, revela um relatório de sua visita à pensão em Triberg/Schwarzwald, quando os Redentoristas estiveram lá em 1805 para assumir o santuário daquele lugar, mas aguardando ainda a confirmação episcopal. Um pároco vizinho, iluminista, escreveu indignado ao bispado:

O tão altamente elogiado Padre Hofbauer disse repetidamente no albergue público em sua última partida de Triberg: Suntuosos cultos divinos, sim, queremos celebrar suntuosos cultos divinos quando formos confirmados aqui, cultos tão suntuosos para Deus, que cada um vai ficar maravilhado!!! (*Monumenta Hofbaueriana* IV, 105)

## Quem canta, reza duas vezes

Voltemos para o Clemente amante da música. Ele tornou frutuosa para a pastoral sua piedade austriacamente barroca unida ao amor à música. Fez tudo em Varsóvia para dar cunho festivo ao culto divino. O que ainda hoje até as paróquias mais pequenas de Viena fazem, convidando para missas com orquestra, isto era coisa natural para Hofbauer. A igreja dos Redentoristas em Varsóvia possuía um coral próprio e uma orquestra, dirigida pelo redentorista Carl Jestershein. Nas grandes solenidades uniam-se orquestra e coro, com o apoio de músicos famosos da cidade, chegando a até 50 figurantes. Todos tocavam sem receber nenhum honorário. Que aos domingos tivessem um almoço no convento, era para eles uma recompensa suficiente.

Hofbauer não tomava como encargo preocupar-se pessoalmente com partituras e instrumentos. Executavam-se nas missas, Vésperas e outras devoções obras de Karl Philipp Emanuel Bach, Ludwig van Beethoven, Joseph Haydn, Georg Friedrich Händel, Wolfgang Amadeus Mozart e Joseph Weigl. O compositor polonês Josef Elsner, professor de Frédérik Chopin, dedicou composições especiais aos Redentoristas de Varsóvia e ao regente de coro Jestershein. Era desusado haver concertos com música não religiosa. Executavam-se *ouverture*, sinfonias, marchas, hinos etc.

Contudo isso tudo era apenas um lado do Hofbauer afeiçoado à música. Ele criou em sua igreja uma "missão perpétua": havia diariamente pregações em alemão e polonês e diversas santas missas. Mas somente a missa das 5h da manhã para os "empregados" era recitada. Em todos os outros ofícios divinos eram cantados hinos do hinário de Hofbauer.

Não chegou crítica da parte das autoridades estatais e religiosas, mas dos superiores-gerais no distante reino de Nápoles. Lá alguns confrades novos de Varsóvia ficaram com receio de que, nesse zelo pelas almas, seu superior relaxasse no recolhimento e vida interior. De modo especial eram os franceses, que Hofbauer achava um pouco infeccionados pelo jansenismo. O Superior-geral tomou o partido deles e pediu a Hofbauer que deixasse os cânticos.

Este respondeu com toda a firmeza: Diversamente do que acontece nos países do Oeste e do Sul, o canto faz parte inseparável da vida dos "povos do Norte". Desde a antiguidade são transmitidos à posteridade, em versos e ritmos musicados, poemas dos heróis nacionais e ensinamentos da doutrina cristã. O canto popular na missa desperta alegria ao cantar. Os cânticos dos fiéis que acompanhavam o santo sacrifício com os textos litúrgicos traduzidos para sua língua materna, alegravam não somente os ouvidos, mas atraíam o coração para Deus. O mesmo vale para os instrumentos musicais. Não se pode comparar com a Itália, onde os frequentadores do culto se comportam durante a missa como numa sala de concerto e aplaudem os músicos ruidosamente ou assobiam. Em caso algum dever-se-ia restringir o canto de igreja nos países nórdicos.

### O primo Jahn

Hofbauer foi, desde pequeno, marcado pelo catolicismo barroco austríaco, estimulado pelos habsburgos. Contudo, também, o iluminado catolicismo josefinista não lhe foi totalmente estranho. Ele o conheceu logo na primeira juventude, talvez já com o pároco de sua terra natal, sobretudo com sua parentela próxima. Hofbauer tinha, isto é verdade, um primo famoso, que mais tarde fez nome como orientalista. É tido hoje como um dos exegetas católicos de ponta de seu tempo. Os biógrafos de Hofbauer, contudo, o têm visto, até há pouco tempo, com "olho vesgo" e, o mais das vezes, não deixaram muita coisa boa sobre ele.

*Uma estrada íngreme*

A palavra é de Johann Martin Jahn, nascido a 18 de junho de 1750, em Tasswitz. Sua mãe e a mãe de Hofbauer eram irmãs. Seu pai, Miguel Jahn, um camponês abastado, era padrinho de batismo de Hofbauer. Mesmo se disso não existem apontamentos escritos, dificilmente se erra na suposição de que os dois primos viviam estreitamente unidos desde a primeira infância.

Juntos foram à escola da aldeia e, quando ambos sentiram muito cedo o desejo de ser padres, o pároco, um premonstratense do mosteiro próximo, deu-lhes alguma instrução preparatória para o estudo do latim. Contudo, depois, seus caminhos se separaram. Johann Jahn frequentou o ginásio do mosteiro de Klosterbruck. João Hofbauer bem que gostaria de o ter acompanhado, mas a morte do pai em 1758 tornou isso impossível.

Entrementes o primo Jahn aproximava-se cada vez mais do sacerdócio. Concluídos seus estudos ginasiais e um estudo de filosofia em Olmütz, em 1772 entrou como noviço para o mosteiro de Klosterbruck. O estudante prendado dedicou-se com zelo ao estudo da Teologia. Sua especialidade eram as "línguas orientais". Dia 9 de julho de 1775 celebrou a primeira missa em Tasswitz, sua terra natal. Hofbauer, auxiliar de padeiro, devia ter estado entre os hóspedes convidados.

Primeiramente, Jahn foi professor no ginásio do mosteiro e, depois, diretor substituto. Agora a escalada dos cargos apontava cada vez mais para cima. Em 1782 conquistou em Olmütz o diploma de doutor. Mas a impressão tipográfica da monografia foi impedida rigorosamente por círculos eclesiásticos. Em sua dissertação havia se declarado a favor de ideias "jansenistas" e eclesialismo estatal.

Dois anos mais tarde, dia 29 de julho de 1784, no prosseguimento da reforma do imperador José II, foi supresso o mosteiro de Klosterbruck, um dos mais ricos da Áustria. Os bens do mosteiro, no alto valor de 1.400.065 florins, foram confiscados. Johann Jahn sendo, embora, membro do mosteiro "bateu palmas", tanto por esta como também por outras supressões. Numa carta ao conhecido conde Gabriel Dupac de

Bellegarde, conhecido teólogo e organizador dos projetos de reforma eclesiástica na Áustria, escreveu na ocasião que ele certamente concordaria com a dissolução se conhecesse as situações lamentáveis dos mosteiros (abadias) austríacos com seus superiores incapazes. Realmente, não era segredo que naquele tempo, em muitos mosteiros ricos, não havia uma vida claustral autêntica. Comentava-se a respeito da bebida, do contínuo jogo de baralho e coisas assim. Era geral a queixa contra seus maus hábitos.

*Um sábio controvertido*

Depois da supressão do mosteiro, Jahn requereu uma cadeira de ensino de Teologia Moral em Olmütz. Contudo as críticas sobre a Igreja que externou em sua dissertação não estavam esquecidas. Seu pedido foi rejeitado.

Após ter ficado algum tempo sem uma função, em 1787 foi chamado para ser professor de Exegese do Antigo Testamento em Olmütz. Em 1789 foi professor de Hermenêutica bíblica, Arqueologia bíblica e línguas orientais em Viena, posição que ele ocupou até 1806. Durante esse tempo desenvolveu intensa atividade como cientista e escritor. Atestam-no as numerosas obras de vários volumes em língua alemã e latina que, em parte, foram empregadas como manuais de ensino até a metade do século XX.

Na medida em que ele encontrava simpatia entre os intelectuais além da Áustria, na mesma medida crescia a crítica de suas opiniões em diversos círculos eclesiásticos. Sim, a gente o chamava de "herege e sedutor da juventude". O certo em tudo isto é que Jahn em suas publicações não se deixava levar pela censura ou autocensura, mas sentia-se comprometido primeiramente com a ciência. Até aqui ele deve ser tido como "iluminista eclesiástico". Mostra claramente sua opinião quando se declara partidário do iluminista Karl Heinrich Seibt, da Boêmia do Norte.

Contudo, tinha sempre em vista a doutrina tradicional da Igreja também. Num tempo em que exegetas protestantes, como Gottfried Eichhorn e Johann Philipp Gabler, divergiam entre afirmações teológicas e sua exposição como mitos e figuras – por exemplo, no relato da criação, ele não aceitava as teorias deles, sem as examinar primeiro –, importava-lhe muito mais confrontar a doutrina tradicional com os novos conhecimentos da ciência. E quando realmente, baseado em suas pesquisas científicas, chegava à conclusão de que a tradicional era incorreta, ele também os acatava. Assim, por exemplo, ele contestou a historicidade dos livros de Jó, Jonas, Judite e Tobias. Neles não se trataria de relatos históricos, mas de "poemas doutrinários".

Foi sobretudo esta afirmação que provocou a reação da censura eclesiástica. Jahn foi chamado para comparecer diante de uma comissão de investigação, que obrigou-o a fazer um revisão de seus conceitos. Procurou aceder a esta ordem tão bem quanto foi possível. Mais ainda, voltou atrás de maneira surpreendente em suas publicações. Mas isto não bastou para seus acusadores. Contudo encontraram uma solução elegante para reduzir ao silêncio o teólogo crítico. Em 1806 foi nomeado cônego na catedral de Santo Estevão. Devido ao novo cargo, era obrigado a demitir-se do professorado. Jahn viveu em Viena até sua morte, ocorrida em 1816. Quatro de suas obras foram colocadas no Index dos livros proibidos.

### *"Isto não é mais católico"*

Voltemos para Clemente. Embora os caminhos dos dois primos corressem tão diversamente, não faltaram pontos de contato. Foi determinante sobretudo o fato de Jahn, após seu noviciado em 1772, ter conseguido do Prior do mosteiro que seu primo, agora com 21 anos, ajudante de padeiro nesse mosteiro, trocasse seu ofício com o de um aluno do ginásio. É claro que não foi sem mais nem menos. Pois em compensação Hofbauer devia trabalhar como empregado da casa durante o tempo livre.

Até 1776, o mais tardar, Jahn fez parte dos professores de Hofbauer no ginásio. E aqui pode ser que Clemente tenha proferido aquela frase conhecida – que não podia faltar em nenhuma biografia –, mas que foi inserida no lugar e tempo errados, quando Clemente estudava em

Viena. Hofbauer teria interceptado a preleção de um professor com as palavras: "Senhor professor, o que o senhor está dizendo não é mais católico". Contudo, hoje há indicações cabíveis de que esta expressão aconteceu no ginásio de Klosterbruck e não na Universidade de Viena, e que o professor não foi outro, se não Jahn, "professor do ginásio". Este depoimento é de um homem que conheceu pessoalmente bem, tanto Hofbauer como Jahn, conforme aponta Joseph Reymann, capelão da corte e depois redentorista *(Anotação a mão de Reymann para POESL, 76; exemplar no arquivo dos Redentoristas em Viena).*

Isso faz sentido com o relato segundo o qual, durante seu tempo de ginásio, Hofbauer aconselhou seu primo a não só estudar, mas a rezar também. Também condiz com a narrativa do encontro havido, em Viena, entre Hofbauer e o "professor" quando ambos já eram idosos. O velho professor teria dito a Hofbauer: "De fato, você estava com a razão". Conhecemos entretanto os nomes dos professores de Teologia de Hofbauer. Nenhum desses morava ainda em Viena durante o tempo de Hofbauer em Viena. Mas, sim, Johann Martin Jahn. Assim os dois primos se encontraram novamente em seus velhos dias.

Duas frases de Hofbauer batem, de modo especial, com o sentido que seu primeiro biógrafo Pösl nos transmitiu. A primeira diz: "A gente deve ser humilde. Caso contrário, a Palavra de Deus se nos apresenta como uma fábula". Talvez seja uma alusão àqueles teólogos que avançaram muito mais que Jahn: não só sabiam revestir a Palavra com mitos e fábulas, mas até jogaram-na pela janela. E aqui está a segunda frase que ele disse a um estudante que esquentava demais a cabeça: "Reze. A luz deve vir de dentro". O Iluminismo prometeu luz e revelação. Hofbauer não desdenhou isso como se estivesse tudo errado. Mas estava ciente de que a luz da Fé é mais clara que a luz da Razão.

### Peregrino e eremita

Até hoje os biógrafos de Hofbauer não são unânimes quanto ao número de suas peregrinações a Roma, nos anos seguintes à conclusão dos seus estudos ginasiais, e quanto ao que ele pretendia com sua vida solitária de eremita em Roma e Quintiliolo/Tivoli. Seguindo, pois, as exposições de Eduard Hosp, Fabriciano Ferrero e Josef Heinzmann, procuramos colocar em ordem os dados aparentemente contraditórios das fontes.

### Eremita em Quintiliolo e Mühlfraun

Podemos ter como certo que Hofbauer pôs-se imediatamente a caminho de Roma em 1777, após concluir os estudos ginasiais. Não há unanimidade entre os biógrafos quanto ao que ocorreu depois: se estava sozinho ou em companhia de alguém. É provável que em Roma estabeleceu contato com algum instituto de eremitas e, aproveitando a proximidade de Roma – talvez já em Quintiliolo –, fez uma espécie de Noviciado, concluindo-o com a emissão dos votos religiosos. Nessa ocasião tomou o nome de Clemente. Em seguida voltou para sua terra com o hábito de eremita.

Ao chegar, construiu para si um eremitério, com o auxílio de seu irmão Hermann, num terreno pertencente a ele e a sua irmã Bárbara, em Walde/Mühlfraun, entre Tasswitz e Znaim. Mühlfraun, situado à margem do rio Thaya, era um lugar de romaria dedicado a Jesus Flagelado. A igreja de estilo barroco foi reconstruída em 1776 e sagrada pelo prelado Gregor Lambek de Klosterbruck. A vida que Hofbauer levou aí tinha muito a ver com a piedade barroca. Assim, conta-se que ele – como faziam também outros eremitas – carregava uma pesada cruz em seus ombros. Que ele nunca ficou parado, mas queria trabalhar ativamente como cura espiritual leigo, demonstra o fato de ter deixado Mühlfraun em 1779 para frequentar um curso de catequese em Viena.

### Novamente no "Instituto dos eremitas"?

Quanto aos anos seguintes, os biógrafos de Hofbauer são unânimes em afirmar que em 1780 ele pôde iniciar o estudo de Filosofia na Universidade de Viena. Foi dedicado uma seção especial sobre os fatos que possibilitaram isso e tudo o que veio depois. É estranho, porém, que, conforme o depoimento de uma série de testemunhas convocadas para o processo de beatificação de Hofbauer, o bispo de Tivoli, Barnabé Chiaramonte, depois Papa Pio VII (1800-1823), o recebeu, e também seu companheiro Peter Kunzmann, no Instituto dos Eremitas. Terão sido eremitas em Quintiliolo, perto de Tivoli. Hofbauer terá voltado logo para Viena, enquanto Kunzmann ficou em Quintiliolo. Isso tudo pode ter acontecido, o mais cedo possível em 1783, pois Chiaramonte ordenou-se bispo só no fim de 1782.

Anote-se o seguinte: Hofbauer estudante (como o faziam muitos estudantes durante as férias, que duravam desde o fim de agosto até o começo de novembro) viajou novamente para a Itália e entrou de novo no Instituto dos eremitas. Pergunta-se, por que fez isso? A explicação estaria nisto: em 1782 esse Instituto foi supresso na Áustria por José II. Hofbauer, porém, queria continuar como eremita, e por isso passou para uma associação de eremitas, existente ainda na Itália.

*O Noviciado de sua vida*

Como quer que fosse – quando, onde e quanto tempo Hofbauer viveu como eremita –, decisivo é o fato de que ele viveu vários anos nessa vida recolhida de ermitão. Seus biógrafos, especialmente Heinzmann, deduziram com razão que esses anos representaram para ele o "noviciado de sua vida". Sem dúvida nesses "anos parados" amadureceram nele princípios básicos que o acompanharam ao longo de toda a sua vida.

Sobretudo uma coisa devia ter crescido: o Hofbauer extrovertido por natureza, "homem político" totalmente voltado para a vida prática, aprendeu nesse tempo a valorizar o silêncio e a oração. Encontrou sempre um tempo para a oração em cada atividade que caracterizou sua vida posterior. Conta-se que nunca escreveu suas pregações, mas passava a semana toda refletindo e rezando em cima delas. Quando mais tarde, residindo em Viena, estava indo para visitar um enfermo, rezava o terço e incluía na oração o doente que ia visitar. Ainda quando Clemente vivia, Johann Emanuel Veith fez referência a isso numa narrativa publicada na revista *Ölzweige*. Ele conta de um pobre pecador que vai carregando o peso da culpa, desesperado, e avista de repente "um velho religioso a caminhar por uma trilha junto da estrada". A gente reconhece claramente Hofbauer rezando o terço:

*Caminhava tão ligeiro*
*Rezando seu saltério.*

Então o pobre pecador pensa consigo:

*Tu, velhinho alegre e piedoso,*
*Certamente não vais tão pesado como eu!*

A narrativa continua: "O padre cumprimentou tão amável e afeiçoadamente o homem triste, que seu olhar amigo penetrou-lhe na alma, como o brilho do sol poente através das nuvens tempestuosas". Conseguiu infundir coragem novamente no homem desesperado. (J.E.Veith, *Der Stein vom Herzen. Eine Erzählung*, em Ölzweige 1, 1819, 157-164)

## Estudando na Universidade de Viena

Hofbauer foi finalmente para o estudo da Teologia, e isso aconteceu assim: Ele fora, como vimos, para Viena a fim de frequentar um curso de catequese. Ganhava seu sustento como ajudante de padeiro com o mestre Weyrig, que estimava tanto o jeitoso rapaz, a ponto de querer dar-lhe sua filha como esposa e a padaria como herança. Mas Hofbauer na verdade ainda sonhava sempre com o sacerdócio. Executava quase diariamente os ofícios de acólito, o mais das vezes na igreja São Salvador, que hoje pertence aos "católicos antigos", ou na catedral Santo Estevão.

### *Três benfeitoras e dois amigos*

Ora, um dia – chovia torrencialmente – Hofbauer estava saindo da igreja após o serviço divino, quando viu ali três senhoras em pé, que a chuva, evidentemente, impedia-nas de prosseguir caminho. Ofereceu-se para providenciar um veículo para elas. Certificando-se de que ele iria pelo mesmo caminho, pediram-lhe que subisse também. Em conversa, Hofbauer revelou seu desejo de ser padre. As três senhoras – eram as irmãs von Maul – prontificaram-se para assumir as despesas de seus estudos.

É pouco conhecido o tempo que durou o estudo de Hofbauer. Certo é que duas amizades nasceram aí para durar a vida inteira. Pelo visto o dinheiro que recebeu de suas benfeitoras não foi suficiente. E como também hoje os estudantes percorrem afoitamente os anúncios afixados no quadro de avisos da Universidade, onde são oferecidas todas as atividades possíveis, assim já era naquele tempo. Anúncios para copiar trabalhos escritos era o que mais aparecia. Também um certo barão von Penkler estava procurando um copista no quadro de avisos da catedral. Hofbauer foi ter com ele e encontrou não só trabalho, mas também um homem que tornou-se muito importante para ele durante toda a sua vida, principalmente pelo papel que desempenhou no catolicismo vienense de então. E, como acréscimo, encontrou um amigo dez anos mais novo que ele, Tadeu Hübl da Boêmia, que também foi ter com Penkler para a mesma finalidade. Ainda vamos encontrar-nos com ambos mais vezes. Agora, porém, voltemos para as aulas que Hofbauer frequentava.

### *"Estudava de dia e de noite"*

Quando Clemente disse mais tarde "eu não aprendi nada", esta foi somente a metade da verdade. Dos anos de teologia prescritos na Áustria, Clemente concluiu, de fato, apenas uma parte. Em sua idade avançada, importava-lhe poder trabalhar o mais cedo possível no pastoreio das almas. Jamais aspirou fazer carreira no campo da ciência, como seu primo Jahn. Contudo, levou a sério o estudo. Como e quanto, ele contou mais tarde:

> Eu precisava empregar todos os momentos no estudo. Sacrificava até as noites para esses fins. Se o sono quisesse me pegar, eu segurava a luz (a vela) numa mão e o livro na outra, e caminhava de um lado para outro no quarto para vencer o sono e assim ganhar tempo (*Monumenta Hofbaueriana XI*, 54).

Primeiro precisou ouvir as aulas prescritas de Filosofia. Estas duravam comumente três anos, mas podiam ser reduzidas para dois, conforme os teólogos. O curso de Filosofia de então tinha pouco a ver com a Filosofia em sentido próprio. Servia de preparação para todas as Faculdades e correspondia mais ou menos às últimas classes do ginásio de hoje. Por conseguinte os "estudantes de Filosofia", muitas vezes com 14 a 16 anos de idade, interessavam-se por tudo, exceto pelas preleções. As matérias de ensino costumavam ser: Matemática, Física Experimental, Hidromecânica e Arquitetura, coisas com as quais Hofbauer teria pouco a fazer mais tarde.

Partindo de quando começou o estudo da Filosofia em novembro de 1780, pode-se estabelecer para novembro de 1782 o início da Teologia. Conceda-se que seu estudo da Filosofia foi reduzido para um ano. Infelizmente não sabemos exatamente que professores ele teve. Até 1773 foram sempre os jesuítas a dar Filosofia, sendo então substituídos quase todos pelos jansenistas, e justamente quando Hofbauer estudava em Viena, época em que a influência do jansenismo antijesuíta e anticasuísta atingiu seu ponto culminante na Universidade.

### Professores jansenistas e outros

Ferdinand Stöger era um dos mais conhecidos entre os professores "jansenistas", mais extremista historiador crítico da Igreja; depois, Wenzel Schanza, conhecido teólogo de Moral, que só começou a lecionar a partir da primavera de 1784; como Franz Giftschütz, teólogo pastoralista que representava no século XIX adentro a primeira autoridade em Teologia Pastoral na Áustria. Em seu "Guia de Teologia Pastoral" (Viena, 1785) exigia do cura espiritual uma elevada medida de formação na ciência e na virtude, mas também na bondade do coração. As influências jansenistas mostram-se na rejeição da casuística e no rigor no sacramento da penitência (adiamento da absolvição). Na questão da "comunhão frequente", que mais tarde foi tão importante para Clemente, Giftschütz distanciou-se logo do jansenismo rigorista. O ex-jesuíta Joseph Julian Monsperger, que deve ser tratado nem tanto como jansenista, mas muito mais como iluminista convicto, utilizava suas aulas de introdução ao Antigo Testamento para ridicularizar sua antiga Ordem Jesuíta.

Se, todavia, alguns biógrafos de Clemente dão a impressão de que, durante seus estudos, somente iluministas ou jansenistas radicais ensinavam na Universidade de Teologia de Viena, isso assim não está correto. Também dominicanos e agostinianos comprometidos com sua tradição fizeram parte do corpo docente da Universidade, embora não tenham ficado sem algum contato com jansenistas e possam ser tidos como iluministas moderados. Em todo o caso Hofbauer não poderia mais ter ouvido o conhecido dogmático Pedro Maria Gazzaninga, de Bergamo, pois deixou Viena em 1782, mas nem também o lente de Dogma, Giuseppe Bertieri, eremita agostiniano e, posteriormente, bispo de Como e Pavia.

### Antes o dominicano Koffler do que o beneditino Rautenstrauch

Também, se mais tarde Hofbauer nunca se queixou de algum de seus professores, não é porque esteve sempre de acordo com o que eles ensinavam. Um depoente no processo de beatificação disse que as aulas o "tinham enojado", porque eram "totalmente ausentes de cristianismo, de catolicismo e racionalistas", depoimento que, como muitos outros, deve ser encarado com cautela. É falso partir deste depoimento para a generalização. Hosp, biógrafo de Hofbauer, a quem não se pode certamente atribuir tendências iluministas, acentua que seu biografado recebeu uma sólida formação teológica na Universidade. Ele atribui seu bom conhecimento da Sagrada Escritura ao professor Joseph Koffler, de quem assistiu às aulas sobre Exegese do Novo Testamento. Koffler, natural de Viena, era Prior do convento dominicano de Viena e professor de Hermenêutica bíblica.

Se de Hofbauer foi dito que foi um excelente conhecedor dos "padres da Igreja", estes conhecimentos podem ter sido aprofundados igualmente nas aulas do Cônego Daniel Tobenz, natural de Klosterneuburg. Mais tarde ele ensinou, com a Dogmática, também História Universal e Eclesiástica no estabelecimento de ensino da Ordem em Varsóvia, baseando-se talvez nas aulas de Bertieri.

O diretor da Faculdade, Franz Stephan Rautenstrauch, terá sido pouco simpático a ele. O beneditino e abade do mosteiro, Brevnov-Braunau da Boêmia, tido como criador da disciplina "Teologia Pastoral", deixou vir regularmente literatura jansenista de Utrecht, e recomendou obras clássicas jansenistas aos dogmáticos. Ele qualificava de "bárbaro" o tomismo que os teólogos dominicanos defendiam na Universidade.

Mal se ajustou aos planos de Hofbauer a nova organização e orientação do estudo de Teologia contida nos decretos imperiais de 1783 e acionada desde 1782 por Rautenstrauch em sua função de coordenador da comissão de estudos da corte. Aí foi estabelecido que todos os candidatos ao sacerdócio deviam frequentar os seminários gerais estatais. Além disso foi previsto um prolongamento de seis anos para os estudos teológicos. Compreende-se que Hofbauer, entrementes com 33 anos, pouco se entusiasmou com isso.

Procurou outra solução. Provavelmente, como fez em anos anteriores, peregrinou para Roma no outono de 1784, após a conclusão do ano escolar; dessa vez, em companhia de seu jovem amigo Tadeu Hübl.

### Ingresso nos Redentoristas em Roma

Só se compreende o que então se seguiu, se a gente retroceder até o ano de 1782. Foi o ano em que o Papa Pio VI – quando as intromissões do imperador José II nos assuntos da Igreja atingiram seu clímax – viajou pessoalmente para Viena, a fim de encontrar-se com o imperador. Deve ter sido um encontro que tocou profundamente as pessoas na cidade imperial; um acontecimento que está gravado até hoje na memória histórica de muitos vienenses. E assim pode acontecer que um estrangeiro que visita a igreja de Maria Brunn, ante os portões de Viena, seja interrogado se não sabe qual é a importância desta igreja. É porque aí aconteceu o encontro de um Papa com o imperador.

## Nikolaus Joseph Albert von Diessbach
## e os Redentoristas

Também para Clemente Hofbauer, 1782 foi um ano importante, e tinha a ver com a visita do Papa, ao menos indiretamente. Pois os preparativos para esta visita motivaram a viagem para Viena de um homem que foi de importância decisiva para a vida futura de Hofbauer: Nikolaus Joseph Albert von Diessbach. Falaremos pormenorizadamente dele em outro momento. Hofbauer foi apresentado a Diessbach pelo barão von Penkler. Ficou profundamente impressionado com ele.

Diessbach era um ex-jesuíta e nada mais desejava tão ansiosamente quanto à restauração da Ordem dos Jesuítas. Clemente ficou sabendo, pelo próprio Diessbach, que ele conhecera na Itália o fundador de uma Ordem nova que poderia entrar no lugar dos Jesuítas supressos. O homem era Afonso de Ligório; e sua fundação, a Congregação dos Redentoristas.

Hofbauer se entusiasmou com Diessbach como por nenhuma outra pessoa com quem se encontrou até então. Queria ser sepultado ao lado dele. Mais tarde assim escreveu sobre ele: "Eu o conheci muitíssimo bem e fiquei ligado a ele por um laço singular de amizade". Ele o chamava um "homem extremamente erudito e santo" (*Monumenta Hofbaueriana VIII*, 124).

Sem dúvida Diessbach falou de Afonso de Ligório e dos Redentoristas aos estudantes de Viena. Hofbauer escreveu mais tarde:

> Ele conheceu muito bem nosso reverendíssimo Pai (Ligório) e o estimou como a nenhum outro. Sempre me assegurava – a mim, como na presença de outros – que, depois da dissolução da Companhia de Jesus, Deus suscitou Ligório para que, como um muro, opusesse resistência aos inimigos da Igreja, para proteção da doutrina pura e da Santa Sé (*Monumenta Hofbaueriana VIII*, 77).

Pode-se imaginar quanto, daí em diante, Hofbauer queria conhecer a Congregação que foi tão elogiada por Diessbach. Certamente este lhe fez conhecer também as obras de Ligório, por cuja divulgação se empenhava em toda a parte aonde ia. Algumas delas foram logo traduzidas para diversas línguas: *Visitas ao Ssmo. Sacramento do Altar*, cuja primeira edição apareceu em 1757; *Meditações sobre a Paixão de Jesus Cristo*, que já em 1776 apareceu na quarta edição; e muitas outras, entre as 110 obras que publicou.

### Ao primeiro toque dos sinos

Acompanhemos a viagem de Hofbauer e Hübl a Roma no outono de 1784. Os dois estudantes tinham chegado no fim de setembro. A bem dizer, deveriam ter seu alojamento numa das muitas organizações que se ocupavam com os peregrinos, assim, por exemplo, na arqui-irmandade dos alemães ou flamengos no "Campo Santo". Mas instalaram-se nas proximidades da igreja de Maria Maggiore – onde não havia nenhuma "casa do peregrino" –, possivelmente com os padres marianos, cujo procurador-geral era natural da Boêmia. Naquele tempo Santa Maria Maior ficava na periferia da cidade. Grandes vinhedos se estendiam por sobre o Esquilino a fora. Havia lá igrejas isoladas, por exemplo, em frente à igreja ainda existente de Santo Eusébio, a igrejinha de São Julião, que foi demolida em 1883 para dar lugar à praça Vitório Emanuel II. Ao lado da igreja encontrava-se o convento romano dos Redentoristas.

Desde 1844 encontra-se nas biografias de Clemente um relato do relojoeiro vienense Kaspar Kaufmann, de 1831, que ele diz ter ouvido de Hofbauer quando criança: Hofbauer e Hübl teriam decidido ir à igreja cujos sinos tocassem por primeiro, e assim viram-se mui casualmente impelidos para a igreja São Julião e o convento dos Redentoristas, até aí completamente desconhecidos por eles.

Como quer que tenha acontecido a história do bater matinal do sino, o caminho de ambos para os Redentoristas não foi tão completamente casual. Contra isso há uma circunstância segundo a qual ambos se alojaram perto do convento, longe das pousadas costumeiras dos peregrinos. Assim Hofbauer poderia ter tido, desde o começo, a intenção de conhecer mais de perto os Redentoristas; a ideia de uma possível entrada poderia ter colaborado para isso.

Isto é confirmado por duas fontes independentes uma da outra. Assim escreve Antonio Tannoia, o primeiro biógrafo de Afonso de Ligório: "Ambos (Clemente e Tadeu) decidiram entrar, estimulados pelo exemplo dos nossos, mas sobretudo porque o fundador da Congregação, Dom Ligório, tinha conquistado a estima na Alemanha, graças a sua santidade e a seus ensinamentos". E Zacharias Werner assim escreveu, em versos, em seu necrológio sobre Hofbauer:

> Quando vieste a Roma
> como simples peregrino,
> não sendo padre ainda,
> já estava fundada a Ordem
> que mais tarde irias adornar.
> "Vem!", exclamaste, procuremos
> a casa desta Associação.
> Teu irmão veio silencioso,
> e Jesus subiu os degraus
> da casa junto convosco!
> Agora estáveis dentro.
> Depois ficastes sabendo
> de uma nova fundação
> cujo nome estava ligado
> a Jesus Cristo Redentor.
> (Zacharias WERNER, em *Oelzweige* 2, 1820, 273-292. Tradução livre do alemão antigo).

A surpresa de Hübl, ante a decisão tomada por Clemente sobre sua entrada imediata para os Redentoristas, não significa que ele era contra. Divergia de Hofbauer apenas nisto: não tinha pensado em entrar logo no convento, e assim sentiu-se tomado de surpresa.

*Dois "homens do Norte" tornam-se Redentoristas*

Contudo, seja como foi que os dois peregrinos encontraram o pequeno convento dos redentoristas, o certo é que foram acolhidos amigavelmente e, quando pediram para ser aceitos na Congregação – Hübl após um dia de hesitação –, receberam logo resposta afirmativa.

Isto não era tão evidente. A plantinha ainda nova dos Redentoristas napolitanos, que naquele tempo estava dividida em dois ramos, o napolitano e o romano, estava voltada totalmente em seus inícios para o "Mezzogiorno", isto é, para o sul da Itália. Assim não poucos padres em Nápoles, excetuando o velho fundador Afonso, divertiram-se à custa dos Redentoristas de Roma por causa da aceitação dos dois "nortistas".

Estes tinham realmente seus motivos. A aceitação dos não italianos faria crescer o prestígio do ramo romano da Congregação. Também a cúria romana valorizava as comunidades que assumiam uma "missão no estrangeiro". Os dois "alemães" chegaram no momento certo. Já no dia 24 de outubro de 1784 podiam começar seu Noviciado. Mal durou cinco meses. Mais tarde, ao pensar nesse tempo, Hofbauer lembrava-se principalmente de ter passado fome constante. Uma vez até precisou chupar alguns cachos de uva sem pedir licença. Não entendia como seus jovens companheiros italianos de noviciado trocavam a roupa suada após uma excursão. Nesse caso teria de ter feito isso muitas vezes em suas longas viagens de peregrino – pensava ele.

No dia 19 de março de 1785, os dois "alemães" foram admitidos à profissão dos votos. Logo dez dias depois, devem ter sido ordenados padres na catedral de Alatri. Não sobrou muito tempo para conviver na comunidade. No começo de outubro de 1785 puseram-se a caminho para o Norte.

Como atestam diversas fontes, imediatamente antes da partida de Roma, Hofbauer foi designado, pelo Superior Pe. de Paola, Vigário-Geral para todos os territórios "transalpinos". Como tal, ele tinha, de fato, plenos poderes de um Superior-Geral. A ele, que tinha entrado por primeiro, cabia sem consulta prévia, perante à direção geral de Roma, fundar conventos e admitir membros na Congregação. E isso de modo vitalício.

# III

## O HOMEM E SACERDOTE CLEMENTE HOFBAUER

### Perfil de um santo

O que chamava atenção dos contemporâneos e biógrafos de Hofbauer? Sigamos suas descrições e tentemos, partindo da descrição de seu exterior e prosseguindo naquilo que é de seu caráter, aproximar-nos de sua personalidade. Assim disseram:

> Sua aparência externa, com exceção da vista penetrante, nada tinha que chamasse atenção. Despretensioso e simples, na cabeça o barrete de três gomos, um grosseiro hábito preto, com um cinto ao redor, andava por aí com calças curtas e meias grossas de lã que ele mesmo remendava (Joseph Wolff, em *Sengelmann*, 7-10).

> Hofbauer era de estatura média e robusta constituição física. Especialmente desenvolvidos eram seu peito e seus ombros. O pescoço era um tanto curto, a cabeça redonda. Tinha o olhos sempre semifechados... e, quando ele os abria, era como se saísse um brilho semelhante ao relâmpago...No verão trajava um hábito de pano escuro com colarinho reforçado, algo (o cinto) ao redor do tronco, para não deixar perceber o rosário que tinha na mão, e rezava. No inverno vestia um casaco de pano azul (Josefa Biringer, depoimento por ocasião do processo de beatificação, 1873. *Monumenta hofbaueriana XI*, 172).

> Seus sapatos roceiros com solas grossas, sua postura um tanto inclinada para frente, seu chapéu desabado e surrado, sua fisionomia sem-

pre jovial, simpática, seu sorriso sem malícia, sua voz suavemente doce, certamente, nada tinham de imponente (Franz Stoll, depoimento no processo de beatificação, 1864. *Monumenta Hofbaueriana XII*, 60).

Pe. Hofbauer me interessa muito. É um dos homens mais jeitosos que eu já vi, de mais a mais, cheio de bons conhecimentos de toda a espécie e de nobres sentimentos. Eu só gostaria de saber, ele não é um dos novos jesuítas? Jesuíta no espírito, isso ele é certamente. Eu queria ser só meio espirituoso como ele; então eu andaria bem melhor pelo mundo (Johann Georg Müller, ao seu irmão Johannes von Müller, 16/02/1803, em Eduardo HAUG, *Der Briefwechsel der Brüder J. Gg. Müller e Johannes von Müller*, Frauenfeld, 1893, 345).

Voltando para Viena, embora fosse um homem de pouca formação, mas de caráter vigoroso, e soubesse atrair outros a si, reuniu consigo vários jovens que ele preparava para seu projeto pastoral (*Katholische Monatsschrift 2*, 1827, 115).

Mas o que faltava em formação literária e moderna nesse homem amável, de olhar penetrante, até mesmo profético, ele preenchia abundantemente com sua cordialidade simples e espirituosidade espontânea, que exercia sobre muitos, sobre muitas e muitas pessoas heterogêneas, por vezes, altamente distintas...Sem paixão, sem ostentação, amigo da juventude, conhecedor dos corações, a quem ninguém gostava de enganar; sempre alegre e jovial, embora vivendo em contínua contemplação, e contudo tão prático, que levava diariamente debaixo de seu velho manto panelas de sopa e outros alimentos para os doentes que moravam tão longe – isso tudo dava uma imagem completa, apropriadíssima para lembrar o santo mais original e humorista dos séculos passados, São Filipe Néri (Johann Emanuel Veith, em BRUNNER, 1858, 270 s.,275 s.).

Lá caminhava ele por entre o grupo assustador dos arrependidos e convertidos tardios, dos poetas e literatos frustrados, dos publicistas reacionários, dos judeus convertidos, das mulheres encantadoramente belas e encantadoramente mórbidas da nobreza cansada da Áustria – um sacerdote idoso, que se portava de maneira rusticamente simples, um sombrio crânio arredondado sobre um corpo pesadamente baixo e a nuca robusta, os olhos sombreados e baixos como os monges, abençoando, gracejando às vezes. Um arguto conhecedor das pessoas, de olfato finíssimo para com as almas quebradas e vacilantes. (Carlos Ricardo GANZER, *Der heilige Hofbauer. Träger der Gegenreformation im 19. Jahrhundert*, Hamburg, 1939, 46 s.).

## Um "gênio forte"

Por mais diversificados que possam ser estes depoimentos, eles intermedeiam uma impressão bem-concreta. Hofbauer era, sem dúvida, um tipo original que, já por sua naturalidade espontânea, exercia força de atração, não apenas sobre pessoas simples, mas também sobre intelectuais complicados, sobre filósofos e escritores.

### Uma personalidade forte...

Mas que singularidade, que especialidade havia nesse padre de porte vigoroso, de rosto cheio e redondo, de voz suave, de mãos finas e espertas? Antes de tudo, uma coisa chamava atenção dos que se encontravam com ele. Todos falam de seu olhar afogueado, de seus olhos pequenos, semifechados, dos quais podiam sair relâmpagos de repente. Pensava-se que ele via dentro da alma da gente.

Este olhar revelava uma personalidade forte. E Hofbauer a possuía. Com tenaz persistência conseguiu levar a cabo o que se propôs, a despeito de todas as resistências. Não por último, isso vale para seus constantes esforços a fim de conseguir a aprovação estatal de sua Congregação nos países do Norte, sobretudo na Áustria e na cidade de Viena. E conseguiu. Tudo o que era convento, foi supresso. Os Redentoristas, porém, foram reconhecidos no país pelo imperador Francisco I, poucas semanas após a morte de Clemente. A gente entende por que Zacharias Werner empregou uma palavra para Hofbauer, o que, no tempo do romantismo, significava um alto elogio. Para ele, Hofbauer era um "gênio vigoroso". E proferiu outro elogio quando disse ter conhecido apenas três personalidades realmente grandes: Goethe, Napoleão e Clemente Hofbauer.

*...com feições humanas*

Contudo, Clemente não era um super-homem. Seus amigos concordam nisto: ele era um homem de grande simplicidade, de extrema retidão e honradez. Mesmo a polícia de Viena, que o observava constantemente e podia contar muita coisa a respeito de seu trabalho de agitador ultramontano, chegou a este resultado: Hofbauer era "fanático religioso, de coração grande, de muita boa-fé, que, para colaborar contra a ruína dos costumes, tinha como grande finalidade estabelecer e revitalizar a Fé na religião positiva, na manifestação de Jesus Cristo".

Uma boa dose de humor fazia parte de suas qualidades e às vezes chegava às raias do sarcasmo. Cordial e alegre ele foi. Sabia entreter as pessoas de maneira empolgante, sobretudo quando falava de suas muitas viagens, o que fazia com gosto. Também não se acanhava ao gabar-se de seus contatos e ligações de amizade. Mas longe dele qualquer bajulação. Em 1805 disse ao Abade Ignaz Speckle de São Pedro, no primeiro encontro em Schwarzwald, que ele foi o único Prelado a falar bem dele e dos Redentoristas. Às vezes, parece de fato que sua loquacidade tinha ido longe demais. Em todo o caso, Frederico Schlegel afastou-se dele em 1819 por causa de sua verbosidade. Hofbauer havia passado para frente o que lhe fora relatado em confiança.

Ainda outra qualidade sua que o torna simpático destaca-se, já que ela revela bem outra coisa do que superioridade. Atrás de seu gênio roceiramente rude, escondia-se uma profunda sensibilidade, a ponto de abalos psíquicos poderem atirá-lo durante dias ao leito do sofrimento.

São emocionantes suas cartas de quando ele ficou sabendo da morte repentina de seu amigo, do "queridíssimo Padre Hübl". Assim escreveu na ocasião:

> O caso da morte de meu primeiro companheiro do Norte, Pe. Hübl, chegou a me desconcertar, pelo que escrevi mui raramente. Na hora da meditação, aos pés do crucificado, a gente parece pronto para tudo, mas, logo que o Senhor quer nos impor sua cruz, a gente fica sem jeito para carregá-la. Eis o velho burro que eu sou... (*Monumenta Hofbaueriana VI*, 59).

*Como ele procedia com a bebida?*

Hofbauer demonstra, ainda sob outro aspecto, que não era um super-homem. Ao "vício" do rapé, muito espalhado em seu tempo, ele nunca renunciou. E como "se virava" em relação à bebida alcoólica? Kornelius Fleischmann sabe dizer, em sua biografia, que Clemente jamais tomou bebida alcoólica em sua vida. Mas isso não é tão certo assim. Sabemos com segurança que ele, como bom vienense, em seus últimos anos de vida tomava quase diariamente um ou dois copinhos de vinho, porque isso fazia bem para sua saúde. E nos anos anteriores? Ele mesmo disse a um confrade que, até seus quarenta anos, nunca tomou nada de álcool, e isso embora sua família possuísse um vinhedo. Em todo o caso, mais tarde, bem que não desprezou um ou outro cálice, como mostra uma conta conservada até hoje numa hospedaria em Triberg (Schwarzwald), a respeito da "despesa para os reverendos Pe. Hofbauer e Johannes (= Sabelli)", com data de 1º a 4 de outubro de 1804. Conforme a nota, os dois tomaram regularmente na refeição da manhã e da noite um gole razoável de vinho tinto e branco, e foi-lhes bem-vindo também um cálice de licor de cereja de Schwarzwälder (DUDEL, *Klemens Hofbauer*, 941).

Hofbauer também fez jus a um costume vienense de seu tempo: não somente Constanze, esposa de Mozart, como também Hofbauer dirigia-se a Baden, perto de Viena, para se aplicar banhos de cura.

### "Infelizmente, este é meu defeito"

É preciso tratar de mais outra qualidade de Clemente que certamente não o torna simpático, e por causa dela ele mesmo sofreu muitíssimas vezes. Os que viviam com ele quotidianamente são concordes nisto: não raro Hofbauer se deixava levar por acessos irrefreáveis de cólera. Pe. Joseph Srna, que morou com ele em Viena como candidato à vida religiosa, denominava-o "vivo e irascível por natureza". Zacharias Werner era da opinião "que Hofbauer revela às vezes um 'gênio' que a gente precisa conhecer a fundo para não se espantar". Assim homens diferentes como Joseph Wolff e José Passerat sabiam lidar com seu "caráter impetuoso".

Tornava-se ainda pior quando às vezes outra qualidade se juntava a essa: Hofbauer podia ficar teimoso e cabeçudo, também como Superior em Varsóvia. Disto se queixavam o sensível Pe. Passerat e seus confrades franceses junto à direção da Congregação: Hofbauer conhece apenas uma norma religiosa, isto é, sua própria vontade. "Todos devem orientar-se pelo parecer de Hofbauer, diante do qual a gente chega a tremer", escreveu Passerat em 1807. Ainda alguns anos depois, confirmava olhando para o passado: "Pe. Hofbauer governava tudo. Não tinha organização. Era por demais violento" (*Monumenta Hofbaueriana XIV*, 141).

### Cenas da vida de um santo "vivo"

E assim foram transmitidos alguns exemplos que ilustram a "impetuosidade" de Hofbauer. Aqui, duas cenas, uma de sua juventude, outra de sua velhice:

Ele ainda é eremita, ajudante de padeiro ou estudante. Está peregrinando novamente para Roma. Dois estudantes juntam-se a ele. Mas não somente eles. Uma jovem de 18 anos, Klara Kurzmann, pede para ir junto. Ela queria entrar no convento das Irmãs alemãs em Roma. Hofbauer aconselha vestir roupa de homem para não cair na vista. Tudo vai bem até chegar a Roma. Os dois estudantes não reconhecem nenhuma vez o disfarce. Agora Pe. Hofbauer está com sua acompanhante diante da porta do convento das Irmãs alemãs. Estava trazendo uma candidata, disse ele. Mas a jovem subitamente sente vergonha por causa de seu disfarce e persiste no papel de homem. Hofbauer reprime com esforço sua raiva e sai com sua acompanhante, que agora ele tem de levar de volta. Em Carintia falta-lhes o dinheiro. Não resta outra coisa a não ser mendigar, diz Hofbauer. A jovem se recusa. Aí a raiva toma conta dele, pega seu cajado de viagem e quer espancá-la. Ela escapa. Ele tem de voltar sozinho para Viena.

Quarenta anos depois, Hofbauer está vivendo em sua habitação em

Viena com dois jovens confrades, Pe. Martin Stark e Johannes Sabelli. A opinião deles é diferente da dele. Ele tenta fazê-los concordar com ele. Eles ficam firmes na deles. A raiva toma conta dele de novo: "Façam o que quiserem – diz ele –, com vocês eu não quero mais nada". Vai para o armário, retira seus poucos haveres, amarra-os fazendo um embrulho e sai dizendo: "Vou para a América" – missões na América ou Canadá era o sonho dele –, e deixa a casa. Faz um descanso na igreja Maria Hilf, reza, arrepende-se, mas não totalmente. Como Superior, não quer reconhecer seu erro. Deixa a igreja e continua caminhando pela estrada que leva a Linz. Reza para que seus confrades queiram vir e pedir sua volta. Reza por longo tempo, mas eles não vêm. Eis que finalmente – tinha deixado a cidade bem para trás – ouve alguém ofegante. Sabelli e Stark estão atrás dele. Dão-lhe razão, e ele fica alegre, porque pode voltar.

### *Eu chegaria a beijar minha própria mão*

Não foram esses os únicos descarrilamentos na vida de Clemente. Joseph Wolff conta que ele explodia de raiva pelos motivos mais insignificantes. Assim, por exemplo, um de seus jovens confrades – talvez Pe. Sabelli – não foi logo ter com ele quando o chamou. Então pegou um copo que estava perto e o atirou no chão, partindo-o em mil cacos.

Quando uma vez a polícia o deteve na fronteira, e ele precisou justificar-se, porque ia levando sem autorização seu pequeno sobrinho para a Polônia a fim estudar, deu largas a sua ira desenfreada. No livro de ocorrências da polícia pode-se ler que Hofbauer "proferiu palavras indecorosas contra o governo austríaco".

Evidentemente seus confrades e alunos não tiveram coragem para chamar a atenção de Hofbauer sobre seus erros, a não ser o humilde e sempre manso Johannes Madlener. Ao que Clemente lhe disse:

> Sim, infelizmente este é o meu defeito, mas agradeço a Deus por tê-lo, pois se não o tivesse eu seria tentado a beijar minha própria mão por respeito a mim mesmo (*Monumenta Hofbaueriana XV*, 21).

## O pregador e confessor

Ele deve ter sido original, como comprovam numerosos depoimentos policiais, que, num ponto, estão concordes: suas pregações contradiziam todas as regras de retórica e faziam efeito justamente por isso.

### O Abraão de Santa Clara ressuscitado

Hofbauer no púlpito da pequena igreja de Santa Úrsula em Viena, os braços apoiados sobre o parapeito, a cabeça profundamente inclinada sobre a borda do púlpito, interrompendo-se aqui e ali com as palavras "A propósito, vem-me à mente mais uma coisa" – evidentemente era um notável pregador. Um frequentador da igreja pensava: "Ele prega de maneira extremamente popular num horrível dialeto polonês". A polícia estatal austríaca era desta opinião:

> Ele é o Pe. Abraão de Santa Clara ressuscitado, tem um estilo comum de pregação, é um pregador como se pregava nos tempos da maior beatice, é um pregador para o povo bem simples... Seus exemplos, parábolas e expressões tirados da classe humilde não se prestam para ouvintes cultos (*Monumenta Hofbaueriana XIII*, 39).

E contudo a cultíssima Sofia Schlosser, casada com o político de Frankfurt, Friedrich Schlosser, parente de Goethe, escreveu em seu diário de Viena:

> Ele prega de maneira totalmente dogmática e no mais alto grau de simplicidade, tanto assim que até uma criança podia compreender; e contudo nela estava contida a sabedoria mais sublime. De mais a mais, tem uma tão comovente bondade na expressão e no semblante, que a gente se vê obrigado a lhe querer bem (Sophie Johanna SCHLOSSER, Wiener Tagebuch 1814/15, Leipzig 1922, *Monumenta Hofbaueriana XII*, 269).

Que atrás da forma rude estava um homem com tal riqueza de sentimentos e de uma fina pedagogia, comprovam alguns fragmentos esparsos, recolhidos de suas pregações, como este:

Quando uma criança cai, fica deitada no chão, chora e grita e mostra o ferimento (pedindo que a levantem). Já o adulto levanta-se e continua o caminho (WERNER, *Ausgewählte Predigten I*, 15).

*"Como a água encobre esta pedra..."*

Também a sensibilidade com os outros distinguia Clemente como confessor e guia espiritual. Durante os anos passados em Viena, saía de casa às 4 horas da manhã, no mais frio do inverno, para a igreja dos padres Mequitaristas no arrabalde da cidade, e lá ficava durante três horas no confessionário. De lá punha-se a caminho da igreja das Irmãs Ursulinas. Seu confessionário via-se logo assediado. E, quando ia para casa, os homens já o esperavam diante de sua habitação, para derramarem nele seu coração.

Seus conselhos, assim se conta, teriam sido breves, sérios e cordiais, e deixado uma impressão indelével. Ficou na lembrança de seus penitentes, de modo especial, uma expressão que repetia frequentemente: "Coragem, pois! Deus dirige tudo!"

Era original o ensino visualizado que ele às vezes unia com o conselho da confissão: junto do confessionário ele colocava um balde cheio d'água. Se algum penitente tivesse algo pesando na consciência, ele pegava uma pedra e a soltava dentro do balde dizendo: "Assim como a água encobre totalmente a pedra, também o amor do Redentor te encobre com toda a tua culpa".

Pessoas simples e nobres, artistas e professores, políticos e bispos, estes eram seus penitentes: o filósofo e orientalista Frederico Schlegel e sua esposa Dorothea, o advogado do Estado Adam Müller; o poeta Zacharias Werner; o alto funcionário do Estado Josef Anton von Pilat; o capitular catedrático Laurenz Greif, preceptor do futuro Cardeal Schwarzenberg; e o padre filósofo Antônio Ghünter.

### Cuidador da alma e do corpo

Sua sensibilidade com os outros transparecia não somente nas pregações. Quantas vezes achou a palavra salvadora para pessoas que, desiludidas da igreja, não queriam mais saber de padre algum! Tinha um olfato especial para pessoas desesperadas da vida. Quando uma senhora que perdeu seus haveres por causa da desvalorização da moeda quer se atirar num rio caudaloso, ele a chama, levanta do chão um punhado de areia e lhe diz: "O que é todo o dinheiro do mundo? Esta mão cheia de areia. E por isso você quer jogar a vida fora?" A mulher se deixa convencer e ganha novo ânimo para viver.

E a história se repete quando Clemente encontra um jovem ator gravemente enfermo. Oferece-lhe uma pitada de rapé. Ele o acompanha até sua casa, a quem o fardo de sua vida pesa no coração como uma pedra. Não precisa ter medo, diz Hofbauer; não queria ouvir sua confissão. Queria apenas entreter-se com ele. E vai contando suas experiências na pastoral – como se diz, ao lado de um copo de vinho – e nisto o outro começa a falar, narrando pouco a pouco toda a sua vida, o bom e o ruim... até Hofbauer o interromper: "Bem! Agora você já se confessou". Dá-lhe a absolvição e ele sente-se aliviado.

Já os primeiros biógrafos perceberam que Hofbauer tinha sempre em vista a pessoa toda. Consolava os necessitados, não só apontando para o além-mundo. Ajudava ali mesmo e na hora, sem muitas palavras piedosas. Não se constrangia em pedir aos ricos, por seus pobres. À Irmã que, para entrar no convento, não podia conseguir calçados próprios, ele os providenciou para ela. Ao artista que não conseguia aviar suas pinturas, ajudou-o com dinheiro para sair do embaraço. Aos estudantes que iam rezar e palestrar com ele, tinha sempre em seu armário algum comestível. Quase todo os dias, viam-no levando debaixo do amplo casaco sopa e pão para os pobres e enfermos em seus quarteirões da miséria, nos arrabaldes de Viena.

Hofbauer era o cuidador do corpo e da alma, ou melhor, cuidador da vida, e sem grandes programas sociais, que naquele tempo nem havia. Sebastian Brunner escreve, com razão:

> Ele gostava de dar tanto o pão material para o corpo, como o alimento do espírito para a vida eterna...Os pobres eram seus amigos. Isso ele dizia, não com palavras vazias, mas testemunhava com a ação total de sua vida... (BRUNNER, 1858, 171, 201 s.)

## O "ecumênico"

Os biógrafos são unânimes nisto: não era a política da Igreja, não era nem a "ação católica" que impelia Hofbauer. Era a ânsia de transmitir a própria experiência consoladora da Fé.

*Enamorado pela Igreja Católica...*

Uma pessoa sem fé era, conforme sua convicção, como um peixe fora d'água. Certa vez falou assim de si mesmo: "Sou orgulhoso, sou vaidoso, não aprendi nada, mas uma coisa eu sou: católico dos pés à cabeça". Repetia frequentemente a sentença do padre da Igreja, Cipriano de Cartago: "Quem não tem a Igreja por mãe, não pode ter Deus por Pai". Outra vez assim se expressou: "Ah! Se eu pudesse ter a graça de converter todos os transviados e descrentes, eu os levaria em meus braços e ombros para dentro da santa Igreja Católica".

Compreende-se que mais tarde os amigos de Hofbauer engrandeceram sua atitude conservadora e fiel a Roma. Assim escreveu o secretário particular de Metternich, Josef Anton von Pilat, maçom outrora, que reencontrou a Fé por intermédio de Hofbauer:

> Ele plantou profundamente em nossas orações o máximo de amor e veneração pela Igreja, pelo vigário de Cristo e por cada autoridade da Igreja. Só pelo simples trato com ele nós, tornamo-nos católicos romanos, pois ele viveu inteiramente com a santa Igreja católica; ele mesmo tinha a mais profunda veneração pelo Santo Padre (Hosp, 1951, 196 s.)

Todavia, é para pensar quando, de tais palavras, se deduziu que Hofbauer foi o "pai da Contrarreforma Católica no século XIX"; o fundador do Ultramontanismo na Áustria e um destemido lutador pela "recatolicização do mundo" (Kralik, 1921); sim, como ainda em 1988 seu biógrafo Fleischmann acentuou, "um batalhador da Fé com feição inquisitorial" e "intolerância frente à outra confissão".

*...contudo, aberto ao ecumenismo*

As fontes falam outra linguagem. Elas fornecem um artigo de 1983 sobre a espiritualidade de Clemente, saído da pena do conhecido moralista francês Louis Vereecke Recht, no qual se lê:

> A espiritualidade de São Clemente é uma espiritualidade ecumênica. Tanto lhe importava nos católicos uma Fé esclarecida e inequívoca, quanto respeitava a Fé dos outros. Era isso também que distinguia seu relacionamento com os protestantes. Não queria demover de sua Fé os que estavam convencidos dela. Somente lá onde alguém queria converter-se ao catolicismo, mas era impedido para dar esse passo por causa de preconceitos irrisórios, ele ajudava a remover esses empecilhos. Tudo o mais ele deixava para a Graça de Deus (VEREECKE, 1983, 123).

Estas palavras devem ser lidas como um comentário às exposições do filósofo Johann Heinrich Loewe, escritas em 1879:

> A clareza com a qual Hofbauer penetrava na essência do Cristianismo e o amor que formava a tônica de sua vida tinham também como consequência nele uma grandiosa liberdade no conceito e no tratamento de questões religiosas.

A uma senhora que queria tornar-se católica, mas não podia resolver-se a invocar os santos, disse Clemente: "Se a senhora não quer invocar os santos, deixe-os para lá". A uma outra que objetou: "Eu não creio no Papa", ele retrucou: "Eu também não acredito no Papa". Certamente Hofbauer sentiu profundamente "a secura e falta de vida" no "ensino e na prática" da religião de seu tempo. Nem por isso ele aspirou por uma volta às antigas formas e fórmulas religiosas, mas, muito pelo contrário, "torceu" para que o Evangelho fosse pregado de maneira totalmente nova, e assim de tal maneira...

> que o conteúdo doutrinário deva permanecer sempre o mesmo, imutável; mas que a casca, na qual é oferecido, possa ser diferente conforme o tempo e as circunstâncias, pois um tempo novo precisa de novas formas (LÖWE, 76)

*A vontade salvífica de Deus*
*ultrapassa os muros da Igreja*

Em parte alguma a largueza espiritual de Clemente se mostrou maior do que em seu relacionamento com as pessoas de outra religião, as quais acolhia com cordialidade e compreensão. Johann Emanuel Veith acha que ele foi sempre ao encontro dos protestantes intelectuais e cultos "com grande delicadeza". Sebastian Brunner relata que Hofbauer gozava de alta consideração perante os protestantes alemães em Varsóvia, devido a sua "piedade alegre e robusta". Vinham a seu culto, porque não era afeito "nem ao obscurantismo fanático, nem à unção rançosa e nem à beatice adocicada".

E no que respeita ao parecer sobre a salvação eterna dos não católicos, ele estava convencido de que a vontade salvífica de Deus não termina nos muros da Igreja romana. Quanto à questão, se somente as pessoas da Igreja católica se salvam, um de seus amigos conta que ele respondeu assim:

> Quem se acha inocente, não será condenado. Deus não condena ninguém que é inocente... Deus ilumina cada pessoa que vem ao mundo, diz São João em seu Evangelho; e São Paulo nos diz muito clara e distintamente que a vontade de Deus é que cada um se salve e chegue à verdade... Não, não, repetiu o servo de Deus, Deus não condena ninguém sem ter culpa (Bartholomäus Pajalich, *Monumenta Hofbaueriana XII*, 172).

E então vem a conversa de Hofbauer com o editor Friedrich Perthes, genro de Claudius Matthias. Seu relato culmina com estas palavras:

> Hofbauer me olhava firme, mas tranquilamente, enquanto eu falava, depois pegou-me na mão e disse: Eu também aceito uma Igreja invisível, rezarei pelo senhor para não cair na tentação...

Perthes continua:

> Conversando sobre a reforma, Hofbauer disse: Desde quando eu estava na Polônia, pude comparar a situação religiosa dos católicos, e na

Alemanha, a dos protestantes, eu me certifiquei de que entrou a decadência na Igreja porque os alemães precisam ser fervorosos. A "reforma" se estendeu e se manteve, não por causa dos hereges e filósofos, mas porque as pessoas desejavam uma religião que falasse ao coração. Eu disse isso ao Papa e aos Cardeais em Roma, porém não acreditaram em mim e sustentaram que a hostilidade contra a religião se deve ao trabalho da "reforma" (PERTHES II, 140 53 s.).

Quão difícil foi para os biógrafos de Hofbauer lidar com essas declarações. Ele podia não ter dito isso, porque não precisava ser dito. Assim escreveu Richard Kralik em 1922:

> As palavras de Hofbauer, que ele impossivelmente pode ter imaginado nesse sentido, significariam uma completa justificação de Lutero e dos alemães abjurados com ele... Elas devem desaparecer para sempre da biografia crítica do santo, porque é impossível que tenham sido proferidas assim... (KRALIK 1922, 795).

Já o redentorista e historiador Johannes Hofer era, na mesma época, de outro ponto de vista. Ele teve essas palavras como autênticas no escrito "Der Heilige Klemens Hofbauer und die Wiedervereinigung im Glauben" (HOFER, 1923, 384 s.)

*Os judeus... os livres pensadores...*

Dever-se-ia aprofundar o relacionamento de Hofbauer com os judeus. Aqui, apenas alguns pontos incisivos. Os biógrafos falam das muitas conversões que ele operou entre os judeus, o que se poderia avaliar também. Em todo o caso, de antissemitismo, Hofbauer não pode ser acusado. Mas também é insustentável a censura de um autor nacional-socialista de que ele procurou seus amigos, de preferência, entre os judeus (GANZER 45, 71).

Finalmente foi criticado por não ter apontado, principalmente em Varsóvia e na Polônia, nenhuma pista para o misticismo da judia Chasidim (Ida Frederica Görres). Mas tal censura, quando muito, deverá ter partido de nossa compreensão de hoje. Hofbauer é filho de seu tempo.

Por fim, como Hofbauer se portou com os livre pensadores, os maçons? A respeito disso há um episódio que fala por si. O ilustre maçom e ateu Dr. Joseph Barth, médico e professor de Anatomia na Universidade de Viena, estava gravemente enfermo. Hofbauer o visitou, como sempre fazia quando achava que algum doente precisava de seu auxílio. Mas logo percebe: Convertê-lo eu não posso. Então se estabelece uma conversa realmente agradável, conduzida pelo respeito mútuo. "Uma legítima cabeça de apóstolo", observa o médico, olhando para a cabeça dele. Hofbauer revida prontamente: "Uma legítima cabeça de Sócrates". A coisa fica por aí. Clemente respeita a convicção do outro. A gente vai em paz, sim, "numa espécie de amizade" recíproca (VEITH, *Monumenta Hofbaueriana XI*, 37).

O encontro com o livre pensador gravemente enfermo mostra claramente que "não pega bem" atribuir intolerância a Hofbauer, como errado seria, também, questionar sua convicção religiosa. Hofbauer havia traçado uma linha nítida para sua vida e sua Fé, mas justamente por isso respeitava também a convicção dos adeptos de outra crença; isto não exclui, mas inclui que ele não poderia ter a tolerância demonstrada com os protestantes convictos e naturalmente também com os que ele tinha como tais, em contraposição com os "católicos liberais", devido à teimosia incorrigível deles.

Ele dava valor quando notava que alguém estava procurando-o lealmente. Não queria impor-se. "Deixem-no em paz, aconselhou certa vez a seus jovens amigos quando queriam passar com veemência para um recém-chegado, discípulo entusiasmado de Bernard Bolzano, um ensinamento da Fé católica. Aqui encontramos posturas que, com toda a subordinação ao tempo, ainda têm validade (hoje), o que entretanto não significa que deveríamos renunciar às suspeitas justificadas, diante de "convicções firmes" por demais, como a rocha.

### O iluminista

Como Hofbauer se portava diante do Josefinismo e do Iluminismo? Numa pesquisa teológica de formatura de 1995, encontram-se constatações dignas de nota. Diversamente da maioria dos biógrafos, esse trabalho não pinta Hofbauer como um novo cavaleiro São Jorge, que deu o golpe de misericórdia na hidra de três cabeças: Jansenismo--Josefinismo-Iluminismo. Antes, constata muito mais que em Hofbauer, Iluminismo e Romantismo – razão objetiva e sentimento subjetivo – se encontram numa unidade convincente. Este seria o motivo por que figuras representativas do romantismo vienense procuraram sua proximidade. Deu-se nele uma "síntese da razão e do sentimento", como a esses românticos. Todavia, como seu amigo e confessor, ele os conduziu para além de objetivos simplesmente estéticos (Döker, 60-68).

### Uma medida cheia de "bom-senso"

A novidade nessas exposições não é a afirmação de que Hofbauer tinha alguma coisa comum com os românticos de Viena. Sobre isso seus biógrafos sempre souberam dizer muita coisa. Mas existe uma afirmação segundo a qual Hofbauer estava pelo menos tão fortemente comprometido com o Iluminismo como com o Romantismo.

Mas isso corresponde à realidade histórica? Era iluminista o modesto cura espiritual que falou de si mesmo: "Eu não aprendi nada"; o homem que se apaixonava pelos cultos esplendorosos, que fazia romaria aos santuários marianos e distribuía santinhos?

Seus contemporâneos dão a primeira resposta a essa pergunta. Uma coisa cai na vista: Hofbauer é descrito como um homem que – abstraindo de seu profundo conhecimento de História eclesiástica e dos padres da Igreja – não era um grande bibliófilo, mas um "homem prático", que, além de uma inteligência aguda, dispunha de um julgamento claro e uma medida recalcada de *common sense* (bom-senso).

Percebia, logo à primeira vista, "o falso, o excêntrico, o pseudomístico nos livros religiosos" (*Monumenta Hofbaueriana XI*, 33). Não tolerava, a sua volta, misticismo ou práticas parapsicológicas. Voltou-se com toda a agudeza contra as imaginações do "visionário" Emanuel Swedenborg, que tinha prosélitos também na Áustria.

*Sensível no trato com o próximo*

No convívio com seu próximo, assim se conta, Clemente sabia "tratar cada um conforme sua individualidade". Testemunha ocular disso é Johann Emanuel Veith. Ele narra como certa vez visitou uma família pobre junto com Hofbauer. Na sala havia um altarzinho de pouco bom gosto, com estampas mais "feias" ainda. Quando Hofbauer percebeu que Veith queria dar vazão à repulsa que sentia, sussurrou-lhe ao ouvido: "Fique quieto. Deixe-os com sua alegria" (*Monumenta Hofbaueriana XI*, 35). Hofbauer tinha um olfato muito fino para com pessoas abaladas psiquicamente. Empenhava-se em ajudá-las em seus problemas e complexos, por vezes até com um gracejo. Um de seus confrades jovens não tinha fim na celebração da missa. Após a comunhão raspava e rapava durante minutos o "corporal" com a patena para que não se perdesse nenhum fragmento da santa hóstia. Clemente chegou à igreja e ficou observando o confrade algum tempo, depois aproximou-se do altar e cochichou-lhe ao ouvido: "José, deixe um pouquinho para os anjos também". Ele não deixava as coisas ficarem como estão. Era da opinião que a gente poderia ajudar da melhor maneira possível o jovem padre para sair do escrúpulo, confiando-lhe uma tarefa de muita responsabilidade. Por isso mandou-o, como Superior, para um posto missionário na Romênia.

Hofbauer sabia lidar também "com senhores idosos e distintos" da alta sociedade. Quase todas as tardes, durante algum tempo, visitava a família Schlegel. Levava os padres novos que residiam com ele, e tomava parte nas "reuniões da tarde" que Dorothea organizava em sua casa. Joseph von Eichendorff, que se encontrou com Hofbauer numa reunião dessas, relata que encontrou nele um bom companheiro de prosa, chegando a "bater um papo" num "divertido linguajar polonês". Conta também que o viu trazendo "disfarçadamente" uma torta (para a reunião), certamente um presente da padeira Gussl, irmã de seu confessor Schmid. Esta o convidava regularmente para a ceia na sexta-feira e no sábado (*Monumenta Hofbaueriana XI*, 172).

Compreensivo com as pessoas mais simples, contudo perante as grandes celebridades intelectuais não "tinha papas na língua" ao perceber que seus pontos de vista iam contra o senso comum. Aí ele era capaz até de ficar satírico. Frederico Schlegel e Zacharias Werner tiveram de presenciar cenas assim.

Causou profunda impressão em Veith uma frase que Hofbauer costumava repetir, e da qual se lembrava até em idade avançada: "As pessoas – disse Hofbauer – querem ser tidas por sensatas". Mas defender-se-iam, se a gente lhes chamasse a atenção. São muito acomodadas para pensar. "Tornam-se inimigos de quem quer ensiná-los a raciocinar". Isto soa quase como expressão de um "iluminista" (WEISS, 2001, 43).

Há outra expressão de Hofbauer que vai na mesma direção. Mostrava-se cético quando seus confrades em Varsóvia davam mais valor ao cultivo da piedade do que aos trabalhos pelo próximo que nos procura cada dia. Falava com mostras de desaprovação dos napolitanos, porque alguns dentre eles "se enlevam com a devoção e só pensam nisso sem dar um passo à frente" (WEISS, 2001, 205).

## Mestre e catequista

Então, Hofbauer era um "iluminista"? Por ser sensato e esperto, isso não fazia dele um iluminista. Contudo, além disso, havia algo mais em sua vida e atuação que caberia bem no tempo do josefinismo e do iluminismo.

### Um catequista nato

Sobretudo era este, já desde a juventude, seu empenho como educador. Quando jovem foi eremita. Contudo não foi um "eremita" que refugiou-se na solidão por medo das exigências da vida. Isso não combinaria com ele. Já quando eremita ele deve ter pregado, como escrevem seus biógrafos. Pode ser. Mas é certo que serviu no culto divino perto de sua terra natal e colaborou na igreja. Isso era função dos eremitas. Mas não a única. Os eremitas atuavam como catequistas e professores. Isso era o mínimo que ele queria fazer, uma vez que o sacerdócio parecia-lhe impedido.

No outono de 1779 foi para Viena como eremita, trajando um hábito marrom, e matriculou-se na Escola Real/Império de Santana. Para se manter, trabalhava como ajudante de padeiro. Era dirigente do curso Joseph Anton Gall, discípulo de Ignaz von Felbiger, que, como reformador das escolas no tempo do absolutismo iluminista, organizou o sistema escolar austríaco para proporcionar ao povo uma formação sólida.

Gall, bispo de Linz de 1788 até 1807, era um íntegro e modesto cura espiritual, mas josefinista e iluminista eclesiástico. Sebastian Brunner o estigmatizou como um dos mais ativos representantes da "criadagem teológica" de José II. E com efeito deveria, como nenhum outro bispo austríaco, ter intervido na reforma eclesiástica do imperador. Sim, Gall é tido como "figura simbólica do catolicismo reformado com a marca josefinista". Voltava-se, com a palavra e os escritos, contra as práticas supersticiosas e mostrava-se a favor de uma interiorização da religião. Acentuava o significado do múnus episcopal – frente até às reivindicações de Roma – e realçava a importância da pregação e da catequese.

Hofbauer nunca se mostrou desdenhoso a respeito de Gall, antes, sempre se colocou fortemente a favor da catequese. Mais ainda. Em 1786 frequentou pela segunda vez o curso de catequese em Santana/Viena, esta vez junto com seu amigo Hübl. Os dois neossacerdotes demoraram-se em Viena para sondar a possibilidade de uma atividade pastoral na Áustria.

*Educador prendado*

O que Hofbauer e seus confrades criaram poucos anos depois em Varsóvia adequava-se muito bem a uma formação iluminista do povo. Em 1788 assumiram os edifícios e a igreja da Irmandade alemã de São Beno, incluídos na lei da dissolução estatal. Tendo entrado para revitalizar a escola e o orfanato da Irmandade, desenvolveram em pouco tempo uma multíplice atividade social, caritativa e educativa, que lembrou o cuidado pelos pobres e órfãos de August Hermann Francke em Halle e teve o reconhecimento das autoridades estatais, embora protestantes prussianas e pouco afeiçoadas aos padres.

E se foi dito que as comunidades de Ordens religiosas do século XIX não queriam afastar-se do mundo, mas atuar dentro da sociedade, plasmando-a através de seu cuidado social e educativo pelos doentes e pobres, alunos e jovens, isso os Redentoristas já haviam assumido no século XVIII, em Varsóvia, sob a direção de Hofbauer.

Em 1788 abriram um orfanato para jovens de qualquer nível social, religioso e nacionalidade. Em 1796 fundaram um orfanato para meninas, confiado às senhoras da Irmandade de São José, já que infelizmente não deu certo a convocação das redentoristinas como educadoras, assim desejada por Hofbauer.

Já antes, logo após sua chegada em 1787, Hofbauer e Hübl fundaram uma escola elementar, que em 1788 foi transferida para São Beno. Os primeiros professores foram Hofbauer e Hübl. Como a comunidade do convento desenvolveu-se depressa, foram logo apoiados por seus confrades – padres, estudantes e noviços. Pouco depois a escola contava com 400 alunos. A matéria mais importante era a catequese. Quanto ele gozava de conceito nos círculos mais altos, prova o fato do rei polonês Stanislaw Poniatowski, membro da loja maçônica, ter enviado seu filho natural para lá.

Gesto pioneiro foi finalmente o estabelecimento de uma escola para meninas em 1795, que Hofbauer confiou às mesmas Damas, como fez com o orfanato para meninas. Foi a primeira escola na Polônia, aberta não somente para as classes mais altas da população, e a primeira na qual não se pagava nada pelo ensino.

*Seu coração batia pelos jovens*

Com a expulsão dos Redentoristas em 1808, terminou seu trabalho de formação na capital da Polônia. Daí em diante Clemente viveu em Viena como simples padre auxiliar. Foi proibido de ter contato com seus confrades, mesmo ao dirigir ocultamente o noviciado. A escola sempre foi sua grande paixão. Quando em 1813 Adam Müller planejou um instituto de educação em Viena, ele logo se prontificou para assumir a catequese com os padres novos Sabelli e Forthuber, que vieram da Suíça particularmente para isso. O projeto malogrou, na verdade, devido à objeção das autoridades estatais.

Quanto Hofbauer viu sempre na educação uma tarefa de sua Congregação, demonstra-o sobretudo o texto do regulamento redigido em 1819 por ele junto com o pároco da corte e do palácio imperial, Jakob Frint, com cujo apoio ele queria conseguir a autorização para a Congregação Redentorista na Áustria. O texto correspondia às normas fornecidas pelos eclesiásticos fiéis ao Estado e calcadas nas ideias josefinistas e iluministas. Assim, por exemplo, foram removidas todas as determinações da Regra Pontifícia sobre os "exercícios de ascese". Como tarefa principal da Congregação foi salientada sua estrutura escolar, desde a direção das "escolas/ creche" até o ensino universitário. A gente faria injustiça a Hofbauer se visse nesses pontos novos da Regra apenas uma "impostura" de sua parte. Seu coração era totalmente pela formação integral da juventude.

### Os alemães gostam de ler

A revista italiana dos jesuítas, *Civiltà cattolica*, afirmou depois da revolução europeia de 1848 que a culpa das crueldades, nela perpetradas, reside pura e simplesmente no fato de tanta gente saber ler. Nesse caso estaria fundamentalmente errado ensinar o povo a ler. Numa revista católica para a família alemã, saiu ao mesmo tempo esta sentença: "A muita leitura, até hoje, nunca foi útil".

Hofbauer era de outra opinião. Costumava dizer que "os alemães gostam de ler". Ele mesmo – que, exceto numerosas cartas e documentos oficiais, nunca escreveu nada – foi ao encontro, de diversas maneiras, desta necessidade que se manifestava em toda a parte de fundar "associações de leitura", como: "tardes de leitura", biblioteca para empréstimo de livros e uma revista literária.

*Palestras vespertinas de Hofbauer*

As tardes de leitura de Hofbauer faziam parte integrante de seu intensivo cuidado individualizado junto aos acadêmicos, estudantes e professores durante seus anos em Viena. Elas aconteciam em sua residência, em salas situadas nos dois andares da casa. No segundo andar moravam três jovens confrades; no primeiro, modestamente mobiliado, residia ele. Havia lá uma despensa, na qual Clemente guardava comida para seus hospedes – em geral, dádivas do mosteiro das Ursulinas –, e um espaço maior que servia de quarto, sala das refeições, locutório e sala de reuniões para as assim chamadas "palestras vespertinas" ou "tardes de leitura".

Este recinto estava quase sempre cheio de estudantes e professores da Universidade, onde em geral ficavam para a refeição, lá estudavam e até dormiam. Assim, também o diretor do Instituto e professor Johann Emanuel Veith. Não poucos destes hóspedes ocuparam, mais tarde, cargos de direção na Congregação Redentorista: o professor de Matemática Johannes Madlener, os juristas Friedrich von Held e Franz Springer, os literatos Georg e Anton Passy, ou o estudante de Medicina Franz Kosmacek. Outros, como o filósofo Anton Günther e o futuro cardeal Othmar von Rauscher, decidiram-se por outros caminhos, mas continuaram sempre "colados" em Hofbauer.

O que as "tardes de leitura" tinham a ver com ele? Suas origens deveriam remontar até as primitivas iniciativas de Hofbauer, mesmo que ele também possa ter recebido estímulos de diferentes lados, sobretudo de seu paterno amigo Diessbach. Em Viena a gente se encontrava nas "casas da cerveja" e "do café" para discutir sobre obras literárias. Dorothea Schlegel e Caroline Pichler convidavam para entretenimento espiritual em suas casas. Nas "tardes de leitura" de Hofbauer não se ia simplesmente atrás da bela literatura. Muito mais, lia-se habitualmente alguma coisa de um livro religioso ou relativo à História da Igreja e depois se discutia em cima disso. É pena que ninguém secretariou essas reuniões. Contudo sabemos pelos participantes que eles tiraram dessas palestras vespertinas dicas decisivas para suas vidas.

*A biblioteca para empréstimo*
*na rua das Dorotheias*

Contudo Hofbauer não ficava só com essas palestras. Devia haver sempre à disposição bons livros para católicos, padres e leigos. Já em Varsóvia ele se preocupou com a instalação de uma biblioteca. Em Viena havia insistido há anos, estimulado por Joseph Albert von Diessbach, numa biblioteca católica para empréstimo de livros. Pediu a seus amigos e benfeitores, barão von Penkler e Franz Graf, conde de Széchényi, que se preocupassem com sua reinstalação. Assim surgiu a nova biblioteca no coração de Viena, na rua das Dorotheias, na qual tanto antigamente como ainda hoje se cultiva arte e cultura. Na verdade a fundação quase malogrou no último minuto, pois só podia haver três bibliotecas para empréstimo em Viena, mediante portaria imperial. Mas depois que se averiguou que seriam veiculados somente livros religiosos, foi emanada uma licença especial. Responsável pela biblioteca foi o escritor e mais tarde redentorista Georg Passy. Mesmo que não existam mais as fichas, fomos informados a respeito de alguns livros disponíveis lá e, mais, que também se encontravam entre eles obras do teólogo bávaro João Miguel Sailer.

*Revista literária Ramos de oliveira*

E com isso chegamos a outra iniciativa de Hofbauer: a revista lítero-religiosa *Ramos de oliveira* (Ölzweige), sugerida por ele. Durante sua existência (1819 a 1823), aparecia em Viena três vezes por semana. Por esta revista se podia saber quais novas aquisições a gente encontrava na rua das Dorotheias, o que não é de se admirar, porque era editada no mesmo lugar – justamente na rua das Dorotheias – e seu redator chefe não era outro que o dirigente da biblioteca para empréstimo, Georg Passy, que mais tarde tornou-se Redentorista.

Algumas dicas sobre o conteúdo, estilo e objetivo da revista: foi dito que *Ramos de oliveira* propagava um "catolicismo linearmente fiel e militante" (FLEISCHMANN, 167). Nada mais falso do que isso. Profundamente sensível, espiritualmente bela, romântica, humorística, vez por outra com arroubos místicos, lembrando um pouco o pietismo com os hinos, narrativas e meditações, mas seriamente comprometida com o dogma católico – a revista era uma expressão do pensamento e do sentimento do círculo ligado a Hofbauer e, mais além, ao catolicismo romântico de Viena. Basicamente empenhava-se a favor de um catolicismo sadio que não apela apenas para o intelecto racionalmente iluminado, mas para a pessoa toda com seu coração, sua intelectualidade e sua corporeidade.

Tendo-se em vista outros conteúdos, como convicções, rumos e confissões, a revista era bem outra coisa do que "militante", podendo-se até apresentar o testemunho que ela mesma partilhou num necrológio de Zacharias Werner: "Embora também católico de corpo e alma, ele era avesso a toda intolerância e colocava os protestantes autênticos mais alto do que os maus católicos". Assim, pois, Frederico Antônio von Schönholz, contemporâneo de Hofbauer, incluiu a revista *Ramos de oliveira*, diversamente da *Revista teológica* do pároco da corte Jakob Frint, numa direção "laxista"; e também o severamente conservador Eduard Hosp adjudicou-lhe "programações bastante amplas" e uma "atitude aberta aos tempos".

Fomos bem informados, de modo especial sobre os autores das contribuições, anônimas em sua maioria, graças às pesquisas de Walburga Schweizer. Assim ela pôde encontrar Johann Emanuel Veith como autor de algumas narrativas humorístico-religiosas no estilo de Jean Paulschen. Johannes Madlener, amigo de juventude de Veith, contribuiu com vários trechos autobiográficos, meditações e artigos hagiográficos. Encontrou grande aceitação um "intercâmbio de cartas sobre filosofia" entre Veith e Madlener. Fazia parte dos demais autores, além dos irmãos Passy, o filho de Dorothea Schlegel, Philipp Veit, como também Zacharias Werner, que, entre outras coisas, está representado com uma longa "ode" pela morte de Hofbauer. Frederico Schlegel publicou contribuições filosóficas.

A revista não foi acusada de intolerância, mas sim de muito sentimento e "falta de sadio 'senso comum'", como observou em 1820 o jornal iluminista *Münchener allgemeine Literaturzeitung* (jornal de Munique sobre literatura em geral). Então os "Ramos de oliveira" iriam secar antes de os botões se abrirem, mesmo que "um dos primeiros operários os tenha enxertado na vinha mística da Alemanha".

De fato, após poucos anos, a revista deixou de aparecer. A causa foi a entrada de vários colaboradores na Congregação Redentorista. O sucessor de Hofbauer no governo do ramo transalpino, José Passerat, não partilhava do entusiasmo de seu antecessor pela leitura; queria até proibir a seus confrades a leitura de revistas científicas. Não via com bons olhos a colaboração deles na revista *Ramos de oliveira*. Georg Passy precisou, pois, após sua entrada no Noviciado, abdicar da redação da revista, como também de sua posição de diretor da "biblioteca espiritual para empréstimo".

### E contudo: politicamente incorreto

Que Hofbauer tinha problemas com seu caráter violento, nós o sabemos. Seus contemporâneos e biógrafos perdoaram-no. Nós também o perdoamos. É censurado até hoje por outras coisas pelos historiadores e teólogos. Certas palavras, assim se diz, não ficariam bem num "santo canonizado". Falou-se, sobretudo, do juízo que fez de João Miguel Sailer. Voltaremos a isso depois.

Contudo não é somente isto que se critica. Hofbauer, assim se lê, disse coisas que pouco convém a um "santo". "*Political correctnes*" (politicamente correto) fica estranho para ele. Afinal, do que se trata? Vamos com tranquilidade atrás das censuras. Mas, por favor. Não usemos o metro de hoje. Procuremos entender suas palavras no contexto de seu tempo. Fazendo assim, talvez ele não se saia tão mal.

### *Hofbauer e as mulheres*

Sobretudo uma coisa foi censurada nele: tinha um tratamento desairoso com as mulheres. Prova disso seja a expressão que repetia frequentemente: "São mulheres mesmo!", e esta outra: "Agradeço a Deus porque não sou mulher nem tenho mulher".

É claro que isso não soa bem para elas. Mas atenção para o seguinte: Antigamente se rezava na ave-maria: "Bendita és tu entre as mulheres" (mulheres = Weiber em alemão). Hoje os alemães usam o sinônimo "Frau" em vez de "Weiber", porque soa melhor, agrada mais.

Contudo, já em 1842, seu primeiro biógrafo Pösl tentou explicar a expressão "são mulheres" da seguinte maneira: Hofbauer teria dito isto aos homens que se queixavam "das singularidades femininas" ao que respondeu: "Deixem isso pra lá! São mulheres". "São coisas de mulher". Se ele se expressou assim, não foi por desprezo, mas por "grande comiseração pelas fragilidades inerentes a elas". O que pode ter sido visado com isso era mais a posição da mulher na sociedade daquele tempo, do que a suposta animosidade de Hofbauer com elas.

*Uma velha carcaça*

Contudo, o relacionamento de Hofbauer com as mulheres realmente não fica livre de preconceitos, mesmo com respeito às Irmãs. Depois de sua nomeação para confessor no convento de Santa Úrsula, em Viena, ele disse: "Eu prefiro ouvir a confissão da metade do exército austríaco do que a de dez freiras".

Pe. Pösl, que refere essa frase, acrescenta, porém: "A propósito, ele estimava de verdade as mulheres verdadeiramente piedosas", e mais, ele conquistou a confiança de muitas mulheres que o escolheram para seu pai espiritual. Isso vale sem dúvida para uma grande parte das Irmãs de Santa Úrsula. Vale com certeza para a Irmã Leiga Tadeia Taxböck, que guardava em seu diário e mais, ainda em seu coração, os conselhos confortadores de confissão e as orações que lhe ensinou. Por isso lavrou um precioso testemunho em seu favor por ocasião do processo de beatificação.

Em todo o caso, no convento Santa Úrsula, Hofbauer colocou as assim chamadas Irmãs leigas acima das coristas. "Seis empregadas – disse cheio de reconhecimento – não fazem numa casa o que uma só realiza aqui". Também é certo que, no início, nem todas as Irmãs do convento estavam de acordo com ele. Lá reinavam desavenças. Com "bondade e afabilidade", Clemente procurou restabelecer a concórdia. Ele tomou sob sua proteção uma noviça que não foi compreendida por sua mestra de noviças. Fez exercício de caminhada com uma Irmã idosa, doente dos pés. E, quando a Superiora se queixou das extravagâncias de uma Irmã, ele disse apenas que ela fosse dar bastante comida aos pintainhos. Então seus problemas logo se resolveriam. A uma noviça que estava tendo muito cuidado com sua saúde, ele tranquilizou assim: "Você vai fazer a profissão dos votos e sobreviver a muitas que agora têm as bochechas rosadas... sim, você ainda vai virar uma velha carcaça".

### Café na casa de Hofbauer

Hofbauer não tinha de lidar só com as Irmãs religiosas. Havia senhoras fora do convento que, como refere Emanuel Veith, punham nele uma confiança "incondicionalmente infantil" e, na verdade, como Veith imagina, justamente por isto: era habitualmente reservado com mulheres e não se tornava importuno.

Não só a padeira Gussl, em cuja casa era convidado para comer, mas numerosas senhoras da nobreza e da classe média, com Dorothea à frente, sentiam-se unidas a ele. Sophie Schlosser, mesmo passados dezenas de anos, ainda se entusiasmava por ele. Lembrava-se feliz do café com ele em sua residência, para o qual ela e seu esposo, João Frederico, eram convidados frequentemente após o serviço divino.

Devem ser mencionadas também três irmãs, as condessas von Mengershausen, que se converteram com ele e cujas dúvidas no processo de conversão ele soube resolver com muito humor. Uma delas tornou-se freira mais tarde, as outras duas se casaram com homens que pertenciam ao círculo mais estreito de Hofbauer.

Em Varsóvia ele gozava de alta consideração junto da princesa Thecla Jablonowska. Era sua benfeitora, também depois que ele deixou Varsóvia. Quando ela faleceu em fevereiro de 1820, não deixou de celebrar missa de réquiem por ela, embora também ele estivesse gravemente enfermo.

Não esqueçamos ainda Franziska Caspers, chamada Fanny, artista de teatro, natural de Mannheim. Anteriormente atuara sob a regência de Goethe em Weimar, depois veio para Viena em 1813, onde residia com a família Schlegel. Ficou conhecendo Hofbauer na casa de Schlegel, tinha-o em grande veneração e queria ser sepultada a seu lado.

Finalmente sejam mencionadas duas penitentes de Clemente: a hungaresa condessa Julie Zichy, contada entre as senhoras mais distintas do Congresso de Viena, e Maria Rizy, prima de Grillparzer.

Maria Rizy queria tornar-se freira. Mas Hofbauer lhe disse que a Congregação na qual entraria ainda não tinha sido introduzida na Áustria. Ele pensava na Ordem das monjas Redentoristas, que até então tinha mosteiros somente na Itália. Na Áustria, a Ordem foi permitida em 1830. Maria Rizy foi a primeira Superiora das Redentoristas do Norte dos Alpes, com o nome de Ir. Maria Benedita da Santíssima Trindade.

### O "batismo da criança judia"

Depois de tudo isso, a censura de que Hofbauer foi "inimigo das freiras" mal tem consistência, não obstante suas expressões fortes e surpreendentes. Mas em que ficou aquele conselho, contado pela Irmã Tadeia Taxböck, do convento das Ursulinas de Viena, e que teve Matthias Bauchinger como único biógrafo de Clemente a inseri-lo em sua biografia, em 1889?

Desde 1928, mais tardar – quando saiu a 7ª edição do livro de Bauchinger –, este conselho de Hofbauer ficou esquecido, até que há alguns anos uma revista "crítica sobre Igreja" viu-se na necessidade de reimprimir o relato melodramático do Pe. Bauchinger.

### Irmã Tadeia conta

Faz-se necessário incluir na História a sensação que esta publicação provocou. Sigamos a descrição da Irmã Thaddäa Taxböck, fonte para o relato de Bauchinger. Assim ela relatou por ocasião do processo de beatificação de Hofbauer:

Como prova especial de quanta confiança a gente depositava na sensatez do Servo de Deus, sei transmitir o que segue: Uma empregada cristã conferiu o sacramento do Batismo a uma menina judia de 2 anos, sem o conhecimento dos pais israelitas. Muito contente com esse gesto, chegou-se a uma Irmã do convento de quem era parente e contou-lhe o que fizera.

A Irmã achou que, o que fizera, era para se pensar, e pediu que fosse contar ao Servo de Deus e deixar-se informar por ele sobre o que poderia suceder no futuro sobre isto.

O revmo. Servo de Deus explicou: "Em todo o caso estaria bem errado se a criança fosse educada e vivesse no judaísmo. Vamos entregar esta questão ao bom Deus na oração. Talvez esteja conforme sua vontade tomar para si, daqui a algum tempo, a menina batizada". Ele mesmo prometeu rezar e nos recomendou também, a nós Irmãs do convento, que rezássemos nessa intenção. Pouco tempo depois, no decurso de algumas semanas, assim creio, o Senhor tomou realmente a criança consigo (*Monumenta Hofbaueriana XI*, 141).

## Hofbauer e o "caso Mortara"

Até aqui, a Irmã Tadeia. O editor da revista mencionada viu na questão um "exemplo ilustrativo do batismo sob coação de crianças judias e da desumana teologia ainda existente", que ele não queria ocultar a seus leitores.

Isso não bastou. A redação uniu a narrativa com o caso famigeradamente célebre de Edgardo Mortara, uma criança judia de Bolonha que – gravemente enferma – foi também batizada ocultamente por uma empregada. Quando o soberano, que não era outro senão o "Papa reinante" do Vaticano, Pio IX, ficou sabendo, mandou tirar a criança dos pais, assumiu o encargo de padrinho e providenciou sua educação católica. Pois, pensava o Papa, uma criança cristã não podia ser educada em outra confissão religiosa por pessoas não cristãs. De fato, mais tarde, Edgardo tornou-se cônego agostiniano. Morreu em 1940 na Bélgica. O caso, denúncia contra a Igreja católica, que na época causou grande celeuma, voltou à memória do público através de um livro de 1998 e mais tarde através do filme.

Não resta dúvida de que existem semelhanças surpreendentes entre os dois casos. Em ambos trata-se de "arriscadas" e imprudentes ações de funcionários, que não queriam deixar uma criança judia morrer sem batismo e se julgaram autorizados para ministrar um "batismo de emergência". De um "batismo sob coação", como aconteceu no passado sombrio, na "conversão" dos saxões, na inquisição espanhola ou no século XIX na Rússia, onde o czar Nicolau mandou tirar de seus pais milhares de crianças judias, batizar e colocar nas escolas militares, desse tipo de batismo certamente não se tratava aqui.

Não existem apenas paralelos, mas também diferenças entre o relato da Irmã Tadeia e o "caso Mortara". A Irmã Tadeia vê, na reação de Clemente, um sinal de prudência extraordinária e, além disso, ela tem razão quando Hofbauer não quis dar ao caso uma solução violenta ou até tomar a criança dos pais. Hofbauer entregou o caso para Deus. E justamente aqui está a diferença com o caso Mortara.

### Uma Teologia desumana?

O que talvez hoje nos parece mal-entendido é o fato de Clemente achar tão ruim quando uma criança batizada deve crescer na fé judaica. Mas acontece que Clemente, justamente aqui, também era filho de seu tempo. O que ele dizia, não tinha nada a ver com "antissemitismo" nem com uma "teologia desumana". Se tivesse reagido de maneira diferente, isso teria sido completamente incompreensível para o povo de seu tempo.

Mas será que a vida de uma criança valia tão pouco para Hofbauer? Certamente que não. Contudo, como homem para quem a Fé sobressaía a tudo, ele estava firmemente convencido de que a vida eterna com Deus supera todas as alegrias da vida terrena. Esta maneira de pensar é desumana?

Quanto ao mais, não se deve esquecer de que as pessoas daquele tempo tinham outro enfoque com respeito à morte de uma criança. Ainda no começo do século XIX, morria um terço de todas as crianças, antes de atingir os dez anos de idade. A família de Hofbauer, como já vimos, não fazia exceção. Uma família devia ter muitos filhos, para que ao menos alguns "vingassem". A gente encarava a morte dos outros filhos como inevitável. O "relacionamento afetivo" de hoje era desconhecido. "A relação com as crianças não era muito sentimental: curta, severa, distanciada, marcada pela disciplina e obediência, trabalho e surra" (NIPPERDEY). As crianças eram tidas como pequenos adultos. O ser criança, como em fase preciosa e própria da vida em si, foi descoberto somente no tempo do estilo "Biedermeier" da cidadania.

# IV

## EXPOSIÇÕES E DEBATES

### João Miguel Sailer

Agora, uma tomada de posição com respeito a Sailer! O que é que já se escreveu sobre isso também por aqueles que não sabem muito sobre Hofbauer!

O intelectual bondoso e manso, o "padre bávaro da Igreja", o inesquecível formador de padres, a quem o Papa João Paulo II elogiou como "autor bem-sucedido da renovação católica em sua pátria", como "perspicaz defensor da doutrina correta" e "precursor do mais novo movimento ecumênico", Hofbauer caluniou, denegriu, denunciou em Roma ... De fato, assim nos foi dito, é um ponto negro em sua vida que por nada, por nada que ele fez de bom, pode ser lavado até tornar-se branco. Hofbauer é, e continua sendo, um denunciante obstinado, fechado, mesquinho; um reacionário enclausurado em seus preconceitos. Tudo lhe pode ser perdoado, somente isso não!

Tentemos, contudo, abordar o tema, e para isso consultar as fontes, também aquelas que até agora foram interceptadas. Não ter medo, Hofbauer não pode ser poupado! Onde ele errou, não lhe pode ser dada razão de modo algum – como infelizmente sempre se tornou a tentar –, mas uma coisa se deve permitir-lhe se for arrastado perante o tribunal da História: mencionar os motivos que o levaram a este juízo. Talvez, pelo menos "circunstâncias atenuantes" lhe sejam reconhecidas.

Por que será que já seus contemporâneos, que estimavam tanto Hofbauer como Sailer, lamentavelmente constataram que ele não podia combinar simplesmente em nada com Sailer? Assim anotou Sophie Schlosser, no dia 20 de novembro de 1814, em sua agenda:

Dona Schlegel me contou do Pe. Hofbauer que ele, com todo o seu descortínio, nem sempre é isento de preconceito contra os outros. Assim, por exemplo, insurgiu-se contra Sailer, mais do que era preciso, a quem ele nunca atribuiu nada de bom. Mas tem sido impossível tirá-lo dessa ideia fixa; ela terá tentado mais de uma vez, ele porém não ouve ninguém sobre esse ponto (SCHLOSSER, diário, 1922, anotação de 20 de novembro de 1814).

Qual era o motivo? Diversidade de caracteres? Estava atrás disso o contraste entre a teologia da Universidade e o catolicismo popular? Ou entre Roma e Alemanha, talvez até entre a Áustria e a Baviera? Teríamos então de nos haver com dois catolicismos incompatíveis? Vamos, contudo, seguir as fontes para encontrar uma resposta.

### Os jesuítas de São Salvador

Tudo começou com os jesuítas. Desde que Hofbauer veio a conhecer o ex-jesuíta Nikolaus Albert von Diessbach em 1782, estimava a Ordem dos jesuítas e, por outro lado, só sabia falar mal do Papa Clemente XIV (1769-1774), que suprimira a Ordem. Costumava dizer que Clemente só ficou Papa com o auxílio dos jansenistas.

Hofbauer via nos Redentoristas os seguidores natos dos jesuítas, como demonstra ainda o esboço das Regras que fez em 1819; mesmo se seu sonho se desfizesse com a restauração da Companhia de Jesus, os Redentoristas poderiam entrar no lugar dos jesuítas. Padres altamente dotados, que inicialmente queriam ser Redentoristas, decidiram-se pelo (modelo) original e entraram no Noviciado dos jesuítas.

Também depois da dissolução da Ordem dos jesuítas, Hofbauer procurou seguir o espírito de Santo Inácio de Loyola. Por isso estava ligado com o ultramontanista (paccanarista) conde Sineo della Torre, um homem que se bateu com todos os meios pela restauração da Ordem jesuíta. Pensava encontrar o espírito realmente incontaminado da Companhia de Jesus em Augsburgo, no Colégio São Salvador. Lá diversos jesuítas formaram um grupo sob a direção do último Provincial da Alemanha, Superior Pe. Maximus Mangold, com a permissão do soberano, bispo príncipe-eleitor Clemens Wenzeslaus da Saxônia, e ensinavam numa escola superior de Teologia, mesmo depois da suspensão da Ordem.

Se o antigo voto de submissão incondicional à Santa Sé ainda vigorava em algum lugar da Alemanha, era nos "ex-jesuítas" de São Salvador. Os padres de São Salvador pregavam fidelidade à doutrina católica sem falsificação alguma e a divulgavam em seus escritos. Devem ser destacados Pe. Aloísio Merz e Pe. Jakob Anton Zallinger von Thurn, que tinham boas ligações com a Cúria Romana.

Os "salvatorianos" de Augsburgo tinham dificuldade de convivência. Quem entre os iluministas eclesiásticos tinha um nome – o "devorador de jesuítas" Andreas Zaupser em Munique, os beneditinos bafejados jansenisticamente, do mosteiro Banz na França Superior, Mark Anton Wittola em Viena –, todos eles atiravam se contra ele em seus escritos. Eram uma praga, em nada diferentes "dos gafanhotos do nono capítulo do Apocalipse de São João".

Eles não retornavam com menos violência. Trovejavam por toda a parte um iluminismo às avessas. Especialmente em Dillingen, onde julgavam que a Escola Superior de Teologia, como também o Seminário dos Jovens, estavam infectados pelas novas e perigosas doutrinas. Pois lá ensinavam os professores universitários João Miguel Sailer, Patrício Benedito Zimmer e Joseph Weber e os professores do ensino secundário amigos deles, Anton Joseph Hörmann, Johann Michael Feneberg, Anton Keller e Anton Weiss. Sobretudo os amigos de juventude de Sailer e Feneberg, os noviços jesuítas de outrora em Landsberg que vivenciaram a repressão da Ordem, eram para eles um espinho no olho.

### Sailer é destituído

João Miguel Sailer tinha iniciado sua carreira científica na Universidade Nacional Bávara de Ingolstadt, mas foi logo afastado por ser discípulo dos jesuítas e um obscuro "Padre Sailer". Depois que ele, tido como romano, foi convocado para ser professor de Teologia Pastoral e Ética na reorganizada Universidade de Dillingen, tornou-se logo o ponto de atração dos estudantes de toda a região de língua alemã. Suas obras de Filosofia, Teologia Moral e Pastoral distinguiam-se tanto pela abertura para as correntes religiosas do tempo, como por sua ancoragem na Sagrada Escritura e por um acentuado cristocentrismo. Notáveis eram seus contatos com as lideranças de outras confissões, que fizeram dele um precursor do movimento ecumênico, por exemplo, com o pietista de Zurich, teólogo Johann Caspar Lavater.

Contudo, desde que se desligara da escolástica jesuíta, foi sendo tido, em medida crescente, iluminista incrédulo e iluminado por seus antigos confrades de Augsburgo. Finalmente denunciaram-no ao Núncio de Munique Giulio Cesare Zoglio e à direção da diocese, que só teve resultado porque puderam exercer pressão sobre o banco "Obwexer" de Augsburgo, do qual provinham três de seus confrades. Instaurou-se um inquérito diocesano, que terminou assim: dia 5 de novembro de 1794, Sailer perdeu a cátedra de professor. Logo no início de 1795 foi chamado para Munique como pregador da Corte Real, mas precisou deixar novamente este posto por sugestão do Núncio, e ficou em Ebersberg até 1799, seu "segundo tempo de pausa".

*O movimento renovador de Allgäu*

Em 1797 prosseguiram as investigações diocesanas contra o amigo de Sailer, Johann Michael Feneberg, que, entrementes pároco de Seeg em Allgäu, tornou-se o centro de um movimento religioso de renovação. Esse movimento pode ser entendido como um "desdobramento" do pietismo de Württenberg. Não resta dúvida de que ele exprimia uma piedade profunda em seu núcleo, e que o coração do movimento era o fervoroso Feneberg, homem íntegro e equilibradamente santo. Em seu escrito *Aus Feneberg Leben* (*Da vida de Feneberg*), testemunhando alta estima e afeto cordial, Sailer destacou como mensagem central do movimento o axioma: "Cristo por nós, Cristo em nós. Por nós morreu na cruz, seu Espírito vive em nós".

Entretanto, às vezes, o vivenciado pode ter sido empurrado demais para o primeiro plano, como aconteceu com Martin Boos, discípulo dos jesuítas e de Sailer, a quem Sailer chamava "homem de raiz e de pedra", cuja causa "é Deus principalmente", embora Boos, como Martinho Lutero, estivesse convencido de que estamos salvos "pela fé em Cristo, de graça e por graça". Sailer estava com ele, também depois que foi chamado às ordens pelos juízes eclesiásticos de Absburgo, e finalmente em 1806 encontrou refúgio em Gallneukirchen, diocese de Linz, com o bispo Gall.

A "declaração pública sobre a doutrina da justificação da Liga Mundial Luterana e da Igreja Católica", de 31 de outubro de 1999, deu razão a Sailer e Boos. Realmente mais problemáticas foram algumas particularidades dos "renovados" de Allgäu. Deve-se mencionar o papel que senhoras iluminadas desempenharam no movimento renovador como "geratrizes espirituais".

### Sailer é "reabilitado"

Pesquisadores de Sailer, como Hubert Schiel, lembraram que Sailer também foi "renovado", mesmo se nunca corrigiu totalmente seu modo de pensar. Em seus 47 anos de idade foi, como escreveu em seu diário, atormentado pelo pensamento: "O pecado te foi realmente perdoado?" Após tormentos internos da alma, ele chegou à certeza: "Só Deus pode salvar-te em Cristo, ao reconciliar o mundo consigo".

As fontes nos revelaram o que estava atrás dessas linhas: Dia 18 de dezembro de 1796, no quarto domingo do Advento, o capelão Martin Boos foi a Seeg, em companhia das jovens senhoras "renovadas" Theres Erdt (1771-1851) e Magdalena Fischer (*1761), à procura de Feneberg, com quem Sailer estava de visita. As mulheres assediaram Sailer, dizendo que ele não devia deixar-se guiar tanto por sua razão, mas somente pelo Senhor. Caso as afirmações delas correspondam à verdade, Sailer acedeu ao pedido e escreveu pouco depois em latim:

> Deus me concedeu uma inexplicável paz da alma. Não duvido que o Senhor virá no leve sussurro, ou já está aqui. João batizou com água; mas Cristo, com o Espírito Santo (DUSSLER, 154).

Na primavera de 1797 começou a investigação do consistório de Absburgo sobre o movimento renovador, entrando também em questão a "renovação" de Sailer. Na investigação destacou-se o seguinte:

> Sempre que os associados se encontram, sejam religiosos ou "seculares", homens ou mulheres, acontece quase sempre troca de beijos, abraços e coisas semelhantes (DUSSLER, 156 s.).

Ainda pior. Saiu mais esta: Os "renovados" acham "que na noite em que a gente adormece conversando sobre o amor de Jesus, sobre o aumento da Graça, sobre santos colóquios, pode também, simplesmente e sem transgredir os mandamentos de Deus, dormir junto".

Certamente se tratava de "escorregões" morais contra os quais Feneberg e Sailer lutavam. Contudo pesou sobre Sailer, precisamente sobre Theres Erdt, que se emaranhou no papel desempenhado em sua "renovação". Seu papel como "geratriz espiritual" ia tão longe que eclesiásticos e leigos faziam confissão geral com ela. Desde 1801 foi arrumadeira da casa do pároco Johann Baptist Langenmeyer – também ele "renovado" – em Zahling e em Kirchberg junto ao rio Inn. Tiveram juntos dois filhos que moravam com eles. Seus adversários levaram a mal, porque Sailer os visitava e abençoava seus filhos.

### Encontro memorável em Ebersberg

Mas voltemos para Hofbauer e os ex-jesuítas de Augsburgo. Em 1795, provavelmente por recomendação de Diessbach, pela primeira vez, Hofbauer viajou até o sudoeste da Alemanha, em São Salvador. Tratou de assuntos financeiros no banco de Obwexer, ligado aos padres. O tema das conversações terá sido Sailer, entre outros. Assuntos semelhantes foram tratados nas outras visitas, sobretudo o movimento renovador de Allgäu, que deve ter ocupado o centro. Assim, na primavera de 1798, voltando da Suíça, Hofbauer parou em Augsburgo. Poderia ter sido antes que já lhe contaram coisas sobre Sailer de "fazer arrepiar os cabelos", por exemplo, "que uma de suas adeptas até ouvia confissões".

Seguiu-se o único encontro de Hofbauer com Sailer. Resolvera, como ele mesmo escreve, procurar Sailer em seu "exílio" em Ebersberg, "para averiguar o motivo de tanta conversa a favor ou contra ele". Hofbauer ficou com Sailer apenas meia-hora – devia ser em março de 1798 – na casa paroquial de Ebersberg. O que aconteceu nessa meia-hora? Não sabemos. Se a gente pode acreditar em suas próprias palavras, Hofbauer parece ter deixado a casa quase às carreiras. Ele, homem forte na Fé, escreveu que saiu para não perder a fé. Viu confirmados os pressupostos que trouxe de São Salvador? Ou obscureceu-se mais seu poder de discernimento com o abalo psíquico, vivido pouco antes na Suíça? Em todo o caso, Sailer pensava assim:

> O bom Pe. Hofbauer deixou que se criassem em sua cabeça estas fábulas tramadas por alguns professores de Augsburgo, apenas antipatizados contra mim, justamente eles que me empurraram para fora em Dillingen (SCHIEL I, 604).

Apesar de tudo, ele teve a melhor impressão de Hofbauer. Em 1803 escreveu:

> Hofbauer é um homem interior e piedoso, que eu amo. Ele me visitou. Seu coração é puro, sua razão é bastante clara, para continuar plantando a religião católica em sua forma de devoção (SCHIEL I, 287).

### Hofbauer continua desconfiado

Hofbauer tinha outro pensar. Mais tarde confirmou para Sailer que ele jamais o ofendeu; antes, procurou sempre mais sua amizade. Assim testemunhou sobre seus alunos: "Ele tem muitos adeptos, e estes são realmente piedosos". Não obstante, nunca se libertou da suspeita contra Sailer; esta ia tão longe, a ponto de recomendar ao professor vienense Ackermann que afastasse de sua biblioteca os livros de Sailer. Sim, a gente chega a ter a impressão de que ele procurava, de maneira plenamente consciente, erros de Sailer para ir anotando.

Sobretudo um caso pareceu dar-lhe razão. Sailer tinha aconselhado um amigo, o médico Johann Carl Passavant (a caminho da conversão), a não tornar-se católico por ora, pois achava que seus motivos não eram suficientes para uma conversão. Aliás, assim lhe explicou, a Fé católica não era, subjetivamente falando, necessária para se alcançar a salvação eterna. Passavant foi pouco depois a Viena, onde se encontrava frequentemente com Johann Emanuel Veith, confidente de Hofbauer. A conversa caiu também sobre Sailer. À pergunta de Veith, por que ele não se tornava católico, respondeu Passavant: "Se Sailer me disser uma palavra, eu me torno católico. Mas ele ainda não achou oportuno" (HARINGER, 54). Isto foi água para o moinho de Hofbauer, que tinha abertamente atraído para seu lado o círculo de amigos, pois Passavant estava surpreso ante a atitude crítica sobre Sailer, encontrada em Viena, justamente com Frederico Schlegel.

Coisa semelhante constatou Josef Weinhofer, amigo de Sailer, pároco de Pinkafeld: dia 16 de abril de 1817, assim escreveu a Sailer: em Viena se falou que ele aconselhara um médico protestante a se contentar com a "fé implícita", sem se mostrar católico externamente. Além disso, teria sido censurado, porque, segundo ele, todo aquele que apenas tem fé viva em Cristo "já pertence à Igreja católica", que era simpatizante do hipermisticismo", que uma mulher "renovada" (renascida) podia ouvir confissão. Ainda se falou muito sobre casos estranhos – "beijos e outras sensualidades" – entre os hipermísticos da roda de Sailer.

### Um parecer que faz a gente pensar

Esse falatório em torno de Hofbauer tanto prejudicava Sailer, quanto atraía fortemente muitos católicos – também em Viena – para o lado dele. Assim, mais cedo ou mais tarde, iria tudo água abaixo se, na primavera de 1817, Sailer não tivesse sido proposto junto ao rei Max I da Baviera para ocupar a cátedra de bispo de Augsburgo, a que Roma era pouco favorável. Nesse contexto, o Núncio de Viena Antonio Conte di Severoli solicitou dois homens, em cujo descortínio ele muito confiava, para redigir um parecer. Um foi Franz Sebastian Job e Hofbauer o outro. Enquanto Job deu o melhor testemunho sobre Sailer, no parecer de Hofbauer redigido em fins de março de 1817, aparecem todas as censuras que também o pároco Weinhofer ouviu em Viena: Sailer era na verdade um cristão, mas não tomava muito a sério a conduta exterior. Em sua opinião, a Igreja Católica não tem o monopólio sobre o Espírito Santo. Ele e seus adeptos se pronunciariam, de preferência, por um cristianismo interior. Quando falam de Igreja, não se sabe a que igreja estão se referindo. Sobretudo, Sailer estava afeiçoado ao "misticismo". Provam isto seus contatos com Lavater e os pietistas em Württenberg, mas sobretudo seus relacionamentos com o movimento renovador de Allgäu. Aqui também aparece a constatação de que uma adepta de Sailer até confissões ouve. Hofbauer conclui com esta frase:

> Se Sailer ficasse bispo de Augsburgo ou de outro lugar onde é conhecido, poucos eclesiásticos aceitariam jurisdição dele, porque dizem que ele é pior que Lutero; este procurou reformar abertamente a Igreja, enquanto Sailer faria isto secretamente (SCHIEL I, 529).

*Um testemunho horrível!*

Sailer, que logo ficou sabendo desses fatos, colocou-se na defesa. Ainda em abril de 1817 fez chegar ao Núncio Severoli, por meio de Sebastian Job, uma carta de justificação. Na verdade, ele se detém no geral e refere-se mais às censuras que o pároco Weinhofer lhe comunicou. Ele se confessava submisso à Igreja Católica Romana, ao Papa, a uma Fé praticada em boas obras e aos sacramentos. Num escrito ao pároco Weinhofer, distanciava-se simultânea e decididamente de qualquer "hipermisticismo" e declarou ser ideia injuriosa a Deus "que uma pessoa feminina 'renovada' possa ouvir confissão e absolver".

O parecer de Hofbauer parece propriamente ter caído sob as vistas de Sailer só em 1820, após a morte dele. Os círculos mais influentes continuavam desejando a cátedra episcopal para Sailer na Baviera. À frente deles não estava outro, senão o próprio príncipe herdeiro, Ludwig I, que Sailer estimava como seu mestre. Contudo, até agora Roma era contra um "bispo Sailer". Em cima disso, o secretário de Estado do Cardeal Consalvi procurou expor seus planos ao príncipe herdeiro. E, para dar mais ênfase, mandou-lhe o parecer de Hofbauer. Consalvi sabia, informado evidentemente por Severoli, dos encontros de Hofbauer com o príncipe herdeiro durante o Congresso de Viena, nos quais Hofbauer causou-lhe profunda impressão, conforme declarou pessoalmente. Todavia Ludwig pôs seu amigo Johann Nepomuk Ringseis, conselheiro de medicina, a par da situação, e este mandou para Sailer o parecer de Hofbauer. Sailer respondeu a Ringseis:

> É horroroso, na verdade, ler o que o depoimento de Hofbauer fala contra mim. Só posso dizer com Paulo: Deus é minha testemunha, que não estou mentindo: nem sequer um daqueles dados é verdade (SCHIEL I, 604).

Sailer sabia muito bem de onde "o bom Hofbauer" tirou suas "fábulas" e "caricaturas": dos ex-jesuítas de São Salvador. Estas "fábulas" retardaram, mas não impediram totalmente sua nomeação para bispo. Em 1829 Sailer tornou-se finalmente bispo de Regensburg.

### Um santo pode ser teimoso?

Depois de tudo isso, o que devemos pensar da posição de Hofbauer com respeito a Sailer? Os historiadores Redentoristas da liderança concordaram unanimemente: no caso Sailer, Hofbauer deixou de lado seu, aliás tão famoso, conhecimento da psique humana. Quais foram os motivos? Seriam, no final das contas, dois catolicismos diversos que não conseguiram entrar em acordo? Pode ser.

Mas o motivo principal para a suspeita de Clemente, justificada ou não, estava em outra esfera. Não somente no "caso Sailer" Clemente foi supercrítico frente a tudo que tinha por "hipermístico". Uma vez disse que, se houvesse um lugar onde se podia ver Deus, lá ele não iria. Bastar-lhe-ia sua fé no Evangelho. Seus confrades percebiam logo seu desdém quando davam crédito a quaisquer visões de piedosas mulheres.

No "caso Sailer" ele deveria, evidentemente, obter clareza sobre isso. Que ele o visitou em Ebersberg, era o melhor que podia fazer. Que o deixou às carreiras depois de uma meia-hora, foi o pior que ele fez.

Por isso ele é um "santo antipático"? Um "santo" pode errar tanto numa coisa tão importante, ou – digamos abertamente – pode ser tão teimoso? De fato, na causa de sua beatificação o "advogado do diabo" introduziu essa teimosia na conversa.

Mas evidenciou-se mais seu cuidado pelo corpo e pela alma, isto é, seu amor prático pelo próximo.

## Ignaz Heinrich von Wessenberg

Um tema querido por quase todos os biógrafos de Hofbauer é seu debate com Ignaz Heinrich von Wessenberg. Nele é atribuído a Hofbauer um papel altamente político. Ele teria impedido a fundação de uma igreja nacional católica alemã, independente de Roma, planejada pelo josefinista Wessenberg. Na verdade os biógrafos de Hofbauer não estavam sozinhos com tais afirmações. O perfil de Wessenberg como um josefinista radical, eclesiástico estatal, iluminista e racionalista é típico da historiografia ultramontana. Os biógrafos de Hofbauer concordaram alegremente, também depois que a pesquisa crítica das fontes já há muito tempo desfez essa caricatura.

Mas como foi realmente? Como Hofbauer e Wessenberg estavam se entendendo, e o que o debate queria com o impedimento de uma pretendida Igreja Nacional Alemã?

### Reforma a partir do Evangelho

Ignaz Heinrich von Wessenberg, barão do Império, provinha de uma antiga família da nobreza da Suábia. De 1790 a 1792 frequentou o Ginásio dos ex-jesuítas de São Salvador em Augsburgo. O método superantiquado do ensino em latim ocasionou-lhe, de 1792 a 1794, a troca para o estudo de Filosofia na Universidade episcopal de Dillingen, reformada na linha do Iluminismo eclesiástico. Aqui ele aprendeu a valorizar João Miguel Sailer, cuja destituição acionada pelos ex-jesuítas augsburguenses ele acompanhou de perto. Permaneceu unido com ele a vida inteira. Continuou sua formação em Würzburgo e Viena.

Em Würzburgo houve um encontro com o futuro Primaz alemão Karl Theodor de Dalberg, que logo percebeu o talento elevado do jovem Wessenberg e por aí ficou sabendo que ele se colocaria com entusiasmo à disposição pela "melhoria das condições eclesiais". Em 1800 Dalberg assumiu o governo do bispado de Constança, que abrangia uma parte considerável do Sul da Alemanha e da Suíça. Logo em seguida propôs a Wessenberg, que já era subdiácono desde 1799, o cargo de Vigário-Geral. Em abril de 1802 tomou posse desse cargo.

Wessenberg não queria ser apenas administrador de sua diocese. Ele estava empenhado em introduzir, junto ao clero e ao povo, as ideias reformistas do iluminismo católico como aprendeu com Sailer. A pastoral estava em primeiro plano, e a serviço dela uma "profunda reforma" da catequese e um reavivamento do culto divino. Dos cânticos e orações no culto divino devia brotar aquele "calor irradiante" enraizado no "espírito do Evangelho". Todavia Wessenberg sabia que não se alcançaria uma mudança à custa de decretos vindos de cima. O clero devia ser renovado a partir do alicerce. Na verdade não é totalmente falso, se foi dito que ele, Wessenberg, chegou 150 anos antes de seu tempo e teria combinado bem com os bispos da reforma, Frings e Döpfner, no II Concílio Vaticano. Mesmo assim introduziu a língua vernácula na administração dos sacramentos ou a celebração das Vésperas.

Muita coisa que ele se propôs correspondia ao compromisso pastoral de Hofbauer; assim, o fomento do canto popular, além da importância que ele atribuía à pregação e à catequese. O mesmo vale para suas iniciativas no terreno da Pedagogia, das escolas idôneas, também para meninas. Somente num ponto ambos não convergiam. Hofbauer dava largo espaço à devoção popular e à vivência plena da religião, Wessenberg, entretanto, precipitou em seu zelo algumas reformas, sem levar em conta o sentimento do povo.

*Pela Igreja alemã*

Mas o que houve entre Wessenberg e a fundação de uma igreja nacional independente de Roma? Ele nunca lutou pela separação de Roma. Mas, isto sim, importava-lhe, como a Dalberg, revigorar a Igreja local. Importava-lhe reestruturar o melhor possível a Igreja alemã do tempo do Império, que sucumbira junto com o antigo Império Alemão, não contra Roma e sim com Roma, e ainda com o auxílio de uma concordata imperial.

Mas Roma – mais exatamente os "zelanti" curiais – aproveitou a única chance para criar na Alemanha a ultramontanização e centralização e um novo tipo de bispo, um bispo que não é mais um príncipe da Igreja, independente, fundamentado no direito divino, mas um receptor de ordens do Papa, sujeito em tudo a ele e a seu primado universal. E tudo isso com o auxílio dos Núncios. O "arcebispo" Zoglio, acreditado junto à corte bávara, desempenhou um papel de liderança nisso, mas a partir de 1803 foi sendo afastado pelo Núncio de Lucerna, Fabrizio Sceberras Testaferrata. Foi Testaferrata que promoveu uma caçada persecutória em regra a Wessenberg e procurou não só despojar o vigário-geral de Dalberg e administrador do bispado de Constança de seu múnus eclesiástico, mas, além disso, porcurou desmantelar todo o bispado de Constança.

Isso aconteceu na sequência do Congresso de Viena. Na verdade, Wessenberg mesmo permaneceu no cargo até a dissolução total do bispado de Constança em 1827; contudo foram condenados ao fracasso os esforços para confiar-lhe um dos novos bispados de Friburgo ou Rottenburgo. Daí para frente Wessenberg, despojado de seus cargos, dedicou-se ao trabalho científico e à publicação de obras religiosas e da história da Igreja.

*Dois curas aprendem a se estimar*

Vamos ao relacionamento de Hofbauer com Wessenberg: desde 1797 Hofbauer preocupou-se com a fundação de um convento no antigo Mosteiro de Religiosas, no monte Tabor em Jestetten/ Klettgau, perto de Schaffhausen, lá onde as fronteiras entre a Alemanha e a Suíça correm, ora pela esquerda, ora pela direita do rio Reno. Em 1802 conseguiu efetuar a compra. Provido de uma carta de recomendação do Núncio Severoli de Viena para Wessenberg, viajou para Constança com o Pe. Hübl, o clérigo estudante Franz Xaver Hoffbauer e o noviço Johannes Sabelli. Chegaram lá no dia 27 de dezembro. Hofbauer foi logo encontrar-se com Wessenberg.

Foi um encontro memorável. Ambos, práticos na cura pastoral, tiveram a melhor impressão um do outro. Hofbauer escreveu a Severoli, que ficou surpreso com os "princípios bons e sadios" de Wessenberg, com seu zelo pela glória de Deus e a salvação das almas, "como eu não teria esperado, porque é muito jovem ainda".

Por seu lado, Wessenberg comunicou a Severoli que o encontro com Hofbauer o encheu de "viva alegria". E mais:

> Os nobres fins do Instituto, que ele pretende difundir nestas regiões, principalmente com vistas a uma melhor formação nos princípios da Verdade católica, como das virtudes cristãs, correspondem plenamente às necessidades urgentes da atualidade. Mas o zelo que Hofbauer e seus companheiros dedicam a estes objetivos parece-me ser sincero e absolutamente louvável (*Monumenta Hofbaueriana V*, 10).

Wessenberg conferiu-lhe plenos poderes, necessários para seu trabalho pastoral.

Os padres apenas haviam se alojado no convento, quando já foram assediados pelo diretor governamental de Klettgau, pedindo para assumirem a direção do ginásio. Hofbauer teria aceito com muito gosto, disse. Em princípio, não tinha nada contra, mas precisaria conversar com os professores. Sonhava com a criação de uma casa de Noviciado e Estudos no Monte Tabor. Por isso mandou vir de Varsóvia o Pe. Passerat, mestre de noviços por muitos anos, e o nomeou mestre de noviços e prefeito dos estudos, como também superior de todas as casas a serem fundadas na Suíça, Alemanha e França. Logo se apresentaram numerosos candidatos para a vida de convento. Em setembro de 1804 a comunidade no monte

Tabor constava logo de seis padres, quatro Irmãos, dois estudantes e nove noviços. Ainda vieram doze alunos da redondeza, que ficaram morando numa velha torre arruinada do convento.

As autoridades estatais, porém, levaram Hofbauer a mal, porque ainda não havia assumido nenhum ginásio. Chegaram queixas de eclesiásticos para Wessenberg: Hofbauer e seus companheiros estariam proferindo em suas prédicas "histórias arquivelhas e tolas a La Cochem". Além disso, teria sido permitido às empregadas comungar diariamente; alguns alunos estariam sendo presos num chiqueiro, e coisas assim. Mas Wessenberg manteve-se ao lado de Hofbauer, o que acabou levando para hostilidades.

*Uma ordenação sacerdotal*
*e suas consequências*

Por fim Hofbauer achou melhor deixar Jestetten. Encontrou em Fuggerschen/Babenhausen um alojamento para a formação da gente nova. Mas, em 1803, na diocese de Wessenberg, foi-lhe logo oferecido um local de trabalho que correspondia inteiramente a seus desejos: o Santuário de "Maria em Tanne" em Triberg/ Schwarzwald.

O atual prefeito, arquiduque Ferdinand von Österreich-Este, deferiu imediatamente o pedido da fundação. Não assim a autoridade eclesiástica, representada por Wessenberg. Este deu a entender aos cidadãos de Triberg que os Redentoristas desempenhariam suas tarefas no Monte Tabor "com merecido louvor". Contudo, a finalidade de sua Congregação, "formação da juventude, missões e exercícios espirituais". Porém, o serviço escolar não teria espaço para a assistência nas escolas. Finalmente no dia 16 de maio de 1805 permitiu, por insistência dos habitantes, que três Redentoristas fossem para Triberg provisoriamente por seis meses. Um decreto posterior prolongou a permanência para dois anos. Logo o púlpito e os confessionários foram assediados pelo povo. Hofbauer pensou logo numa "missão contínua", como a que organizou em Varsóvia.

Mas a benevolência de Wessenberg mudou da noite para o dia, e Hofbauer teve de reconhecer que ele também teve uma parte na culpa.

Em julho de 1805 ele havia cedido para o Núncio Testaferrata, sem dar conhecimento a Wessenberg, a ordenação em Lucerna de quatro de seus teólogos. Ele se julgava autorizado para isso, em virtude de um privilégio concedido pela Santa Sé.

Para Wessenberg, porém, isso era uma questão fundamental. Profundamente decepcionado e amargurado, suspendeu, sem mais, os neossacerdotes. Ele viu no caso uma afronta consciente. Desde esse tempo Testaferrata repetia como um novo Catão em seus relatórios para Roma: Dalberg deve renunciar ao bispado de Constança, Wessenberg deve sair, a parte suíça da diocese deve ser separada de sua matriz.

Questiona-se se Hofbauer ficou sabendo disso, ou se o caso em Lucerna disparou o rígido tratamento do Núncio contra Wessenberg. Todavia o relatório de Testaferrata de 23 de novembro de 1805 ao secretário do Cardeal em Roma, no qual ressaltava sua animosidade mais forte do que antes contra Wessenberg, poderia ter sido provocado também por causa da suspensão dos Redentoristas ordenados por ele. Assim se compreende que o pedido de desculpa de agosto de 1805 para Wessenberg não teve nenhum efeito. Nele havia apelado para o "bom coração" de Wessenberg, pedido humildemente perdão e explicado que jamais deixaria seus clérigos serem ordenados pelo Núncio se ele tivesse sabido que isso feria uma norma.

### *"Idiotas fanáticos, visionários e beatos"*

Wessenberg começou desde agora a ficar de ouvidos atentos para todo o tipo de queixas contra os Redentoristas. Realmente estas não faltaram. Pois os párocos da redondeza receavam que os padres deixassem seu povo alienado. Um pároco relatou ao bispo que aos domingos a metade de seus paroquianos estava frequentando o culto religioso dos padres. Eles persuadiam as pessoas com suas "palavras adocicadas" e "lisonjas" a se ligarem tanto a eles que, mesmo na hora da morte, só se confessariam com eles. Outro escreveu: Quanto a esses padres com seu entusiasmo atoleimado, trata-se de uma "horda exorbitante de fanáticos". Estes "santos milagreiros italianos, ligorianos italianos e polacos" devorariam "até o pão dos pobres", andando cabisbaixos "como se estivessem realmente arrebatados ao terceiro céu com São Paulo".

Wessenberg consentiu plenamente nessas queixas. Chegou a chamá-los de "idiotas fanáticos, visionários e beatos". Jamais, escreveu em outubro de 1805, toleraria que em sua terra tomasse lugar "uma plantação de ervas más e uma tenda venenosa da heresia". Os dias dos Redentoristas em Triberg estão contados até o fim do mês. No dia 31 de outubro o Ordinariado de Constança os declarou suspensos.

Agradeceram ao Prefeito e ao governo regional de Friburgo o fato de alguns padres afinal poderem ficar ainda em Triberg.

Em virtude da paz de Pressburg (26/12/1805), no começo de 1806 Triberg passou para o reino de Württenberg e, em outubro do mesmo ano, para o grão-ducado de Baden. Em ambos os Estados, não interessava aos governos protestantes a presença de ninguém dos padres. No dia 16 de maio os últimos Redentoristas deviam deixar Triberg por ordem de Wessenberg.

*Hofbauer, adversário de Wessenberg*
*no Congresso de Viena*

A gente compreende que depois de tudo isso era difícil para Hofbauer conversar com Wessenberg; entende-se também que no tempo do Congresso de Viena ele não era precisamente do grupo dos amigos de Wessenberg, quando este, em nome do Primaz alemão Karl Theodor de Dalberg, se bateu pela renovação da Igreja alemã através de uma "concordata imperial".

Durante o Congresso, Hofbauer costumava ter estreitos contatos com os assim chamados "oradores", que na questão eclesiástica alemã representavam os interesses da Cúria Romana. É certo também que ele, eclesiástico fiel a Roma, propôs para candidato ao episcopado Thaddäus Aigler, ex-abade premonstratense de Roggenburg e seu conhecido pessoal; candidatura esta simpática também a Roma. Voltou-se resolutamente contra uma reestruturação da Igreja do Império e contra seus defensores, entre os quais, Wessenberg.

Contudo a gente vai longe demais se atribuir a ele o bloqueio de uma concordata geral alemã e com isso – como foi dito – uma igreja cismática independente de Roma. Pois a concordata do império aspirada por Dalberg e Wessenberg malogrou, seguramente não em primeira linha, devido ao protesto de Hofbauer ou dos representantes da posição romana, mas – como já consta há muito tempo na pesquisa – devido aos Estados alemães, principalmente de Württenberg e Baviera, que viam seus interesses alcançados somente através de concordatas dos Estados, separadamente, porém. Para isso não precisavam diretamente da consulta de Hofbauer.

### *Um príncipe herdeiro com problemas de consciência*

Agora um acontecimento desusado que, neste contexto, é sempre reaquecido pelos biógrafos de Hofbauer. Trata-se da visita do príncipe herdeiro da Baviera – depois, rei Ludwig I – a Hofbauer, intermediada provavelmente por Zacharias Werner. Anos atrás Werner foi companheiro de Ludwig em sua viagem pela Suíça. Agora, durante o Congresso, o poeta da Prússia Oriental e orador sacro da catedral, cujas pregações causavam grande sensação, fazia parte das celebridades de Viena. Que o príncipe, talvez nas precisões de consciência, procurasse seu antigo companheiro, é mais do que provável; que Werner – o que aliás também fazia – encaminhasse o príncipe para Hofbauer, isso é evidente.

Contudo, como quer que fosse, numa tarde Ludwig procurou Hofbauer em sua residência (rua Seilerstätte, 1048) e ficou com ele desde 9 horas da noite até 2:30 da madrugada, enquanto os Pes. Stark e Sabelli montavam guarda junto à porta. Não poucos biógrafos de Hofbauer têm falado de um encontro altamente político. Nele ter-se-á frustrado uma concordata do Império e a fundação de uma igreja nacional cismática alemã, o que já não é certo, porque a Baviera – com ou sem Hofbauer – jamais concordou com uma "concordata do Império".

Johannes Hofer, tido como o mais sensato biógrafo de Hofbauer, deu com boa razão outro significado para o encontro. Tratou-se em primeira linha de uma "conversa sacramental", o que é muitíssimo possível, por se ter chegado quase a um duelo entre Ludwig e o príncipe herdeiro Wilhelm von Württenberg, por causa de "um brinquedo da vaca cega" em torno da "mulher mais bela do Congresso", a condessa húngara Julie Zichy. Se durante a palestra falou-se de uma possível destituição do todo poderoso ministro bávaro Montgelas, que expulsou os Redentoristas de Babenhausen, isto não se consegue provar.

Em todo o caso, Johann Nepomuk Sepp, o primeiro biógrafo de Ludwig, afirma que Ludwig, instigado por seu "conselheiro espiritual" Hofbauer, teria acionado a deposição do Ministro (SEPP 1903, 75; cf. E. WEISS, 790-799).

### A concordata bávara

Também se pode dar como certo que a concordata com a Santa Sé, aspirada há anos pela Baviera, teve seu papel na palestra. Não se tratava tanto de uma alta política eclesiástica, mas muito mais de um antigo desejo de Hofbauer. Ele sonhava com uma fundação de sua Congregação na Baviera e esperava consegui-lo com o auxílio da concordata bávara.

No dia 24 de outubro de 1817, o rei bávaro Maximilian I Joseph ratificou a concordata entre a Baviera e a Santa Sé, cujo 7º artigo previa a restauração dos conventos "para instrução da juventude na Religião e nas Ciências, ou para auxílio na pastoral, ou para o cuidado dos enfermos".

Hofbauer escreveu imediatamente para Ludwig. Sua carta começa com as seguintes palavras:

> As concordatas com a Baviera estão concluídas. Vossa Alteza Real conhece meus sentimentos, intenções e esforços...(*Monumenta Hofbaueriana XII*, 255).

Em seguida pede ao príncipe herdeiro seu apoio no estabelecimento dos Redentoristas (na Áustria). Também já tem em vista um convento: "o antigo Mosteiro dos Premonstratenses em Vies/Steingaden".

Esta carta ao príncipe herdeiro não foi a única nem também a primeira que lhe escreveu. Já havia escrito para Ludwig no dia 17 de março de 1817, e esta carta está em estreita conexão com seu parecer sobre Sailer e com outra – redigida por encargo do Núncio Severoli de Viena – ao Prefeito da Congregação da Propaganda da Fé, cardeal da cúria Lorenzo Litta, que Hofbauer conhecera desde seu tempo como Núncio em Varsóvia.

### Tratou-se da polícia eclesial e também de Wessenberg

Na carta de 20 de março de 1817 para Litta, Hofbauer propunha que o decano da catedral de Worms, barão Franz Wamboldt vom Umbstadt, parente de Metternich, pertencente aos assim chamados oradores no Congresso de Viena, fosse nomeado Metropolita da Igreja católica na Baviera. Ocasião para esta proposta foi a morte de Dalberg a 10 de fevereiro de 1817, pela qual despediu-se da vida o último representante da antiga Igreja do Império, chanceler da Cúria e príncipe-eleitor de Mogúncia, mais tarde primaz príncipe da Liga Renana e arcebispo de Regensburg desde 1805.

Hofbauer pediu a Litta que fizesse todo o possível "para ajudar a Igreja alemã, pois, quando cai também o condutor daqueles dos quais vem o perigo, a gente não se engane, pensando que o perigo já passou". Quem é essa gente perigosa? Sobretudo, Sailer e Wessenberg.

> Estes dois são muito ladinos e, quando a coisa é favorável para seus objetivos, podem também mostrar-se piedosos, e até já se congratularam mutuamente várias vezes por terem quase alcançado seu objetivo: a implantação da igreja para os alemães modernos (*Monumenta Hofbaueriana XII*, 252).

Contra esse perigo, porém, o Metropolita Wamboldt, "profundamente dedicado à Santa Sé", iria fazer um contrapeso.

Se existe alguma expressão de Hofbauer que dá razão aos que sobretudo veem nele um ultramontano – para quem o primado universal de

Roma era um fato – então é esta carta. Muito mais que seu parecer sobre Sailer – para o que pode haver bons motivos de desculpa – sua carta para Litta coloca-o em seu partido. Ele está – diversamente de Wessenberg – não pelo episcopalismo, não pela Igreja Imperial alemã. Embora tenha se queixado mais vezes que todo o mal vem de Roma, visto politicamente ele foi precursor do primado que, nos dogmas do I Concílio Vaticano, mais ainda na receptividade contínua que está tendo até hoje, atingiu seu objetivo. É bom tomar conhecimento disso, seja para lamentar, seja para parabenizar.

### Os amigos de Hofbauer se aborrecem

Deve constar que Hofbauer não encontrou retorno caloroso de suas ideias entre os amigos de Viena. Não sem razão, eles o viam sempre atrás do Núncio Severoli de Viena, que procurava reprimir qualquer independência na Igreja alemã não só onde podia, mas também como dirigente do partido dos "zelanti" (zeladores) e conservador contra-atacante radical do moderado secretário de Estado, Cardeal Ettore Consalvi. Assim, por exemplo, Adam Müller ergueu-se contra o surgimento de um "partido de Hofbauer", que se voltaria contra os esforços de Dalberg, Wessenberg e Sailer, e ao qual pertenceria, além de Hofbauer, o Cardeal Severoli, como também Frederico Schlegel. Contudo também Schlegel se distanciou finalmente desse grupo. No dia 29 de junho de 1819 escreveu para sua esposa:

> A única coisa que ainda me proporcionava algum conforto e estímulo em Viena era o interesse renovado pelo cristianismo! Agora, porém, o vejo desenvolver-se mais e mais no rumo e nas manobras de um partido, e isto me é simplesmente intolerável na religião; e, quando colocam o Pe. Hofbauer na frente deste partido, isto me faz mal, mas eu com certeza não farei parte disso.... (SCHLEGEL, vol. 30, 143 s.).

### A Vossa Alteza, afeiçoadíssimo Príncipe herdeiro

Contudo voltemos para a carta de 17 de março de 1817, de Hofbauer para o príncipe herdeiro Ludwig. É a mesma redação da carta para Litta, apenas um tanto amarelecida pelo tempo. Hofbauer, que seguramente ficou sabendo da apreciação sobre Sailer através de Ludwig, pede também a este, queira após a morte de Dalberg, interessar-se incisivamente pela nomeação de Wamboldt para Metropolita da Baviera. Infelizmente, sob as vistas de Dalberg, infiltrou-se na Igreja uma "escola perversa" – refere-se ao Iluminismo – que, unida a um "partido místico", considera supérfluo o culto externo na Igreja, e isso está acontecendo em terreno bávaro.

Hofbauer evita citar o nome de Sailer. Também Wessenberg não é mencionado na carta, e sim no rodapé de uma cópia do Breve de Pio VII ao Capítulo Catedrático de Constança, no qual o Papa se manifestou contra a eleição de Wessenberg para vigário capitular, após a morte de Dalberg.

Ludwig respondeu dia 4 de abril que infelizmente não estava a seu alcance determinar quem seria o "arcebispo da Baviera". Contudo acrescentou logo a seguir:

> Meu coração ficou enlevado quando o conheci; sua lembrança ficará indelevelmente em minha alma; com estes sentimentos permaneço a Vossa Reverendíssima muito afeiçoado, Ludwig, príncipe herdeiro (*Monumenta Hofbaueriana XII*, 255).

Que Ludwig I não se esqueceu de Hofbauer, isto se mostrou no dia 26 de maio de 1839 em Roma, por ocasião da canonização de Afonso de Ligório. Também o rei bávaro participou da solenidade e perguntou, dentre os Redentoristas, pelos "Padres Hofbauer e (Zacharias) Werner, que conheceu pessoalmente (WEISS 1984, 200).

## Os "italianos" e os "romanos"

Ainda nas últimas semanas antes de sua morte, Hofbauer entrava em delírio quando contava as impressões que teve aos 26 anos como ermitão em Quintiliolo, nas encostas dos Abruzzos: "Vocês deveriam estar lá. Lá a gente podia rezar".

*Peripécias de viagem*

Sem dúvida, Hofbauer gostava da região sul dos Alpes e partilhava do entusiasmo italiano de muitos viajantes das regiões do Norte, como se exprime na minicanção: "Conheces o país onde florescem os limões?"; é do tempo das "aulas do mestre Guilherme" e foi difundida através das *Viagens italianas* de Goethe. Hofbauer conservou seu entusiasmo, apesar das experiências vividas nas peregrinações nem sempre isentas de perigos. O chefe dos bandidos "Rinaldo Rinaldini des Christian August Vulpius" teve inúmeros seguidores. Ainda no fim do século XIX os jornais davam notícia, quase todos os dias, dos assaltos do bandido dos Abruzzos, Giuseppe Musolino.

No tempo em que Hofbauer esteve na Itália, na região de Frosinone, ao sul de Roma, onde viveu meio ano após sua profissão religiosa, vagueava um bandido com suas maldades, a quem o povo apelidava de "barbudo" (*il barbone*). Armou uma cilada para os policiais do Vaticano, que o queriam prender e atirou neles sem dó. *"Fatti la nina! E passa via il barbone (Dorme, nenê, que o barbudo vai embora)"* – assim cantavam as mães romanas, ainda no século XX, quando embalavam seus filhos para fazê-los dormir. Ainda bem que Hofbauer foi poupado pelo "barbudo". Nem por isso suas romarias eram sem perigo. Uma vez, assim ele contou, estava ele com seu companheiro, já bem de noite, à procura de um alojamento. Viram então um grande edifício iluminado, de onde ecoava música ruidosa. Quando chegaram mais perto e fizeram menção de entrar, as luzes se apagaram e o barulho emudeceu na hora. Ambos preferiram sumir o mais depressa possível.

E vem a história do cão gigante que Hofbauer, com sua postura calma, fez com que desaparecesse novamente. Testemunhas no processo da beatificação viram no animal um ser sobrenatural. Antes, pensemos que foi um animal selvagem. Também hoje acontece nas viagens pelas estradas desertas da Itália, que matilhas de cães perseguem o carro, latindo e escumando. Perigoso não é. Isso nem podia diminuir o amor de Hofbauer pela Itália.

*Uma nação "indolente"*

Não obstante, Hofbauer partilhava com seus contemporâneos os preconceitos contra os italianos. Em sua carta de 15 de outubro de 1815 ao arquiabade Pankratius Forster de Einsiedeln, encontra-se esta frase: "Por que, pois, o centro da Igreja tem de ser numa nação preguiçosa e inativa?" Hofbauer estava citando a frase que ouvira de outro, e procurava desculpar, mas observou ter chegado coisa pior aos ouvidos, sobre a qual nem podia escrever. Contudo ele não se distancia muito. Pelo contrário. Ele escreve que a gente deve ser "ostensivamente grosseiro" com estes italianos – ele estava pensando na Cúria Romana – quando a gente quer conseguir alguma coisa. São ignorantes e inativos, mas capazes de disfarçar tudo isso com palavras vazias e corteses.

De fato, Hofbauer não estava sozinho com sua visão sobre os "italianos indolentes". Em 1803 apareceu em Viena um livro no qual "os italianos" foram descritos como "indolentes, astutos e incultos" (AYRE-NHOFF, 1803). Avaliações psicológicas do povo, como foram largamente divulgadas primeiramente na Inglaterra, formavam o conteúdo da obra.

*"Todo o mal vem de Roma"*

Com Hofbauer não se tratava somente de preconceitos. Cada vez que se precisava da Cúria Romana, sobrevinham experiências próprias e frustrações. Parecia que os cardeais romanos e também o Papa Pio VII, no fundo, não tinham ideia da Alemanha, motivo pelo qual também não atinavam, com seu desejo sempre repetido, para a necessidade de Roma fazer mais pela Pastoral na Alemanha.

Contudo, se Roma já não se preocupava com nada – assim declarou no dia 12 de dezembro de 1814 às senhoras Dorothea Schlegel e Sophie Schlosser – , pelo menos devia ser permitido aos fiéis escolher livremente seus bispos. Isto lhe parecia melhor do que quando são tomadas decisões na Roma distante, onde não se conhece a situação. Sim, disse mais vezes: "Todo o mal vem de Roma" (HOFER, 1923, 381). O que naquele tempo era diferente da assim chamada "crítica de Roma" de hoje?

Nem por isso ele deixava de voltar-se para Roma. Incluía todo o clero e a si mesmo quando batia em seu ombro, dizendo: "Todo o mal, todo o escândalo vem do clero. Nós, da roupa preta, somos culpados de tudo".

O pintor Philipp Veit, filho do primeiro casamento de Dorothea Schlegel, quando residia em Roma, guardou esta frase. Mais tarde escreveu confirmando que o próprio Hofbauer disse: "Na Itália nem tudo é do mesmo jeito" – portanto, desconsiderou o que dissera anteriormente. Em 1815 comunicou entusiasmado para sua mãe, após mudar-se para Roma, que "gostou muito da Itália", o que deu ocasião para ela responder:

"Em algumas coisas você se desvia da descrição de Hofbauer, por exemplo, sobre a hospitalidade dos italianos". Aliás, Hofbauer estava se referindo mais aos romanos. Em outra carta ela escreveu a seu filho: "Você sabe como ele gosta de fazer 'gozação' de Roma". A respeito do despacho de um pacote do Vaticano para Frederico Schlegel, com o comunicado anexo dizendo que lhe foi concedida a "Ordem de Cristo", Hofbauer quase morreu de tanto rir, porque a Ordem mesma não se achava dentro do pacote. E novamente em outra carta:

> Nosso bom e excelente Padre Hofbauer manda-lhe sua benção. Ele xinga Roma a valer, mas aconselha você a permanecer fiel (SCHLEGEL, vol. 29, 90).

### *"Rebelde, mas nitidamente católico"*

Hofbauer mesmo escreveu no dia 12 de abril de 1817 para os filhos de Dorothea Schlegel em Roma:

> Estou orgulhoso, e não pouco, porque nosso povo está na frente das demais nações no terreno da Arte. São já inteiramente italianos, mas espero que conservem seu coração bem alemão (RAICH II, 422 s.)

Quando Dorothea visitou seus filhos em Roma no ano seguinte, constatou que Philipp não se tornou "ultramontano", mas continuou "clara e rebeldemente católico, e cristãmente alemão".

Mas escreveu a seu marido Frederico que o professor Ostini – mentor dos pintores alemães em Roma e cardeal posteriormente – a encarregasse de tranquilizar Hofbauer. Não era sua culpa se na Igreja nada ia para frente. A culpa seria de Roma. Estava tudo ainda pior do que no tempo em que ele estivera em Roma. A gente imagina ter já alcançado tudo, onde ainda está faltando de tudo. Infelizmente é a opinião dos romanos sobre os alemães: a coisa parou de uma vez por todas.

Dorothea Schlegel, pessoalmente, ficou alegre quando pôde voltar para a Alemanha. Ela não conseguiu atrair o "povo italiano" para um conhecimento mútuo. Enquanto seu esposo Frederico achava que o "antiprotestantismo do alto clero romano" era "só para se desculpar, porque são italianos mesmo", ela se mostrava horrorizada com os muitos padres italianos, circulando inativos pelas igrejas. O "esplendor pagão" das catedrais da Renascença romana pouco a despertou para a devoção. Tinha saudade das igrejas góticas alemãs, onde a gente podia rezar de verdade. Sem dúvida, ela partilhava do entusiasmo nacionalista de seu esposo, pelo germanismo elevado acima dos outros povos, cuja realização máxima aconteceu – segundo ela – desde a conversão no tempo da católica Idade Média e do santo Império Romano, antes da "reforma". Ressalta em suas cartas que ela foi compreendida em tudo isso por Hofbauer.

É realmente significativo que essas cartas somente agora possam ser lidas sem cortes. Na primeira edição das cartas de Dorothea Schlegel de 1881, as expressões de Hofbauer sobre os "romanos" foram deixadas fora (SCHLEGEL, vol.30, XXV S.). Compreende-se. Sua publicação acarretaria dificuldades no processo de beatificação.

## Os "napolitanos"

Hofbauer não gostava de falar de todos os "romanos". Costumava dizer que foi recebido na Congregação dos Redentoristas pelos "romanos" e não pelos "napolitanos"; e se orientaria, não pelos "napolitanos", mas pelos "romanos", enquanto eles se ativessem à Regra.

De fato, os dois não italianos, Hofbauer e Hübl, entraram na Congregação Redentorista quando estava dividida em dois ramos, um ramo napolitano e outro romano. Ambas as partes se reunificaram em 1793, mas agora era a parte sul que dava o tom, com o que Hofbauer não podia se conformar. Pois a reunificação significava também uma renúncia ao conceito da Regra que estava vigorando entre os "romanos". Enquanto os "napolitanos" ficavam presos à letra da Regra, os "romanos" colocavam o espírito nas palavras, quando novos desafios exigissem.

### Uma Congregação partida

Para um melhor entendimento, é necessário inserir algumas passagens sobre a História dos Redentoristas, e continuar a explanar o que antes já foi lembrado mais vezes. Seu fundador foi o napolitano Afonso de Ligório, anteriormente advogado e cuidador dos moradores da periferia. No dia 9 de novembro de 1732, iniciou em Scala/ Amalfi a nova comunidade com alguns correligionários, cuja finalidade era anunciar o Evangelho aos pobres e aos esquecidos por seus cuidadores espirituais (curas-d'alma), e se possível morar entre eles e partilhar sua vida. Concretamente eram visados antes de tudo os pastores do interior de Nápoles, aos quais deveria ser anunciada a Boa-Nova da salvação através de missões populares e exercícios espirituais. Em 1749 o Papa Bento XIV aprovou as Regras da Congregação, que agora já podia fundar numerosos conventos no reino de Nápoles e finalmente também no Estado do Vaticano.

Contudo a Congregação teve de se haver com o eclesialismo estatal de Nápoles, isto é, o "regalismo", na pessoa do todo-poderoso Ministro Bernardo Tanucci. O Estado negou o reconhecimento legal à comunidade nascente, a não ser que apresentasse uma Regra eclesiástico-estatal. Para não ser suspensa completamente, os padres aceitaram no foro externo (*pro foro externo*) as exigências do Estado. A nova Regra transformava a Congregação num Instituto estatal sem votos formais, com o objetivo especial de combater os bandidos no reino de Nápoles.

Como consequência disso, o Papa Pio VI excluiu, sem rodeios, todos os Redentoristas no Reino de Nápoles, inclusive o idoso fundador. Só reconheceu os quatro conventos existentes no Estado do Vaticano.

Nomeou para seu Superior o Pe. Francesco Antonio de Paola. Hofbauer ficou no ramo da Congregação dirigido por ele.

### Um Superior dinâmico segundo o coração de Hofbauer

Os biógrafos de Hofbauer fazem ver que isso foi uma benção para o desenvolvimento de toda a Congregação. Pe. de Paola, que com seu jeito atirado e dinâmico tinha muita coisa em comum com Hofbauer, acreditava na missão dos dois "alemães".

Com a nomeação de Hofbauer para Vigário-Geral "transalpino" com amplos poderes, ele criou a condição prévia para que a Congregação pudesse desenvolver-se no distante Norte. Além disso procurou adaptar a missão pastoral dos Redentoristas transalpinos às condições dos países do Norte. No lugar da missão proibida pelo governo devia entrar o trabalho na escola e na educação, o que aliás correspondia à inclinação de Hofbauer. Para fazer isso em consonância com o carisma dos Redentoristas, Pe. de Paola convocou para o dia 8 de agosto de 1785 uma assembleia geral da Congregação. Ela teve lugar do dia 15 de outubro até 15 de novembro em Scifelli, ao sul de Roma, algumas semanas depois da partida de regresso de Hofbauer e Hübl, e concluiu declarando que o ensino escolar não contradiz de modo algum o carisma da Regra.

Enquanto de Paola era superior de Hofbauer, reinavam também boas relações entre o Vigário-Geral e o governo da Congregação Romana, também quando o então procurador-geral Isidoro Leggio, responsável pelas negociações com a Santa Sé, trazia desassossego no bom relacionamento, em que Hofbauer não ficava atrás dele em nada.

### Dois "Cabeças Duras"

Não é sem sorrir que a gente percorre seu intercâmbio epistolar. Eram duas cabeças duras que se batiam mutuamente. Contudo se percebe a simpatia que se aprofundava entre ambos.

A controvérsia era sobre a fidelidade à Regra e à inculturação. Hofbauer estava empenhado, inteiramente no sentido de Paola, em adaptar a Regra da Congregação às novas circunstâncias. Estes empenhos encontraram seu "busilis" na assim denominada "Regra de Varsóvia", na qual o ensino ocupava um papel central. Para Hofbauer, era um tipo de pastoral dos pobres com outros meios. Lê-se na "Regra de Varsóvia":

> Nos lugares onde as missões não são possíveis, os congregados devem ocupar-se mais ainda com a juventude abandonada e pobre, recolher as crianças em suas casas e instruí-las com amor e paciência em todas as coisas que sirvam para seu bem temporal e eterno (Hosp, 1939, 196 s.).

Para Leggio as mudanças da Regra de Hofbauer pareciam ir longe demais. Ele receava que Hofbauer quisesse fundar uma Congregação completamente nova. O tom no qual a disputa entre os dois se desenvolvia era tudo, menos amável.

Assim Leggio apresentou, no dia 16 de junho de 1790, seus agradecimentos a Hofbauer pela carta "extremamente desavergonhada" e acrescentou: "Apontaste contra mim teu humor venenoso. Tens razão, pois sou um pecador...contudo te peço para nunca mais me escreveres".

Infelizmente não sabemos o que Hofbauer respondeu, mas se conhece a reação de Leggio:

> Recebi tua carta furiosa, que corresponde inteiramente a teu temperamento quente. Com exceção de algumas palavras humildes no início, como é de praxe, ela é toda desavergonhada. Deixaste a Itália para que possas fazer o que queres. Não entendeste o espírito da Congregação. Aliás, nem podes entendê-lo. Não ficaste um ano sequer entre nós como noviço... (Hosp, 1954, 158).

Seguiram-se cartas com o mesmo teor. Contudo as ondas foram amainando finalmente. Pe. de Paola, que se congratulou com a atividade dos padres na escola, soube acalmar Hofbauer. Afinal de contas era ele o Superior-geral, e não Leggio – escreveu-lhe. Mas Leggio também moderou agora o tom. No fundo, tinha-se o mesmo ponto de vista tanto no Norte como no Sul.

*Os "napolitanos" tomam as rédeas*

Mas isso mudou em 1793, após a reunificação da Congregação. Ela tornou-se possível depois que o reino de Nápoles reconheceu a Regra aprovada pelo Papa. Os padres napolitanos do governo, junto com o novo Superior-geral, Pe. Pietro Paolo Blasucci, à frente, foram dispensando a equipe romana que governava até então, inclusive o Pe. de Paola, nomeado oficialmente pelo Papa, em 1797, Vigário--Geral dos conventos no Vaticano. Em 1807 realizou-se então um curto processo: de Paola foi excluído da Congregação. Coisa quase pior aconteceu com Leggio. Na verdade chegou até a dignidade de bispo da região do Umbriatico na Calábria. Mas depois de sua morte, ocorrida em 1801, foi considerado criminoso pelos confrades, por ter sido culpado da separação da Congregação. Também Hofbauer caiu no descrédito. Era tido em Nápoles – não sem razão – como defensor da interpretação por demais generosa da Regra da Congregação, dada por de Paola.

A princípio as relações de Hofbauer com a nova direção da Congregação pareciam correr harmoniosamente, mesmo se os contatos através de cartas entre o Norte e o Sul tenham-se tornado mais raros. Contudo, no fim de 1799, chegaram a Nápoles queixas de Varsóvia. Os franceses que entraram na Congregação queixavam-se da falta de fidelidade à Regra por parte de Hofbauer. Sua vontade estava sendo a única norma. Além disso, ficava absorvido totalmente pelo ensino da juventude.

Em Nápoles reinava clima de revolta. Uma assembleia da Congregação, realizada após a reunificação de 3 de abril de 1793, declarou nula a autorização para a atividade escolar, dada pelo Estado do Vaticano.

E agora ficou-se sabendo que Hofbauer e seus confrades do Norte, como antes, dedicavam-se ao ensino. Faziam isso livre e conscientemente, pois nem foram convidados para a assembleia, nem ficaram sabendo de suas conclusões. Contudo agora Pe. Blasucci os intimou no dia 15 de fevereiro de 1800 a encerrar imediatamente a atividade escolar.

*Sem escolas, a coisa não vai!*

Hofbauer, cuja atividade vital em Varsóvia representava escola e orfanato, respondeu que infelizmente ficou sabendo, somente então, alguma coisa da Assembleia de 1793.

> A escola constitui aqui quase a única possibilidade de anunciar a Palavra de Deus, e somente assim podemos assegurar a existência da Congregação nessas regiões. Sem escolas tudo se desmoronaria (*Monumenta Hofbaueriana VIII*, 73).

Somente no reino de Nápoles mantinha-se a proibição nas escolas. Uma recente assembleia da Congregação em 1802, para a qual Hofbauer e seus confrades do norte dos Alpes novamente não foram convidados, reforçou mais a proibição com estas palavras: "Ela deve continuar em vigor para que nosso Instituto não perca sua identidade".

Hofbauer ficou sabendo da reunião por acaso. Ele não reconheceu sua legitimidade, porque suas conclusões – tomadas sem a participação do ramo transalpino, consideravelmente crescido entrementes – desviavam-se da Regra original em questões essenciais. Sim, ele cuidou para que estas nunca fossem promulgadas no Norte. Ele nunca se deteve na proibição da atividade escolar.

O que fez então: em 1803 viajou pela última vez para a Itália, não para Nápoles, com os superiores-gerais. Dirigiu-se – assim afirmam seus biógrafos com bons fundamentos – ao Papa Pio VII e pediu que aprovasse pessoalmente a atividade e o ensino nas escolas, como missão dos Redentoristas "transalpinos".

*"Os napolitanos são um povo detestável"*

Contudo fazia muito tempo que não era somente a atividade nas escolas que, desde 1802, provocava tensões entre o Norte e o Sul. A prática da pobreza conventual em Nápoles era bem menos rigorosa do que entre os "transalpinos". O contato entre ambas as partes da Congregação tornava-se cada vez mais raro. A troca de correspondência de Hofbauer com o novo procurador-geral residente em Roma, Pe. Vincenzo Giattini, foi tornando-se bem menos volumosa do que com o Pe. Leggio. No fim, Hofbauer viu-se obrigado a fazer chegar suas perguntas à Santa Sé por meio de um leigo religioso residente em Roma.

Com ele a coisa não ficava parada. Tentava sempre reatar os contatos. Sempre enviava dinheiro para o Sul. Alegrou-se vivamente com a beatificação do fundador Afonso de Ligório. Não foi cientificado quando ele foi beatificado. Não foi convidado para a assembleia que em 1817 elegeu o novo Superior-geral. E havia não poucos padres em Nápoles que não queriam compreender por que lá longe, no alto Norte, ainda devia haver Redentoristas. Mas Hofbauer se irritava – como escreveu a um cardeal de Roma em 1817 – porque os napolitanos não podiam imaginar-se fora de seu reino.

Por isso fala mesmo, não raramente, dos napolitanos em geral e dos napolitanos Redentoristas em particular. Numa carta queixosa do Pe. Passerat ao Pe. Giattini de 1806, lê-se:

> Hofbauer já nos disse mais vezes que os napolitanos são um povo inquieto e bárbaro, que não faz parte de nós, europeus. A paz na igreja já foi perturbada frequentes vezes porque nela sempre foi semeada nova discórdia por esses cabeças quentes (*Monumenta Hofbaueriana XIV*, 107).

Ainda em 1837 Pe. Sabelli, homem que Hofbauer conheceu como nenhum outro, escreveu: "O bem-aventurado Hofbauer chamava os napolitanos de povo detestável".

Contudo, a gente não se esqueça de que Hofbauer sentiu-se ligado, cheio da mais alta veneração, ao homem denominado "o mais santo dos napolitanos" e o mais "napolitano dos santos", Afonso de Ligório, fundador da Congregação Redentorista. Sem dúvida suas expressões sobre "os napolitanos", nas quais descarregava sua irritação, devem afinal ser atribuídas ao "tom literário", "às forças de expressão hofbauerianas". O amor a sua Congregação, que afinal nasceu em Nápoles, não diminuiu, mesmo quando sentiu-se frustrado mais de uma vez.

# PARTE II

## PESSOAS LIGADAS A HOFBAUER

Nosso foco está mudando. Até aqui mudamos nossas perspectivas. Concentramo-nos em vários aspectos: no tempo e no mundo ao redor de Clemente, nas raízes que o marcaram por toda a vida, suas particularidades humanas, sua prática pastoral, os debates a que se submeteu. Mas a direção do foco partia sempre de nós.

Agora damos um passo à frente, para chegar mais perto de Hofbauer. Nem somos tanto nós agora – dos quais parte a direção do foco –, são as pessoas que se encontraram com ele. Queremos ouvir o que disseram dele e também o que ele pensava deles. Deve ficar visível de onde vieram, o que foi feito deles. Evidentemente, apresentar-se-ão pessoas que em seu julgamento divergiram de muitas maneiras sobre seu caráter, sua importância para seu tempo. O objetivo é retratar da melhor maneira possível o Hofbauer inteiro, real e autêntico.

# I

## TADEU HÜBL

Sabemos pouco sobre ele. Não temos nenhum retrato seu, nenhuma descrição. Uma coisa nós sabemos: esteve tão perto de Hofbauer como nenhum outro, excetuando sua mãe. Contemporâneos, como Zacharias Werner, e biógrafos, como Pe. Pösl, estão de acordo nisto: Hofbauer e Hübl viveram unidos entre si, "na mais íntima amizade". A pessoa quase desaparece atrás dessa amizade. Ele era amigo de Hofbauer. Isso diz tudo.

Conhece-se pouco de sua origem. Nasceu no dia 26 de outubro de 1760 na Boêmia Oriental/Dolni Cermná (Niedertscherma em Schönhengster Gau). O lugar era habitado por checos em sua maioria. A família Hübl – o nome, típico para a região, vigorou até 1945 – pertencia aos poucos alemães do lugar. Pesquisar se os antepassados de Hübl eram alemães ou checos, seria ocioso. Isso não tinha importância naquele tempo. Contudo é bem possível que haja parentes tanto checos como alemães entre seus antepassados. Pelo menos uma coisa foi transmitida: Os pais de Hübl devem ter sido pobres. Zacharias Werner o chamava de "mísero", porque foi tão pobre quão feliz. Apesar de sua pobreza, queria ser padre e foi a Viena para estudar Teologia.

Lá ele teve um encontro memorável com Hofbauer. Encontraram um benfeitor, o barão von Penkler, e foram amigos por toda a vida, tão amigos que os nomes dos dois aparecem frequentemente juntos nas fontes. Peregrinaram juntos para Roma, juntos ingressaram nos Redentoristas, juntos se ordenaram padres, juntos voltaram para o Norte e juntos estudaram catequese em Viena. Lecionaram juntos em Varsóvia na escola e, mais tarde, no Seminário da Congregação. E ainda, sempre juntos, viajaram para Roma, para o sul da Alemanha e para a Suíça, para novos projetos de fundação de conventos.

No trato mútuo, Hofbauer dava o tom. Para a peregrinação a Roma em 1784, que iria decidir tudo, ele forçou Hübl, mesmo enfermiço. Devia esquecer sua doença e ir junto. Quando já em Roma – para surpresa de Hübl –, Hofbauer declarou que ia ingressar nos Redentoristas, Hübl pediu que lhe desse um dia de prazo para pensar. Contudo, já no dia seguinte, ele acompanhou o amigo mais velho.

### Estimado Superior, professor e cuidador espiritual

Hofbauer tinha Hübl em grande conta. Com razão. Os cargos que lhe foram confiados no convento desempenhava-os com galhardia e a contento dos confrades; pode até ser que, em várias das vezes que Hofbauer queria impor impetuosamente sua vontade, ele apelasse para a serenidade, o acordo, e amainasse as ondas. Nos primeiros anos em Varsóvia, ele ficou ao lado de Hofbauer como secretário. Foi Hübl que redigiu muitas de suas cartas, escritas num latim brilhante.

Em 1796 Hofbauer nomeou Pe. Hübl Reitor do Convento de São Beno em Varsóvia, cargo que ele exerceu até a morte. Na escola da Congregação, o homem altamente dotado – que dominava sete línguas, Filosofia, Dogmática, Teologia Moral e Historia Natural – compôs um Manual de Lógica e Metafísica para os estudantes. Eles devem ter sido habilmente "afiados" por ele. Eles o chamavam gracejando de "plaina" (Hobel em alemão). Devido a seus eminentes conhecimentos teológicos, a diocese de Varsóvia confiou-lhe o encargo de examinador dos candidatos ao sacerdócio.

Hübl empenhou-se em conservar vivo, em sua comunidade conventual, o espírito da Congregação de Afonso de Ligório. Traduziu para o alemão as "Visitas ao Santíssimo Sacramento" de Santo Afonso. Pedia sempre na Itália para lhe mandarem, o mais possível, todas as obras do fundador.

Hübl era tido, com Hofbauer e o primeiro Redentorista polonês, Pe. Jan Podgórski, como o melhor pregador do convento em Varsóvia.

Era altamente apreciado como confessor. Entre seus penitentes contavam-se membros da alta nobreza e da intelectualidade. Era tão querido pelo povo de Varsóvia, que eles reproduziam sua figura no fornilho dos cachimbos e nas tabaqueiras.

No dia 20 de abril de 1806 o Superior-geral, Pe. Blasucci, comunicou ao Pe. Hübl que ele, no caso do falecimento do Pe. Hofbauer, deveria exercer provisoriamente o cargo de Vigário-Geral até a nomeação do sucessor.

### "Como podes imaginar que eu não iria esperar a tua volta?"

Os dados de uma biografia falam muito sobre a pessoa, sobretudo quando representam informes de seu currículo. Mas ainda não dizem tudo. Além disso, quem era realmente uma pessoa, caracterizam-na melhor, não as cartas oficiais, e sim as totalmente pessoais. Cartas de Hübl desse tipo foram conservadas; e a mais personalizada se dirige – a quem poderia ser? – a seu amigo Hofbauer.

Foi no inverno de 1797/1798. Clemente Hofbauer encontrava-se viajando desde setembro com alguns companheiros na Suíça, tratando de uma fundação. Em Wollerau/Zürcher devia ser instalada uma escola de latim, com um orfanato, conforme o modelo de São Beno. Hofbauer estava cheio de esperança no sucesso do projeto. Viajou pessoalmente para Innsbruck a fim de providenciar os livros escolares necessários e assim poder começar o ensino de imediato, embora provisoriamente. Contudo, logo se viu que, por causa do crescente perigo de guerra e da propagação de uma carestia de fome, não se podia pensar no funcionamento regular da escola. O dinheiro, sobretudo, estava acabando. Chegou-se a ter discussões com a comunidade dos "irmãos penitentes", com os quais Hofbauer e seus colaboradores estavam ficando. Clemente estava prostrado, caiu numa profunda depressão, que o deixou doente também fisicamente.

Em princípios de dezembro de 1797 chegou uma carta de Hübl na qual ele, evidentemente sem saber daquela situação concreta, o animava a fundar uma casa na Suíça. Hofbauer reagiu extremamente irritado.

Então estavam querendo tirá-lo de Varsóvia, escreveu. Bem! Nesse caso ele ficaria na Suíça mesmo.

Agora chegou a hora do Pe. Hübl. No dia 20 de janeiro de 1798 escreveu para Hofbauer:

> Meu Deus! Como você pode imaginar que eu, ou alguém de nós, não gostaria de ver você voltar? Será que se poderia ter uma conduta tão detestável em troca da gratidão e amor que eu e nós todos santamente lhe devemos?.. Todos os bons amigos desejam, tão ansiosamente como nós, vê-lo o mais breve possível. Acredite em mim, certamente causa-nos mais dor saber de tua dura situação, do que tu de teu próprio sofrimento... (*Monumenta Hofbaueriana I*, 17 s.)

Hübl conhecia seu amigo. Ele sabia como tratá-lo. Hofbauer abandonou Wollerau no fim de fevereiro de 1798 e voltou para Varsóvia, passando por Absburgo e Ebersberg.

### Roma ou Nápoles?

Também em alguma outra ocasião Hübl contribuiu para esclarecer mal-entendidos e acalmar tempestades. A quem pertenciam os redentoristas transalpinos? A Roma ou a Nápoles? Pe. Sabelli escreve: "Pe. Hofbauer viajava de Roma para Polônia, durante a separação entre o Estado Pontifício e o reino de Nápoles. O pobre homem não sabia a quem pertencia".

Sabelli tem razão: Hofbauer entrou para os Redentoristas quando estes estavam divididos em dois ramos: o napolitano e o romano. Hofbauer entrou para o ramo romano. Já ouvimos falar a esse respeito.

Na verdade, ambos os ramos se reuniram novamente em 1793. Contudo, ante a ocupação da Itália pela França, como já sabemos, em 1797 o Papa nomeou o então Superior-geral romano, Pe. de Paola, para Vigário-Geral no Estado do Vaticano. Com isso a "Província romana" ganhou uma certa autonomia. As fundações ao norte dos Alpes não foram atingidas por essa medida. Tinham em Hofbauer um Vigário-Geral próprio, sujeito somente ao Superior-geral.

Juridicamente a coisa estava clara. Mas não a nível do sentimento. Hofbauer e seus confrades sentiam-se muito mais ligados ao Pe. de Paola do que ao grupelho governamental dos napolitanos míopes que tudo fazia para excluir de Paola, um homem que, com sua largueza de vista, possibilitou as fundações no Norte. No lugar das missões populares (que não eram permitidas), entrou a atividade frutuosa na educação. E agora Nápoles estava para abafar tudo isso. Já sabemos o que isso significava para Hofbauer. Ainda não entrou o papel de Hübl na conversa. Não há como sobre-estimá-lo. Pois, se não se chegou a uma ruptura total, foi, sobretudo, mérito de Hübl.

Em 1803 Hofbauer viajou com ele para Roma. Conversou com o então Núncio polonês, Cardeal Fernando Saluzzo, a respeito da ordenação de três clérigos. Por questão de tempo não deu para prosseguir a viagem para Nápoles, já planejada. O Superior-geral, Pe. Blasucci, viu nessa visita omitida uma demonstração clara de que Hofbauer queria unir-se aos "romanos" contra ele.

Dois anos depois, escreveu para o Cardeal Saluzzo que infelizmente "esse bom padre" se desviara de seu Superior-geral. Isso não o deixava admirado, pois tendo estado com o Pe. Mona, procurador da Província romana, este o qualificou de ancião infantil, despótico e ávido de poder.

A irritação de Blasucci não ficou escondida aos "transalpinos". Mas Hofbauer não reagiu. Deixou para o tranquilo diplomata Hübl tirar as castanhas do fogo. Em princípios de 1806, Pe. Hübl escreveu ao Superior-geral que somente o tumulto de guerra e a situação política eram culpados se nos últimos anos o contato entre Varsóvia e Nápoles ficou quase rompido.

Blasucci não se deu por satisfeito com isso. Em sua resposta de 20 de abril de 1806 para Hübl, incriminou abertamente os padres "transalpinos" da revolta. A cessação de cartas de Varsóvia era a prova de que eles queriam ficar sob a jurisdição do Pe. de Paola. E ele podia jogar um trunfo: A Santa Sé depôs o Pe. de Paola, "porque ele ousou, independente do Superior-geral, governar toda a Congregação".

Por fim, no dia 7 de março de 1807, Hübl devolveu as incriminações: chegou a falar do encontro de quatro anos atrás com o Pe. Mona e ressaltou ter ficado surpreso ante as incriminações descaridosas do procurador, com as quais ele e os outros padres do norte não concordaram de modo algum. Jamais a comunidade de Varsóvia teve a intenção de unir-se com os conventos do Estado do Vaticano. Depois disso voltou o sossego.

### Situação de crises em Viena

Hübl precisava sempre saltar ao lado de Hofbauer quando o homem entrava em apuros. Assim, quando no decorrer de 1806 verificou-se que, após a posse do domínio de Fuggerschen pelo reino da Baviera, a esperançosa fundação em Babenhausen devia ser abandonada. A pergunta era: Como prosseguir avante? Para o Norte era possível, principalmente em vista das guerras napoleônicas?

No dia 6 de agosto de 1806, Hofbauer escreveu para Hübl: "Já lhe comuniquei na última carta que eu gostaria de ir para o Canadá, pois em todo este meu mundo não posso ver nenhum futuro". Logo um dia depois, voltou com este projeto: "Devemos fazer todos os preparativos para assegurar um lugar no Canadá". Por isso pediu a Hübl que entrasse em contato com o Pe. Henry Edgeworth. Ele estava naquela ocasião com o sucessor ao trono da França em Mitau, na Curlândia, em exílio. Suas relações eram úteis para a fundação de um convento no Novo Mundo. Hübl atendeu ao pedido, como o demonstra sua correspondência com Edgeworth, na qual a ideia do Canadá tomou forma concreta.

Por fim Hofbauer viajou para Viena, a fim de conferenciar com o barão Penkler. Mas não queria empreender nada sem Hübl. Para isso pediu para ele vir de Varsóvia. Nesse meio tempo a situação política ficou tão crítica, que frustrou todas as esperanças.

O que então Hofbauer e Hübl ficaram fazendo em Viena? Já que Penkler detinha-se na Boêmia, tiveram de esperá-lo dois meses. Aproveitaram o tempo, comprando um piano para a comunidade de Varsóvia e disponibilizando seu transporte.

Viajaram para a Polônia em meio ao reboliço da guerra. Em Prusyn, perto da capital polonesa, nada mais ia para frente. De lá, no Natal de

1806, o reitor Hübl escreveu uma longa carta para sua comunidade sobre a situação da Congregação. Hofbauer acrescentou: "Nosso caro Pe. Reitor vos escreveu tudo o que penso. Portanto não preciso acrescentar mais nada, a não ser meu desejo ardente de apertar a todos em meus braços, o mais cedo possível". Contudo veio março até Hofbauer deixar Prusyn e abraçar seus confrades após uma separação de dois anos e meio.

### "O escudo está quebrado"

Deveria ter transcorrido poucas semanas após a chegada de Hofbauer e Hübl a Varsóvia quando parou um coche junto ao convento e desceu um homem perguntando pelo Pe. Hübl: um doente estava precisando da assistência dele. Hübl subiu no coche, mas apenas tinha subido, e já amarraram suas mãos e vendaram seus olhos. Depois de um longo andar a torto e à direita, o coche parou diante de uma choupana miserável.

Mas na choupana não havia doente algum. Alguns senhores distintos aguardavam, acompanhados por seus empregados. Começaram logo a injuriar o padre: devia tomar cuidado para não virar a cabeça de suas mulheres e filhas no confessionário. Hübl respondeu que não anotava quem ele atendia em confissão e que conselhos dava.

A um gesto do patrão, os empregados arrancaram-lhe a roupa do corpo, atiraram-no ao chão, bateram nele com porretes até o corpo inteiro ficar uma só chaga sangrenta. Mas Hübl não se deixou demover. Finalmente foi levado de volta de olhos vendados para São Beno. Contou somente a Hofbauer o que acontecera. Este mandou chamar um médico, que declarou ser muito sério o estado de saúde do Padre torturado.

Chegou junho. Ainda fraco, Hübl ocupou-se, junto com mais padres, dos hospitais de Varsóvia, superlotados com soldados doentes e feridos. Vários padres foram afetados, provavelmente pelo tifo. Três morreram, um depois do outro. O último foi Hübl, o amigo de Hofbauer, a 4 de julho de 1807.

A comunidade inteira ficou arrasada e inconsolável, tanto assim que ninguém deu a mão para preparar o sepultamento. Outros fizeram por eles. O bispo de Varsóvia mandou guarnecer de panos pretos a igreja inteira. Inúmeras velas foram consumidas. As comunidades e associações religiosas da cidade rezaram durante três dias na igreja o ofício fúnebre. Os sinos de todas as igrejas de Varsóvia tocavam diariamente a finados durante meia-hora. Foram distribuídos aos fiéis inúmeros "santinhos" do falecido.

Hofbauer ficou inconsolável. "O escudo foi quebrado", disse a seus confrades. "Sabe Deus o que pode vir sobre nós!". Ele procurava consolar-se, trazendo constantemente no peito uma estampa do falecido, mas resultava difícil recuperar a postura normal. Ainda quatro meses depois, no dia 14 de novembro de 1807, ele escreveu a Paolo Chiodetti, um conhecido em Spoleto:

> Estou convencido de que nosso Pe. Hübl já está no céu e triunfa com Cristo. Mas, queira ou não queira, não consigo dominar nenhuma vez a grande dor que pesa sobre mim. Eu me entrego à vontade de Deus; eu repito sempre que quero o que Deus quer, mas mesmo assim devo confessar que, desde a sua morte, não tive, sequer, uma hora feliz (*Monumenta Hofbaueriana VIII*, 149).

# II

# NIKOLAUS JOSEPH ALBERT VON DIESSBACH

Vamos falar do homem que indicou ao jovem Hofbauer o rumo para sua vida: Nikolaus Joseph Albert von Diessbach. Hofbauer sempre lhe foi muito agradecido. Foi através dele que Hofbauer encontrou uma visão clara do mundo. Intermediou-lhe diversos contatos importantes e colocou-lhe à disposição, através de uma organização fundada por ele e espalhada pela Europa toda – mas trabalhando ocultamente –, uma infraestrutura sobre a qual ele podia construir. É a rede da Amizade cristã (*Amicizia christiana*). Porque falar de Diessbach significa falar da *Amizade cristã*. Quem era Diessbach e o que era *Amizade cristã?*

### De major a missionário

Nikolaus Albert von Diessbach nasceu em Berna, dia 15 de fevereiro de 1732. Era descendente de uma família calvinista de aristocratas. Já com 15 anos ingressou num regimento suíço a serviço da França, em Niceia, ao qual pertencia seu tio. Fez carreira rapidamente. Chegou a Major em tempo brevíssimo. Nas horas livres, lia tudo o que lhe caía nas mãos e assim perdeu sua Fé. Padres e monges eram para ele "embusteiros que enganam o povo". Então em Niceia ficou conhecendo a família do cônsul espanhol. Um livro que ele encontrou naquela casa o levou para o catolicismo.

Converteu-se em 1754, perante os jesuítas de Turim. Sua família o deserdou. Precisou trocar seu regimento anterior – formado por suíços reformados (protestantes) – por um regimento católico. Em 1755 casou-se em Niceia com a filha do cônsul. Ela morreu três anos depois, de puerpério. Depois que sua filhinha encontrou uma família amorosa para ser cuidada, por intermédio das Irmãs da Ordem da Visitação de Maria (Salesianas), ingressou no Noviciado dos Jesuítas em Chieri, Província de Turim. Em 1764 ordenou-se padre, celebrou sua primeira missa em Friburgo, na Suíça. Viveu em diversos conventos no Piemonte e na Suíça, tornando-se um missionário cada vez mais conhecido e aclamado.

Onde chegava, animava as pessoas, de qualquer classe, a ler bons livros, especialmente sobre a História Eclesiástica, assim como ele mesmo dedicava todo o tempo livre para a boa leitura. Quanto ao mais, sobrava-lhe tempo para escrever livros. Em 1771 saiu seu primeiro livro em língua francesa: *O cristão católico invulneravelmente ligado à religião pela reflexão de algumas provas que lhe dão certeza.* Seguiram-se outros livros.

Após a dissolução da Ordem Jesuíta em 1773, nós o encontramos em diversos lugares na Itália, Suíça e França. Viajou mais vezes para Paris, onde foi conselheiro de numerosos nobres.

Já que Hofbauer conta que Diessbach conheceu Afonso de Ligório – o que Antonio Tannoia assume em sua biografia –, devia ter estado também em Nápoles. Entretanto, não existe algo que forneça uma pista. A mais recente pesquisa histórica é a do parecer que o "conhecer bem" Ligório referia-se não a um encontro pessoal, mas a através de suas obras, cuja divulgação ele e seu discípulo Lanteri deram grande valor.

### De Turim para Viena

Em geral ele ficava mais em Turim. Atuava como confessor e preceptor dos príncipes na corte de Saboia. Em 1778 fundou a organização secreta *Amizade cristã*, "para a difusão de bons escritos", conforme o modelo das ligas jesuíticas mais antigas. No ano seguinte uniu-se a ele o jovem Pio Bruno Lanteri. Este, posteriormente fundador das Oblatas de Maria Virgem, o escolheu para seu "diretor espiritual" e foi seu mais fiel seguidor. Em 1782 Diessbach foi com ele a Viena, para preparar a visita do Papa Pio VI ao imperador José II.

Contudo, este não terá sido o único objetivo de sua visita. Com a máxima probabilidade, já encontrou-se nesta ocasião com o barão von Penkler e criou com ele o grupo da *Amizade cristã*.

Mais tarde nós o encontramos em Stuttgart no Palácio Real, onde travou amizade com o irmão do príncipe regente, arquiduque Ludwig von Württenberg. Preparou para a conversão a princesa Elisabeth Wilhelmine von Württenberg, prometida ao trono austríaco.

Em 1788 Diessbach deixou-se ficar o tempo todo em Viena. Foi preceptor de príncipes no palácio do imperador Leopoldo II. Como parece, Elisabeth Wilhelmine – então esposa do sucessor ao trono – o chamou para Viena. Após sua morte prematura, Diessbach foi confessor da duquesa Maria Elisabeth da Áustria, mais tarde abadessa de uma fundação para senhoras de Innsbruck.

Em 1796 foi para Friburgo na Suíça. Voltou para Viena dois anos depois. Lá foi assaltado uma noite por desconhecidos – a mando de homens distintos que se sentiram ofendidos por suas palavras – e, tão maltratado, faleceu no dia 22 de dezembro de 1798, em consequência dos ferimentos. Foi sepultado no cemitério de Maria Enzersdorf em Viena, ao lado de seu confrade, o astrônomo Maximilian Hell.

### Renovação estatal e reforma eclesiástica

É na atuação de Diessbach na corte imperial que se deve buscar as raízes da futura restauração estatal e sua aproximação com a reforma eclesiástica de Clemente Hofbauer. São mencionados contatos que ele travou com o jovem Jakob Frint, penitente do ex-jesuíta e pregador oficial da catedral, Johann Michael Wagner, como com o futuro professor de História Eclesiástica Vinzenz Darnaut. Possivelmente ambos se associaram à *Amizade cristã*.

É certo que ambos exerceram mais tarde uma não pequena influência sobre Francisco I; sobre Frint quando pároco da Corte e do Paço Imperial; sobre Darnot quando capelão do Paço e confessor do imperador. É certo também que ambos tiveram bom contato com Hofbauer, e que em 1819 este redigiu junto com eles sua "Regra reformada da Congregação", no espírito do josefinismo tardio, que possibilitou a liberação dos Redentoristas na Áustria.

O ponto culminante da aproximação entre o trono e o altar introduzida por Diessbach, além do encontro de Francisco I com o Papa Pio VII em Nápoles, em 1819, foi a liberação dos Redentoristas na Áustria, em 1820.

Como resultado do estreito contato entre Igreja e Estado, pode também ser levado em conta o fato do arquiduque Maximilian von Habsburgo-Este-Modena ter apoiado Hofbauer de várias maneiras; e o de sua irmã, a imperatriz Maria Ludovika von Habsburg-Este-Modena, ter estabelecido ligação com o círculo de Hofbauer. O mesmo vale para Caroline Augusta (1792-1873), terceira esposa do imperador Francisco I, que foi para Viena com Franz Job, confidente de Hofbauer.

É bom notar que, nem todos os amigos de Hofbauer, entre eles, Frederico Schlegel e Adam Müller, estavam de acordo com a aproximação ao josefinismo tardio do Estado. Os contatos de Hofbauer com Josef Anton von Pilat, cujo irmão tornou-se Redentorista, não eram vistos com bons olhos. Pilat era amigo e estreitíssimo colaborador do secretário de Metternich, Friedrich von Gentz, e editor do jornal oficial do Estado, o *Observador austríaco*.

### Amicizia cristiana

As ligas maçônicas do fim do século XVIII chamavam-se *Amicizie* ("Amizades"). Assim, também três lojas maçônicas que havia no Piemonte: a "Eterna amizade", a "Amizade perfeita", "Os amigos de Napoleão". As três comumente trabalhavam secreta e escondidamente. Diessbach contrapôs a elas a "Amizade cristã", escondida e secreta também, mas não fundada para estimular a fuga do mundo, e sim para convocar os cristãos, a fim de serem fermento no mundo. É um movimento que existia na tradição jesuíta. Era antijansenista, ultramontano. Contudo não era antimoderno de modo algum, mas aberto para novos métodos dentro da fidelidade ao essencial.

O objetivo essencial da "Amizade cristã" era – no sentido pleno da espiritualidade jesuíta – a glória de Deus e a salvação das almas. Assim reza o segundo parágrafo das linhas diretivas dessa associação:

> Antes de tudo, em que consiste nossa "Amizade cristã"? Consiste nisso, em contribuir para que Deus seja glorificado, reinando em nosso coração; em cuidar conforme a possibilidade, para que também nos corações dos outros reinem as três virtudes que mais contribuem para a glória de Deus e são indispensáveis para a salvação eterna: Fé, Esperança e Caridade (DE ROSA, 4).

Para atingir essa finalidade religiosa, Diessbach acrescentou uma coisa que não era costume naquele tempo, mas extremamente moderna: leitura e difusão de "bons livros". Cada membro era obrigado a ler, ao menos uma hora por semana, algum dos livros recomendados pela Organização. Estava prescrita também a frequente recepção dos sacramentos, jejum nos dias determinados, retiro anual de oito dias. Todos os membros eram exortados a angariar novos candidatos.

A comunidade se reunia duas vezes por semana, de novembro a junho; mais tarde, duas vezes por mês. Iniciava-se com a leitura de um livro religioso. Encerrava-se com orações e debates, as mais das vezes brotados de fatos da imprensa diária.

Para a máxima expansão da Organização, o próprio Diessbach se desdobrava, criando grupos da "Amizade cristã" em Viena, Augsburgo, Paris e Friburgo na Suíça. Depois que ele se firmou em Viena, um amigo de infância de Lanteri, Luigi Virginio, foi capacitado para a Itália. Depois de sua troca para Viena, Pio Bruno Lanteri assumiu em Turim a direção de toda a comunidade.

### Hofbauer, Diessbach e a Amizade cristã

Hofbauer denominava Diessbach fundador de uma "obra poderosa" criada "para o bem da santa religião católica e a propagação da Igreja de Cristo". Estava ligado a ele por meio de "uma amizade toda especial", escreveu Hofbauer. Referia-se a ele como "nosso pai Diessbach". Tudo isso significa que ele – já em 1782 – foi recebido por Diessbach na *Amicizia cristiana*. Também seu amigo Hübl, que já em 1806 acrescentou a seu nome numa carta a abreviatura "A.C.", devia estar adscrito naquele tempo a essa organização secreta. Mas como foi avante?

Não se duvida de que as "redes da amizade" criadas por Diessbach foram úteis para Hofbauer em suas viagens de fundação na Suíça e, além, no sul da Alemanha. Entre os jesuítas em Augsburgo ele encontrou um pouso. Membros da *Amicizia cristiana* o apoiaram de diversas maneiras. Em primeiro lugar, o barão von Penkler, com quem a união nunca se rompeu. Depois, Joseph Anton Sigismund, barão von Beroldingen, homem de muitos relacionamentos que, particularmente membro do cabido da catedral de Espira e Hildesheim, detinha-se mais tempo em Viena. Já então procurou conseguir para os Redentoristas uma fundação em Schönenberg/ Ellwangen.

### O grupo vienense da *Amicizia cristiana*

A morte de Diessbach não significou o fim da *Amicizia cristiana* em Viena. Sua organização e administração já estava antes nas mãos de Penkler. O futuro Provincial suíço dos jesuítas e "paccanarista", Sineo della Torre, assumiu a direção espiritual do grupo. Ao mesmo tempo tornou-se pároco da igreja dos Minoritas, que desde 1784 servia como Igreja Nacional Italiana. Logo poucas semanas depois, Pio Bruno Lanteri enviou Dom Luigi Virginio para Viena, o qual, como seu antecessor, cuidou também da comunidade italiana. Hofbauer mantinha contato com ele, lá de Varsóvia. Ele o chamava não somente "cabeça e condutor" da obra fundada por Diessbach, mas também seu "pai espiritual", o que demonstra que ele era um membro de fato da *Amicizia cristiana*.

Infelizmente Virginio morreu já em 1805. Foi seu sucessor, como pároco da comunidade italiana, o velho e enfermiço Dom Caselli. Em 1808 Hofbauer veio para Viena após a expulsão dos Redentoristas de Varsóvia. O barão von Penkler pediu-lhe que ajudasse Dom Caselli. Logo depois ele assumiu todo o trabalho de Virginio, evidentemente não só como cura espiritual dos italianos. A união com Lanteri em Turim se interrompeu – naturalmente devido às vicissitudes da guerra. Só após a morte de Clemente, Lanteri se informou novamente com Penkler como estava a *Amicizia cristiana* em Viena.

### Os Oblatos: "Apóstolos leigos" de Hofbauer

O que aproxima Hofbauer de Diessbach e da "Amizade cristã" é seu "apostolado" do bom livro. Também as "tardes de leitura" promovidas por ele em sua residência de Viena fazem lembrar as normas da *Amicizia cristiana*. Que nisso a História Eclesiástica tenha desempenhado um papel especial, correspondiam totalmente as intenções de Diessbach.

O espírito da "Amizade cristã" é baseado, primeiramente, no carisma das "Associações dos Oblatos" fundadas por Hofbauer tanto em Varsóvia como em Jestetten e Babenhausen. Estas eram formadas por leigos, em grande parte. Seus objetivos correspondiam, em muitos pontos, aos da *Amicizia cristiana*. Com base na abreviatura "A.C.", que aparece mais vezes nas fontes relacionadas com as Associações dos Oblatos, a pesquisa mais recente sustenta que os "Oblatos" de Hofbauer não eram outra coisa do que membros da *Amicizia cristiana*. Como demonstração, Pe. Hübl denominava a condessa Helena Chrapowicka – que Hofbauer chamava "nossa amiga e oblata" – uma fiel discípula da "A.C.". Também seja lembrado que os funcionários envolvidos na expulsão dos Redentoristas de Varsóvia reagiam extremamente céticos quando topavam com a abreviatura "A.C.".

Curiosamente, um confronto dos estatutos da *Amicizia cristiana* de Turim com aqueles dos Oblatos de Hofbauer mostra muitas coisas em comum, como também diferenças. Vejamos primeiramente as coisas em comum. Em ambas indica-se, logo no início, que é tarefa dos membros, conforme a possibilidade, empenhar-se pela glória de Deus e a salvação das almas.

As duas associações não eram simplesmente irmandades devotas, pois tinham também um compromisso missionário. Eram, sobretudo, organizações leigas, abertas tanto para mulheres como para homens;

para ambas era necessário primeiramente um ano de prova; para ambas havia reuniões regulares, nas quais se refletia e se discutia sobre possíveis atividades; ambas dedicavam-se à leitura e difusão de bons livros e ambas constituíam uma associação oculta.

Hofbauer, contudo, não seria Hofbauer se não imprimisse em sua organização sua marca pessoal. Embora os modelos fossem importantes para ele, importava-lhe mais a inovação que a tradição.

A "Liga da amizade" de Hofbauer distingue-se, sobretudo num ponto, da *Amicizia cristiana* de Diessbach e Lanteri: ele agregou conscientemente seus missionários leigos à Congregação dos Redentoristas – os missionários da redenção. Indicou-lhes expressamente o protótipo da redenção, Jesus Cristo. Além disso, vê-se claramente que Hofbauer procurava adaptar sua associação às necessidades e possibilidades em "nossas regiões".

# III

## BARÃO VON PENKLER, CONSELHEIRO DA CORTE

Joseph, barão von Penkler, tinha a mesma idade de Hofbauer. Nasceu em 1751, filho de um diplomata de Constantinopla. Frequentou em Viena o Theresianum, escola de elite da nobreza austríaca, dirigido pelos Jesuítas. Também depois do período escolar manteve-se em contato com seus mestres jesuítas. Uma estreita amizade unia-o ao "poeta trovador" Pe. Michael Denis, cujos cânticos espirituais – como o canto do Advento "Chovei, ó céus, o Justo" ou o canto "Aqui está diante da tua Majestade", musicado por Miguel Haydn, – encontraram acolhida no *Wiener Gesangbuch* (livro vienense de cânticos) de José II. Através de Denis ficou conhecendo e estimando o diretor do Observatório da Universidade de Viena, o célebre jesuíta/astrônomo Maximilian Hell.

É evidente que Penkler lamentou a dissolução da Ordem dos Jesuítas. Empenhou mais tarde o que estava em suas forças, para conseguir a restauração da Ordem. E se isto já não era possível, ao menos procurou uma compensação para os Jesuítas e seu ministério. Tomou contato com os Servitas de Viena/Rossau e conseguiu, junto ao governo, concessão para pregar um tipo de Missão em diferentes lugares, com a condição de que os "exercícios espirituais" pregados por eles não se chamassem "Missões".

### Ascensão e declínio social

Penkler era um daqueles homens geniais, capazes de se entusiasmar por tudo, mas que nunca dão tão certo quando se limitam a uma atividade específica. Ainda com a idade de dezesseis anos, publicou *Tratados sobre a poesia pastoril*. Seus interesses abrangiam por igual a ciência e a política, a literatura e a economia, a agricultura e a indústria. Se havia um terreno que lhe interessava mais que todos os outros, era o da Religião.

Nada abastado até então, o casamento com Maria Josepha von Toussaint, em 1774, trouxe-lhe bens e prestígio. Em 1776 foi admitido na possessão baixo-austríaca. Em 1777 adquiriu a possessão "Burg Mödling e Veste Liechtenstein", ao sul de Viena. Após a morte de seu sogro em 1785 tomou posse também da possessão de Sollenau e Schönau/Günselsdorf.

As localidades Brunn am Gebirge, Maria Enzersforf e Brühl/Baden pertenciam à possessão de Penkler. Sua moradia oficial era o castelo Liechtenstein, situado sobre um outeiro – já bastante empobrecido. Penkler era tido como grande proprietário, mas compreensivo e estimado. Gostava de gastar em favor das precisões da Igreja. Tinha sempre dinheiro de sobra para o embelezamento do Santuário de Maria Enzersdorf, zelado pelos Franciscanos, onde Hofbauer fez descanso várias vezes quando ia para Maria Zell.

Contudo, os interesses múltiplos, seu fraco tino administrativo e sua incapacidade em negócios pecuniários atiraram-no em dificuldades financeiras. Como consequência de especulações falhas e perdas sofridas em Hinterbrühl, numa fábrica de musselina, logo ficou muito endividado. Em 1795 sua propriedade de Schönau passou para outras mãos. Em 1798 precisou vender também a possessão de Liechtenstein.

No mesmo ano perdeu sua esposa e seu melhor amigo, Nikolaus Joseph Albert von Diessbach. Daí em diante, Penkler deixou-se levar para rumos diversos. Esteve a serviço do governo na Baixa Áustria e da chancelaria da Corte de Viena. A partir de 1817 trabalhou numa Topografia da Baixa Áustria. Neste contexto lançou os fundamentos da atual Biblioteca Nacional Baixo-Austríaca.

### Diessbach, Hofbauer e a "Amizade cristã"

Quem é que o barão von Penkler ficou conhecendo primeiro, o ex-jesuíta Diessbach ou o estudante operário Hofbauer? Não sabemos com certeza. Contudo ambos teriam entrado em sua vida por volta de 1782.

Diessbach ficou algum tempo em Viena com Pio Bruno Lanteri, para preparar a visita do Papa. Seus antigos confrades da Ordem Jesuíta poderiam tê-lo feito conhecer o jovem barão que daí em diante ficou estreitamente unido a ele e a sua "grande obra", a *Amicizia cristiana*. Os estudantes Hofbauer e Hübl ficaram conhecendo Diessbach na residência de Penkler em Viena.

Como Diessbach, também o barão von Penkler viveu daí em diante na amizade com Hofbauer. Deu-lhe apoio durante sua temporada em Varsóvia. Hofbauer procurava-o em Viena quando se via em dificuldade. Contudo, Penkler manteve-se unido também a outro amigo íntimo de Diessbach – ao menos até 1808 –, Pio Bruno Lanteri, que o visitou em Turim.

Penkler tornou-se "dirigente mundial" da *Amicizia cristiana*. Por isso não é de se admirar que em 1802, como primeiro membro não italiano, foi nomeado também Prefeito da "Congregação italiana" fundada em 1784. Após a dissolução do Mosteiro dos Minoritas, José II declarou a igreja Minorita "igreja nacional italiana" e a confiou "à Congregação italiana". Daí em diante a igreja ficou famosa para os vienenses pela atuação do compositor Antonio Salieri, do coral e da orquestra que ele criou. Poucos vienenses sabiam realmente que a igreja foi o centro de um secreto grupo reformador, extremamente ativo, que se ocultava atrás do pároco e da "Congregação".

Após a morte de Diessbach, Penkler expandiu mais e mais a rede ligada a este centro. Por ele correram os fios que ligavam Hofbauer e os Servitas entre si. Não poucos dos antigos amigos e discípulos de Hofbauer, como Adão Müller e Frederico Schlegel, o conheceram por intermédio de Penkler.

Nem todas as atividades de Penkler ficaram ocultas para a Polícia Secreta do Estado. Foi vigiado durante o Congresso de Viena, mas já era sabido que ele sempre se mostrou fortemente a favor da reintrodução dos Jesuítas no país. Todavia foram-lhe poupados maiores aborrecimentos. Seguramente também por isso, porque ele – como seu mestre Diessbach, ou como Frint, ou Darnaut – pertenceu àqueles reformadores católicos que lutaram pela união da restauração do Estado com a reforma eclesiástica. Ele vivia para a Igreja, como vivia para sua pátria. Como funcionário austríaco, ele era conservador e dedicado à corte imperial.

## O cemitério dos românticos de Maria Enzersdorf

Penkler não teve filhos. Com sua morte aos 80 anos, em 1830, extinguiu-se a linha genealógica de sua casa. Foi sepultado no cemitério de Maria Enzersdorf, erigido durante seu domínio. Seu túmulo desapareceu, como também o de seu amigo paterno, Diessbach, e o de seu sucessor, Luís Virginio. Um epitáfio na parede da capela do cemitério mostra que também Maximilian Hell – primeiro de seu grupo de amigos – foi sepultado aqui.

O túmulo de Hofbauer encontra-se aqui. Continua aqui, mesmo depois que seus restos mortais foram trasladados para Viena a 4 de novembro de 1862, por ocasião do processo de beatificação, e até hoje descansam na igreja "Maria am Gestade", em Viena. A sepultura de Hofbauer está rodeada pelas sepulturas de seus amigos e parentes: Zacharias Werner, Adam Müller, Friedrich von Klinkowström, Franziska Doré Caspers. Também o secretário particular de Metternich, Ernst Carl Jarcke, quis ser sepultado perto de Hofbauer, e por último ainda Sebastian Brunner.

# IV

## FREDERICO E DOROTHEA SCHLEGEL

Quando (Carlos Guilherme) Frederico Schlegel veio para Viena, no verão de 1808, a fim de ingressar no Serviço Público Austríaco, já era escritor, poeta e filósofo famoso. Nascido em Hannover no ano de 1772, filho de um superintendente protestante, de 1796 até 1801 demorou-se mais em Jena, onde, com seu irmão mais velho, Augusto Guilherme, Luís Tick, Frederico Guilherme José Schelling e Novalis, fez parte de um círculo de literatos. Estes, no debate com o classicismo de Schiller e Goethe, criaram os princípios fundamentais para a nova corrente literária do "Romantismo" alemão. E foi Frederico Schlegel que, como primeiro "teórico do Romantismo", passou logo a representar bem mais do que apenas uma nova compreensão do sentido e do objetivo da literatura.

Em sequência ao círculo pré-romântico de Jenaer, formaram-se círculos semelhantes em Berlin, Heidelberg e Dresden, que acolheram o novo conceito universal: este, no lugar da metáfora da luz do Iluminismo, preconizou os "lados escuros da vida" (sonho, sentimento e invasão irracional na natureza) como objetivos ideais da vida, celebrados nos poemas românticos.

### Lucinda

Em 1799 Frederico Schlegel causou sensação com seu romance *Lucinda*, em cujo título ressoa ainda a metáfora do Iluminismo, mas cujo conceito e cujo conteúdo se comprometeram com o novo "ideal romântico". No romance, condenado muitas vezes pelos contemporâneos como apoteose imoral do "amor livre", na verdade trata-se do "amor romântico", com outras palavras, de uma compreensão moderna do encontro do homem e da mulher, que não está marcado primordialmente por direitos e deveres, mas pela inclinação e pela paixão, pelo qual a mulher se apresenta agindo como o homem. Amor e casamento são compreendidos, não primeiramente como uma união para geração de filhos, educados para serem bravos cidadãos, mas como uma íntima comunhão de amor e sexo. Não demorou, porém, para que Schlegel fosse suspeitado pela polícia estatal, ainda em 1816, como "sujeito obsceno".

Mesmo se *Lucinda* não era outra coisa além de um romance-chave, representou contudo um "conceito de vida" (*Sitz in Leben*) do jovem autor. No personagem principal do romance reconhecia-se, sem dificuldade, Dorothea Veit, que viveu com Schlegel desde 1798, e com a qual ele se casou cinco anos após seu divórcio, depois que ela havia se convertido em 1804.

### Dorothea

Mas quem foi Dorothea? Dorothea – originalmente Brendel, "dádiva de Deus" – nasceu em Berlim no dia 24 de outubro de 1764, filha do filósofo Moses Mendelssohn. Aos 14 anos de idade foi prometida em casamento, por seu pai, ao comerciante e banqueiro Simon Veit, dez anos mais velho que ela, que a desposou em 1783. Vieram quatro filhos do casamento. Dois sobreviveram: Jonas (Johannes) e Feibisch (Philipp) Veit.

A jovem Brendel ficou conhecendo Frederico Schlegel em 1797, no "salão de encontros" de sua amiga Henriette Herz, em Berlim. Levou então o nome de Dorothea. Frederico Schleiermacher, com quem ela mantinha contato epistolar, deu-lhe normas decisivas para a vida. Em 1802 foi a Paris com Frederico Schlegel. Em 1804 "Madame Veit" foi batizada no protestantismo e casou-se finalmente com Frederico Schlegel. No mesmo ano foram para Colônia.

Nesse tempo também Dorothea dedicou-se a escrever. Em 1801 apareceu seu romance *Florentin*. Frederico Schlegel publicou este livro, como todas a obras seguintes, sem mencionar o nome da autora. Ambos viveram, em Paris, dos honorários que Dorothea recebia pelas traduções do francês. Entre outros, traduziu o romance *Corinna*, de Madame von Staël, companheira de vida de seu sogro, Augusto Guilherme. A tradução saiu em 1807 com o nome de seu marido.

### De Dresden para Viena, passando por Paris e Colônia

Entrementes Schlegel tinha feito carreira. Depois que se habilitou em Jena como professor particular e fundou uma revista crítico-estética, a *Athenäum*, dirigiu-se a Paris, passando por Dresden, onde se ocupou com a língua persa e hindu, à qual dedicou mais tarde importantes estudos. Fundou em Paris a revista "Europa". Seria falho, por causa disso, fazer dele um precursor das ideias da Europa. De fato, preconizou preconceitos da psicologia do povo que, vistos pelo prisma de hoje, dão a impressão de serem diretamente "nacionalistas" e diametralmente opostos à visão de cidadania de um Frederico Schiller ou à visão cristã europeia de um Novalis.

De Paris, Schlegel dirigiu-se para Colônia. Deu aulas de filosofia na Universidade, bafejadas de panteísmo. Em 1808 passou com sua esposa para o catolicismo. Já seus contemporâneos pensavam que foi Dorothea quem o atraiu para a conversão. Ele mesmo revelou, alguns anos antes de sua conversão: "Viver sem religião é tão triste quão infeliz. A católica é a única que a gente pode 'abraçar'", indiscutivelmente, pelo menos a melhor.

No dia 18 de abril de 1808, Frederico e Dorothea Schlegel contraíram matrimônio católico na catedral de Colônia perante o bispo de Aquisgrana Marc-Antonie Berdolet. Em junho de 1808 Frederico viajou para Viena, e em outubro sua esposa o seguiu. Em setembro de 1808, depois da expulsão dos Redentoristas de Varsóvia, também Hofbauer foi para Viena, onde encontrou uma primeira moradia em Alservorstadt/Viena, numa casa de Weyrig, seu antigo mestre padeiro.

### O "círculo Schlegel-Hofbauer"

Nas biografias de Hofbauer não é raro falar sobre o "círculo Schlegel-Hofbauer", tido como célula-mãe da Reforma Católica em Viena e na Áustria. Mais adiante se diz: "Schlegel era a cabeça, o espírito; Hofbauer, o coração desse círculo" (Till, 60). Isto até poderia ser válido. Apenas se devia dizer "rede" em vez de "círculo", na qual tanto Schlegel como Hofbauer, estando próximos em Viena durante esses anos, desempenharam um papel central.

Era uma rede que Nikolaus Joseph Albert von Diessbach e o barão Penkler haviam criado já antes da chegada de Schlegel e Hofbauer. Pois Penkler intermediou, também como presidente da "Congregação italiana", o primeiro alojamento ao recém-chegado Schlegel na "casa Wällischen", junto à igreja dos frades Minoritas. Em maio de 1809 Penkler também conseguiu um alojamento nessa mesma casa para Hofbauer. Foi ele que fez Schlegel e Hofbauer se conhecerem mutuamente. Ambos entraram logo nesse grupo, já existente, de católicos desejosos de renovação: os Servitas em Rossau, Adam Müller, Franz Seraph Schmid.

Depois que Frederico e Dorothea Schlegel receberam nova moradia em Viena, conforme testemunhou o filho de Dorothea, Philipp Veit, quase diariamente lá estava Hofbauer como hóspede. Acompanhado pelos padres novos, Martin Stark, Johannes Sabelli e Joseph Forthuber, participava das tardes agradáveis na casa Schlegel, as quais a amiga de Dorothea, Caroline Pichler, relata entusiasmada em suas memórias. Nestas *soirés* – convividas num "salão de encontros" de Dorothea ou não – encontrava-se quem tinha posição ou nome. Com Adam Müller reuniam-se outros "grandes" do Romantismo e da Restauração Católica vienense, assim, o pintor Friedrich Klinkowström ou seu sogro, o secretário particular de Metternich, Josef Anton von Pilat.

E onde se podia encontrar Hofbauer, Stark e Forthuber, se não estavam justamente passando a tarde com Schlegel ou tinham alguma palestra vespertina na casa de Hofbauer? Poderia ter sido na casa de Adam Müller. Que isso não fica sendo simples conjectura, atesta Clemens Brentano numa carta de 12 de julho de 1813 a Ludwig Tieck. Ao narrar a visita na casa de Müller, escreve:

> Encontrei lá um artista muito concentrado e amigo, Runge, o pintor
> Klinkowström da Pomerânia Sueca e um velho amigo meu, o jovem barão

von Eichendorff, junto com três padres da Congregação dos Redentoristas, expulsos de Varsóvia pelos franceses (*Monumenta Hofbaueriana XI*, 328).

## Fé *versus* Moral

O círculo Schlegel-Hofbauer era bem mais do que um fraterno estar junto de pessoas espirituais. Schlegel e Hofbauer tinham levado à frente o que Diessbach e Penkler iniciaram. Tornaram-se pontos de cristalização de um interesse religioso, novamente despertado, que era mais do que um "palavreado sobre moralidades" – usando uma expressão de Sebastian Brunner. Por isso, assim como Hofbauer percebia que ele, como algum pregador iluminista, estava pregando outra coisa do que "o dogma puro", com outras palavras, colocando no centro não a Moral, mas a Fé, assim Schlegel em seu tempo de Viena voltava-se igualmente contra um "Iluminismo superficial" e um "Racionalismo vazio", que confundia religião com moralidade e, em vez "do vigor misterioso da Fé antiga", nos passou mera e insuficiente moral da razão e ainda enalteceu isso, como se fosse progresso" (SCHLEGEL, em *Oelzweige* 1, 1819, 429).

Em suas "aulas sobre a História mais nova" proferidas em Viena, em 1810, Schlegel tomou posição contra uma "Fé exterior e costumeira", para a qual verdade e convicção não são normas, que nada mais representam do que uma questão política (SCHLEGEL, vol. 11). Com outras palavras, o princípio do Absolutismo Iluminista, segundo o qual Igreja e Religião são medidas do Estado para satisfazer as necessidades religiosas e disciplinar os súditos, foi colocado como questão fundamental, tanto por Hofbauer como por Schlegel.

### Frederico Schlegel e Hofbauer

Na primavera de 1809 Schlegel recebeu, através de um comunicado de Penkler, a colocação de secretário da corte na chancelaria estatal austríaca. Em 1815 foi-lhe conferido o título pessoal da nobreza. De 1815 a 1818 foi conselheiro da delegação pela Áustria no Congresso em Frankfurt, uma atividade que satisfez bem pouco. Era avesso à política por princípio. A restauração estatal de um Metternich não era com ele. Dizia-se que ele pensava "catolicamente demais" e "austriacamente de menos". Em questões político-eclesiais, defendia uma posição semelhante à de Hofbauer: era, como ele, adversário dos planos de Dalberg e Wessenberg, que se interpunham a favor do reavivamento da antiga Igreja imperial.

Tanto faz, se Hofbauer estava atrás dessa posição, o certo é que se pode abstrair em princípio alguma influência de Hofbauer sobre Schlegel. Hofbauer era confessor de Schlegel, e parece que o grande intelectual, que em seus sistemas filosóficos lançou os fundamentos para uma nova "Filosofia cristã", bem que precisou do conselho e do apoio de Hofbauer para sua vida particular. Fala-se de sua angústia nervosa, de seus achaques de saúde e de seu alcoolismo. Em sua esposa achou ajuda para uma coisa; para a outra, em Hofbauer; sobretudo durante o tempo após seu regresso de Frankfurt, quando Dorothea ficou com seus filhos em Roma.

### "Você é sempre o meu Frederico!"

Cai nesse tempo o início de uma virada notável nas ideias religiosas de Schlegel, o que pouco agradou a Hofbauer e àquela contra qual ele procurava trabalhar com seu modo sóbrio. Schlegel não era avesso ao "ocultismo" e aos fenômenos supostamente suprassensíveis, o que aliás correspondia ao sentido do Romantismo.

Como tantos contemporâneos, ele estava fascinado pelo assim chamado "mesmerismo" ou "magnetismo animal", que pode ser tido como precursor da Psicanálise do século XX. Como hoje é de bom-tom que quem se dá importância tenha seu psicoterapeuta ou pelo menos procure força física e psíquica nas clínicas do bem-estar, assim era costume nas mais altas camadas da sociedade submeter-se a "curas magnéticas", como o Dr. Franz Anton Mesmer desenvolveu. Com isso a Fé se unia frequentemente às ocultas forças curativas. Também Frederico Schlegel entregou-se a esta crendice e procurou introduzi-la em seu sistema filosófico-teológico.

Um dia ele expôs para Hofbauer seu sistema "mesmerista". Hofbauer escutou, sacudiu a cabeça, interrompeu a "verborreia" do filósofo e murmurou repetidamente: "Isto não é nada". Contudo Schlegel não se deixou desviar e continuou falando, até... que Hofbauer colocou a mão sobre seus ombros, sacudiu-o forte e se desculpando: "Você é sempre o meu Frederico".

Infelizmente o protesto de Clemente ficou sem efeito. Schlegel continuou acreditando nas forças ocultas. Enviou para seu irmão Augusto Guilherme cabelos e um dente que deviam trazer-lhe sorte. Depois da morte de Clemente não se ateve às normas claras de seu mestre, mas teve um relacionamento bastante estranho com a visionária Christine von Stransky. Mandou-lhe também seus cabelos maravilhosos. Nos anos de 1820 a 1826, junto com o pintor Ludwig Schnorr von Carolsfeld, teve sessões mesméricas com a condessa polonesa Lesniowska. Através de perguntas a ambos, esperavam adquirir um conhecimento mais alto e penetrar no sentido divino da História da humanidade.

### Dorothea Schlegel e Hofbauer

As diferenças de opinião sobre o "magnetismo animal" não eram a única sombra que perturbava a relação de ambos nos últimos anos de vida de Hofbauer. Quando Hofbauer faleceu em março de 1820, verificou-se como foi profunda, apesar de tudo, a ligação da família Schlegel com Hofbauer. As cartas de Frederico, como de Dorothea, comprovam-no.

Dorothea ficou mais chocada do que Frederico. Assim escreveu para a amiga Sophie Schlosser:

> O que eu perdi, o que nós todos perdemos, o que sempre procurei durante minha vida, foi nosso querido, nosso amado, pai espiritual. Não posso falar sobre isso, meu coração inteiro quer sair de mim, falo da alma da qual devo sentir falta nesta vida, já de tão poucas alegrias (João ECKARDT, *Klemens Maria Hofbauer*, Mönchengladbach, 1916, 52 s.)

Essas palavras dizem, mais do que qualquer narrativa, quão intimamente Dorothea estava unida com seu diretor espiritual Pe. Hofbauer.

De Frankfurt, ela lhe confiava suas preocupações nas cartas, pedia-lhe "a graça da verdadeira iluminação do Espírito, para que pudéssemos orientar-nos nestas estradas escuras e na peleja contra os inimigos".

Também os filhos de Dorothea, os pintores Philipp e Johannes Veit não ficaram insensíveis diante do estreito relacionamento de sua mãe com Hofbauer. Graças a sua influência, em 1810 passaram para Fé Católica. Como membros da Escola do Nazareno em Roma, estabeleceram o contato entre Hofbauer e seu mentor espiritual Ostini.

### Após a morte de Hofbauer

Os últimos dez anos da vida de Schlegel ficaram envoltos pela escuridão. Seus últimos grandes escritos são discutidos até hoje. Altamente elogiados por seus adeptos, são tidos como pura insânia por outros. Entretanto, como ainda se pode fazer uma avaliação sobre eles, com certeza Hofbauer recomendaria a "seu Frederico" mais sobriedade "iluminista" caso vivesse ainda.

Frederico Schlegel morreu em 1829, em Dresden. Lá se encontra seu túmulo, no antigo cemitério católico.

Dorothea, depois da morte de Hofbauer, viveu, como antes, totalmente para seu marido. Continuou unida aos Redentoristas. Seu confessor era agora o Pe. José Amando Passerat, sucessor de Hofbauer, que ela venerava como santo.

Após a morte de seu marido, Dorothea Schlegel foi para Frankfurt. Em 1831 escreveu para sua amiga Condessa Sophie Charlotte Eleonore von Stolberg, viúva do Conde Leopold von Stolberg, uma longa carta, na qual falou da abençoada atividade de Hofbauer e dos Redentoristas em Viena. A carta teve consequências inesperadas. A Condessa von Stolberg falou dela na Bélgica para sua filha casada. Esta contou para o pároco do lugar. E este pediu ao Pe. Passerat um convento redentorista em sua paróquia. Os padres foram e atuaram com grande sucesso daí por diante na Bélgica, nos Países Baixos, na Inglaterra e nos Estados Unidos.

Dorothea Schlegel morreu em 1839, em Frankfurt.

# V

# JOSÉ AMANDO PASSERAT

Quem foi o homem que se queixou do Pe. Hofbauer ao Superior-geral dos Redentoristas e censurou-lhe a falta de recolhimento interior? Quem foi o Pe. Passerat?

José Amando Passerat, nascido a 30 de abril de 1772, em Joinville, na Campanha, falecido a 30 de outubro de 1858, em Tournai (Bélgica), sucessor de Hofbauer no governo dos "Redentoristas transalpinos", é discutido até hoje em sua Congregação Redentorista. Seu processo de beatificação foi introduzido somente em 1913, quatro anos após a canonização de Hofbauer, e, contudo, seus devotos ainda esperam que finalmente lhe seja concedida a "honra dos altares".

Certamente, ele era um santo, à primeira vista, até mais santo que Hofbauer. Ele não tinha as "arestas e os cantinhos" de Hofbauer, e é tido até hoje como o "grande orante". Sim, ele era um santo, mas, como exprimiu uma vez o Núncio Pedro Orsini, um "santo francês". Anton Günther manifestou-se de modo menos lisonjeiro: "Um francês legítimo, outrora major da banda militar, muito ignorante, mas um santo" (KNOODT, I, 125). Terá sido fechado, avesso ao mundo, conservador. Como disse Hofbauer, visando Passerat: "Sim, os franceses estão todos meio infeccionados pelo jansenismo".

E, contudo, Hofbauer o estimava tanto que em 1803 transferiu-lhe seus plenos poderes sobre a Suíça e a Alemanha do Sul. Na carta de 9 de janeiro de 1808 ao Superior-geral, propôs o Pe. Passerat como seu sucessor no caso de sua morte, em vez dos Pes. Carl Jestershein e Jan Podgórski.

Em 1820, quando morreu Hofbauer, Passerat foi tido comumente por seu sucessor, já designado em vida, embora pouco antes de sua morte Hofbauer tenha dado a reconhecer que preferiria ver o ativo pastoralista Podgórski nesse posto ao místico avesso ao "mundo". Assim, pois, Pe. Passerat, que vivera quase vinte anos na Suíça, em 1820 foi nomeado pelo Superior-geral sucessor de Hofbauer e veio ainda no mesmo ano para Viena, como Vigário-Geral e Mestre de noviços, cargo que já ocupara em Varsóvia e na Suíça.

### Origem – Formação – Itinerário

Passerat nasceu numa família conceituada. Aos dez anos começou o ginásio num mosteiro beneditino, próximo de sua casa. Aos 16 anos ingressou no "Seminário Menor", em Chalons-sur-Marne. Com 18 anos queria continuar os estudos em Paris, mas estourou a Revolução Francesa. Ele foi detido e depois liberado.

Quando em 1792 o exército prussiano atacou a França, ele, jovem alto, bonito e robusto, foi chamado às armas pelo país. Como "major do tambor" devia comandar o rufar dos tambores, convocando para a batalha. Mas ser soldado não combinava com seu caráter, nem por isso pediu para ser mestre de quartel. Satisfizeram seu desejo. Em seu tempo livre lia a *Imitação de Cristo*. Depois desertou.

Queria estudar Teologia. Foi a Treveris, passando pela Bélgica. Mas não ficou lá muito tempo. Treveris era a cidade de Hontheim, cidade de "Febrônio". Ele, porém, era da linha jesuítica-ultramontanista. Por isso foi para Münster, mas também os professores de lá eram "iluministas" demais para ele. Torna-se evidente que, conforme sua orientação religiosa, tenha finalmente estudado com os ex-jesuítas de São Salvador em Augsburgo, de 1793 até 1795. Seus biógrafos frisam que ficou tão feliz por encontrar em São Salvador a pura doutrina católico-romana.

Depois de receber as "Ordens Menores" em setembro de 1795, ao passar por Würzburgo, onde ficou alguns meses num Seminário para emigrantes franceses, dirigiu-se diretamente para Varsóvia com três outros jovens franceses. Lá os quatro entraram para o Convento dos Redentoristas no dia 22 de julho de 1796.

Talvez o plano de entrada já tenha amadurecido em Augsburgo. Lá terá lido os escritos de Afonso de Ligório. Não é para descartar a hipótese de ter conhecido em Augsburgo também Diessbach, amigo de Hofbauer, ou o próprio Hofbauer, que tinha estado lá a primeira vez em 1795 com os jesuítas de São Salvador.

### Encargos no convento

No dia 5 de abril de 1797 Passerat foi ordenado padre. Um ano depois já era mestre de noviços. Desde 1803 foi substituto de Hofbauer no sul da Alemanha e na Suíça. Foi sucessivamente Superior dos conventos de Jestetten, Babenhausen, St. Luzi/ Chur, Visp/ Wallis. Depois que todas essas fundações caíram, vítimas das vicissitudes do tempo, seu domicílio ficou sendo a Suíça, como ponto de referência para os padres distribuídos nas paróquias. Em 1818 foi Reitor e Mestre de noviços na antiga Cartuxa de Vailsante, cantão de Friburgo. De 1820 até 1848 dirigiu de Viena o ramo transalpino dos Redentoristas, que durante seu governo lançou raízes em muitos países da Europa e América do Norte.

Veio a Revolução Europeia de 1848. No dia 6 de abril desse ano os Redentoristas foram expulsos de seu convento de Viena, colocados em carroças e levados embora da cidade, para gozo da população, porque, dizia-se, debaixo de sua batina escondia-se o "sistema detestável" de Metternich. Em sua peça teatral *Liberdade no galinheiro,* Johann Nestroy descrevia a expulsão dos padres, e Johann Strauss Filho sentiu-se motivado para compor a polka *Suspiro dos liguorianos.*

Passerat também deixou a cidade. Dirigiu-se para a Bélgica e no dia 6 de junho de 1848 apresentou sua renúncia. Após diversos ataques de apoplexia, alquebrado física e psiquicamente, em seus últimos anos sofreu sob os ataques contra sua Fé. Morreu no dia 30 de outubro de 1858, em Tournai.

## Hofbauer e Passerat

Passerat deveria rezar menos e trabalhar mais – foi dito por Hofbauer, conforme se conta. Passerat, por sua vez, queixava-se de Hofbauer, que, com seu ativismo pastoral, esquecia-se do cultivo da vida interior e da fidelidade à Regra. Com isso está dito tudo. Os caracteres de ambos eram fundamentalmente diversos. Contudo não se tratava só de caracteres, mas também de duas concepções diferentes sobre a vida e a conduta numa comunidade conventual.

Vamos para as particularidades. Mesmo que hoje tenhamos ficado mais cautelosos quando se trata de fazer um confronto das características físicas com as propriedades do caráter; num confronto de Passerat com Hofbauer, já o exterior parece apontar caracteres diferentes e mesmo contraditórios: aqui, o filho de camponeses da Boêmia, mais baixo que alto, com seus ombros largos, sua cabeça arredondada, olhos vivos; lá, o filho da burguesia do Estado, alto, feições do rosto bem-formadas, grandes olhos castanhos sonhadores, longos cabelos ondeados descendo até os ombros, que lhe emprestam aspecto venerável.

O exterior correspondia ao interior: ao Hofbauer impulsivo, às vezes rude, organizador incansável, ao homem que gostava da convivência social, do alegre humor, contrapunha-se ao asceta Passerat, voltado para dentro, que fugia da sociedade e que sentia-se bem no meio de uma paisagem solitária, coberta de neve.

Aqui o homem prático que não trazia consigo nenhum preparo literário e, não obstante – ou talvez por isso mesmo –, estimulava o próximo a ler e a escrever; lá o esteta sensível, com problemas constantes do estômago, que em sua juventude se entusiasmou pela literatura francesa, mas que mais tarde, nos "campos floridos da poesia", via somente "tolices banais" que desviavam do destino eterno.

A isso juntou-se outra diferença que, num tempo em que o nacionalismo na Europa começava a germinar, dificultou a convivência com Passerat. Hofbauer, apesar de seus antepassados checos, sentia-se um "alemão" – talvez demais –, e assim foi conhecido por seus confrades austríacos, fossem eles "alemães" ou "boêmios". Passerat permaneceu sempre "francês". Não se dava ao trabalho de aprender direito o alemão, falava sempre com acento francês e frequentemente fazia erros de gramática. Os poetas franceses Racine e Corneille valiam para ele muito mais que os clássicos alemães. "Oh! Vocês alemães, são uns jumentos", assim ele os deve ter apostrofado diversas vezes.

### O novo Vigário-Geral

Um dos mais importantes historiadores dos Redentoristas, Carl Dilg von Dilgskron, após longa hesitação voltou-se para Passerat em seu último ano de vida; não reviu os primeiros esquemas. Contudo, o que escreveu é digno de reflexão. Dilgskron havia colocado na boca do segundo Vigário-Geral palavras que ele na verdade nunca disse, mas exprimem justamente a problemática de seu tempo de governo da Congregação e também de seu próprio sentir. Dilgskron põe na boca de Passerat:

> Hofbauer era filho da roça; era um servo de Deus nascido para a ação. Como terei condição de atiçar a chamazinha que ainda bruxuleia? Eu, um estrangeiro? Eu que, nos negócios externos, fico bem atrás dele? Não iria antes esmagar o que ele plantou? (Manuscrito, Arquivo dos Redentoristas de Viena).

Dilgskron não chegou a responder a essas perguntas. Eram perguntas que também os contemporâneos se propunham. Assim se exprimiu o amigo de Hofbauer, Sebastian Job: "Uma comunidade de crianças e uma cabeça francesa! O que vai sair disso?"

Certamente aconteceu que, durante a gestão de Passerat – que de fato não nasceu para a ação –, os Redentoristas transalpinos tomaram tal desenvolvimento que mal correspondia às intenções de Hofbauer. Passerat salvou, da maneira possível, a união dos dois ramos da Congregação, que, sob o governo de Hofbauer, começaram a se esfolar; mas a que preço! Pois, Passerat, o homem superexigente, sensível, consciencioso, medroso e acanhado, procurou a solução através da volta à tradição da maneira mais possivelmente fiel à letra, como era costume em Nápoles, a terra de origem da Congregação. Mas a consequência foi, *externamente*, uma imagem dos Redentoristas que fazia deles figuras simbólicas do ultramontanismo mais negro; *internamente*, uma quase refundição ou refundação; aconteceu, mas não sem grandes tensões e duras perdas.

## A ultramontanização dos Redentoristas transalpinos

Logo em 1826, poucos anos depois de sua aprovação, os Redentoristas eram tidos como uma personificação da sinistra superstição e como "inimigos de toda a formação intelectual". Criticada foi sua nova maneira de pregar, que culminava de diversas maneiras com a descrição dos castigos do inferno. Passerat exortava expressamente para isso mesmo.

Não era somente isso que irritava os estranhos. Já o vestuário prescrito para os padres era irritante e sinistro mesmo (SCHÖNHOLZ II, 256). É que Pe. Passerat havia ordenado a seus súditos um hábito largo à maneira do sul, um chapéu romano de abas largas, peças clericais do vestuário, que até o século XX eram usadas em inúmeras caricaturas como símbolo do obscurantismo romano. Não é de se admirar se os zombadores, como o poeta Anastasius Grün, fizessem troça da "treva" que reinava na igreja dos Redentoristas em Viena.

Certamente, também Hofbauer não pregou ao gosto dos modernos iluministas, e também foi criticado. Mas agora os críticos se lembravam que, apesar de sua "escassa formação", possuía um caráter forte e uma compreensão clara, coisas que entre seus discípulos seriam ingredientes raros. Caroline Pichler, a grande crítica da época, que mostrou certa simpatia por Hofbauer, via até em seus "gestos, religiosamente beatos, um sinal da cultura decadente".

Durou contudo um decênio até Passerat conseguir se impor. Antigos discípulos de Hofbauer recusavam-se a usar o chapéu romano. Os Padres Veith, Madlener e Kosmacek imitavam o jeito de Hofbauer no púlpito e no confessionário. Pe. Stark, companheiro de Hofbauer por muitos anos, foi seu genuíno seguidor, apreciado como confessor das altas camadas de Viena. Veith e Anton Passy eram acatados como escritores.

Mas Passerat reprimia isso tudo. Assim foi que ele, já em 1830, viu-se "completamente isolado no clero". Sim, os vienenses eram, como ele escreveu então, do parecer de que na cidade havia "duas crenças católicas": a deles (dos vienenses) e a dos Redentoristas.

### Refundação interna

Não foi somente a imagem externa dos Redentoristas que mudou perante o povo durante a gestão de Passerat. Houve mudanças também na vida interna. Diversamente de Hofbauer, o novo Vigário-Geral, além da Regra original, queria introduzir também na Áustria os costumes e exercícios de penitência de Nápoles. Tensões e resistências não demoraram, já porque não estava tão claro qual a Regra que estaria valendo, aquela que Hofbauer elaborou com alguns funcionários do Estado, para assim conseguir a aprovação na Áustria, ou a antiga Regra que vigorava em Nápoles e que Passerat declarou obrigatória *pro foro interno* (para o uso interno).

Faltou para Passerat a coragem, com a qual Hofbauer deu a entender a seus Superiores que Polônia ou Áustria não é Nápoles. Longe dele contradizer o Superior-geral. E como ele mesmo praticava a "obediência cega" como sendo a virtude máxima, exigia o mesmo também de seus súditos. Rejeitava decididamente qualquer atividade escolar. Assim tornava-se inútil uma série de preceitos fundamentais, porque a instrução estava ligada a eles. E, contudo, a Congregação possuía uma série de padres idôneos que entraram na Congregação, sobretudo, por causa dessa atividade. Apontavam inutilmente isso para Clemente. A resposta de Nápoles e Passerat era: "O que Hofbauer fez não tem validade, pois agiu contra a Regra".

### Pérolas da Ascese

A volta suspirada por Passerat para a espiritualidade original foi por muito tempo mais transcendente do que a rejeição à atividade escolar. O que resultou disso não foi a "teologia do coração" do fundador da Congregação, Afonso de Ligório, não foi já nem sequer a amorosa e alegre tranquilidade dos Redentoristas napolitanos, mas muito mais a combinação do supranaturalismo de Passerat com o perfeccionismo alemão e a conscienciosidade penosa de alguns juristas que entraram na Congregação, assim que os padres transalpinos ficaram com a marca de ascetas super-rigorosos.

A gente se pergunta: Como isso foi possível? Onde ficaram os jovens "geniais" – estudantes, docentes, professores – que Hofbauer reuniu a seu redor?

A isso se deve responder assim: houve alguns que, após a chegada de Passerat em Viena, retiraram sua decisão de entrar na Congregação. Assim, Friedrich Rinn e Anton Günther, que foram para os jesuítas. Outros houve que se sujeitaram a Passerat e renunciaram a seus ideais originais: Madlener, sobretudo, e os irmãos poetas, Passy. Mas houve também uma "oposição interna". E esta oposição interna não consistia de alguns elementos descontentes quaisquer. Eram antigos discípulos de Hofbauer, homens de liderança dos transalpinos, com Johann Emanuel Veith à frente de todos. Passerat forçou-os a sair da Congregação. Em 1829, dentro de uma norma geral, a linha de Passerat, confrontando com o projeto de Hofbauer, tinha conseguido impor-se entre os transalpinos.

Contudo, as rivalidades continuaram se espalhando. Com suas constantes admoestações, Passerat apenas atiçava de novo a chama da discórdia. Lê-se numa carta ao Superior-geral:

> Ele fala sempre dos exemplos dos santos; diz que não temos espírito, não somos homens interiores, e assim a ascética é mal-usada só para isso, para perturbar nossa paz e concórdia.

Até o manso e conformado Pe. Madlener deu a entender:

> Parece-me que Pe. Passerat estaria bem aconselhado se semeasse mais raramente, e só em dada circunstância, as pérolas preciosas da Ascese. Assim ele colheria menos contradições (WEISS, 1984, 261).

Como consequência de tudo isso, Passerat não só se isolou completamente do público e não cultivou nenhum contato com os bispos, como também quis o mesmo para seus súditos. Sua incapacidade para lidar com dinheiro foi catastrófica. O convento de Viena, aliás como todos os conventos, estava à beira da falência por causa de seus desacertos.

Ainda bem que, também após a saída de Veith, sempre houve uma "oposição interna", liderada pelo Pe. Martin Stark e pelo "discípulo de Hofbauer" Franz Kosmacek, dois homens abertos e íntegros, tidos como "colunas da comunidade". Informaram, antes do mais, ao Superior-geral a triste situação. Este pediu ao Núncio de Viena Pedro Ostini, admirador de Hofbauer, que olhasse aquilo numa visita conforme o Direito.

Ostini deu razão aos padres rebelados. Não obstante grave reflexão, concluiu que Passerat podia continuar no cargo, pressupondo que seus poderes fossem reduzidos. Assim aconteceu. No último decênio de seu governo, Passerat foi um Superior à disposição. Quando ele renunciou finalmente, seu futuro sucessor já estava governando, de fato, há muito tempo.

# VI

## JOHANNES SABELLI, A "CRUZ" DE HOFBAUER

O "promotor da justiça", também chamado "advogado do diabo", alegou duas objeções contra a santidade de Hofbauer no processo de beatificação. *Primeira:* Proferiu julgamento injusto contra o bispo Sailer de Regensburg. *Segunda:* Esperou introduzir o processo, até Pe. Johannes Sabelli morrer, para que este não pudesse depor nada de mal contra ele. As duas objeções foram rejeitadas.

Hofbauer ficou indignado com Sabelli, e com todo o direito. Pois este, como declarou Johann Emanuel Veith, portou-se "teimosa, desobediente e muito hostilmente" com ele. De fato, Hofbauer dizia que era a "sua cruz", a cruz que lhe foi imposta. Mas quem realmente foi Sabelli?

### Sabelli se encontra com Hofbauer

Johannes Joseph Sabelli nasceu no dia 14 de setembro de 1780, perto da cidade polonesa de Cieszyn, chamada antigamente Teschen e pertencente à "Silésia austríaca". Seu pai, Paolo Sabelli, de Sciacca na Sicília, era um dos numerosos artífices e negociantes italianos que, séculos atrás, procuraram a sorte na Polônia e Alta Silésia. Infelizmente morreu pouco tempo após o nascimento de seu filho.

Sua mãe era polonesa. Sua língua materna, o polonês. Desde a mais tenra infância aprendeu o alemão com os alemães que moravam em Teschen e redondezas. Aprendeu latim e francês no ginásio. Começou mais tarde a acostumar-se com a língua de seu pai. Em sua juventude Sabelli era esbelto, tinha fisionomia alongada, cabelos pretos e curtos e olhos escuros. Seu nariz comprido e porte inclinado chamavam atenção.

Nos primeiros anos da juventude, Sabelli deve ter sido protestante. Mas de onde os protestantes vieram para a Polônia? Um olhar para a história do ducado de Teschen dá uma resposta. O ducado tornou-se evangélico durante o tempo da reforma. Quando passou para os habsburgos, os novos dominadores não conseguiram fazer com que todos os moradores de Teschen se tornassem católicos novamente. Então a mãe de Sabelli também seria evangélica?

Sabelli deve ter aprendido a profissão de livreiro. Um dia encontrou por acaso, num monte de papéis destinados ao lixo, uma descrição da religião católica que o fascinou e inquietou. Quando, pouco depois, veio a conhecer Hofbauer, achou ter encontrado finalmente a claridade total.

Encontrou-se realmente com Hofbauer em Teschen, quando fez lá um descanso numa de suas viagens. A consequência do encontro foi a passagem de Sabelli para o catolicismo. Inicialmente estudou Teologia em Krakau.

### De Varsóvia para Viena, passando pelo sul da Alemanha e pela Suíça

Em 1802 Sabelli ingressou no Noviciado dos Redentoristas em Varsóvia. Em agosto de 1803 emitiu lá os votos religiosos e viajou logo depois para a Itália com Hofbauer, Hübl e dois outros candidatos à ordenação, passando por Jestetten. Em outubro de 1803 os três novos confrades foram ordenados padres em Foligno.

Enquanto Hübl com os outros dois neossacerdotes voltou para Varsóvia, Hofbauer deixou Sabelli no sul da Alemanha, onde daí em diante ficou sob a direção de Passerat. Vivenciou as expulsões das fundações sul-alemãs em Triberg e Babenhausen, como também a caminhada penosa da comunidade conventual expulsa de St. Luzi/Chur para Visp/Wallis, passando pelos Alpes nevados.

Devido ao aperto do pequeno convento em Visp, Hofbauer viu-se obrigado a colocar alguns padres em paróquias. Assim, em 1809 enviou Sabelli como capelão para Amden, no cantão suíço de St. Gallen.

Em Amden ou na vizinha Weissthannen, Sabelli ficou conhecendo uma senhora vidente, filha de um moleiro, que afirmava ter visões. Sabelli, que – ao menos em sua juventude – entusiasmava-se muito facilmente por fenômenos místicos e se entregava a revelações internas, a tinha como santa.

Em 1812 Hofbauer mandou Sabelli para Viena. Ele iria lecionar no Instituto de Educação planejado por Adam Müller, projeto que infelizmente malogrou. Acresce que Hofbauer estava precisando de um secretário para encaminhamento de sua correspondência. Sabelli, conhecedor de línguas, parecia nascido para isso. Mas possivelmente o objetivo principal de sua convocação para Viena não foi outro senão a citada filha do moleiro. Se havia coisa que Hofbauer não podia tolerar, eram os fenômenos suprassensíveis, e assim cabia-lhe fazer tudo para levar Sabelli à razão.

### "Vá de mansinho, para o velho não perceber"

A convivência de Hofbauer e Sabelli na pequena comunidade de Viena era tudo, exceto harmoniosa. É verdade que Sabelli era levado por Hofbauer às famílias de vienenses distintos em suas visitas da tarde, onde era admirado e cortejado pelas senhoras Schlegel e Schlosser. Celebrava missa diariamente na corte vienense para a imperatriz Maria Ludovika von Habsburg-Este-Modena e, anos depois, para a imperatriz Caroline Augusta.

Entretanto, por mais que isso o tenha lisonjeado, em casa soprava um vento áspero. Hofbauer apertava o jovem, propenso à comodidade. Parecia-lhe impossível levar vida conventual na habitação acanhada, onde até mais de seis pessoas viviam juntas em pequenos quartos, acrescendo que a casa vivia constantemente cheia de hóspedes.

As tensões entre Sabelli e Hofbauer atingiram o ponto máximo quando se verificou que Sabelli continuava em constante ligação secreta com a taumaturga filha do moleiro na Suíça. Ela escrevia-lhe cartas ditadas do além, cujo conteúdo ele passava para frente como sendo revelação divina.

Ainda não é só. Hofbauer lhe pedira para ficar à disposição como confessor das Ursulinas. Sabelli, porém, aproveitava este encargo para fazer propaganda de sua visionária junto às Irmãs. O Convento se desaveio, pois diversas Irmãs davam mais confiança ao "místico Sabelli" do que ao sóbrio Hofbauer. A Superiora enviava mais vezes e ocultamente uma Irmã a Sabelli para lhe comunicar coisas que Hofbauer não devia saber. Sabelli costumava dizer então à Irmã: "Vá de mansinho para o velho não perceber".

Aliás, Sabelli pouco se incomodava com as admoestações de Hofbauer. Assim, por exemplo, devia proibir a uma penitente, moradora no convento das Ursulinas, "suas extravagâncias religiosas". Sabelli tomou as providências, tão bem como nada, para desgosto das Irmãs. Hofbauer explicava: "Eu já lhe falei, mas ele não o faz. Não me obedece".

### "Em Viena, eu sou o Papa"

As tensões entre Hofbauer e Sabelli chegaram ao cúmulo. Sabelli achava que não podia mais viver com Hofbauer. Mas o que fazer? Pediu a Hofbauer que o transferisse para a Suíça, a fim de poder viver lá conforme a Regra da Congregação. Mas ele não permitiu.

Sabelli encontrou uma solução genial. No verão de 1818, disse um dia a Joseph Wolff, candidato à vida religiosa: "Você vai ver! Dentro de seis semanas haverá um espetáculo como você nunca viu nesta casa. E depois Hofbauer vai ter de me deixar ir".

Já no dia 3 de maio de 1817, ele se dirigira ocultamente ao Superior-geral em Pagani, pedindo-lhe sua transferência para o ramo cisalpino (italiano) da Congregação. Alegou como motivo ser impossível levar uma vida religiosa em Viena e, principalmente, com os "transalpinos".

Em Nápoles foi-se prontamente a favor do revoltoso. Suas descrições correspondiam à impressão que se tinha de Hofbauer e dos Redentoristas transalpinos. Depois de uma troca de correspondência, em setembro de 1818, o procurador-geral italiano, Pe. Vincenzo Antonio Giattini, obteve do Papa a resposta muito pessoal de que não havia nada contra a transferência de Sabelli.

Escreveu-lhe que o receberia alegremente em Roma. Numa carta seguinte informou Hofbauer sobre a questão. Comunicou-lhe que se tratava do desejo expresso do Santo Padre. Mandou as duas cartas – como de costume – ao Núncio em Viena com o pedido de entregá-las a Sabelli e a Hofbauer.

Assim chegou-se ao espetáculo anunciado por Sabelli. Só que a coisa saiu um pouco diversa do que ele tinha imaginado. O auditor – o secretário – do Núncio chegou à residência de Hofbauer e entregou a Sabelli a carta dirigida a ele, e com isso deixou a sala. Depois entregou a outra carta para Hofbauer.

Somente agora ele ficou sabendo dos contatos de Sabelli com o estrangeiro. Hofbauer ficou amargamente decepcionado. Seguiu-se um canhoneio desesperado de xingatórios sobre Roma, a Cúria Romana e a decisão do Papa.

"Sei o que estou fazendo" – disse ele –, a Cúria Romana deve ir ao fundo das coisas. Em Viena sou eu que administro os católicos, e não o Papa", abandonou abruptamente o recinto para ouvir confissões numa igreja de Viena, largando o auditor perplexo na sala.

Na noite seguinte sobreveio-lhe, renovada, a dor sobre a atitude de Sabelli. Contaram que ele chorou como uma criança.

### Expulsão de Hofbauer da Áustria

Quisesse ou não o Papa, Hofbauer não deixou Sabelli ir para a Itália. Nem mesmo licença policial teria recebido para sair do país. Uma passagem clandestina também teria caído na vista das autoridades. Contudo, como o relacionamento de ambos estava causando transtorno por muito tempo, Hofbauer permitiu a Sabelli transferir-se para a Suíça.

Este gesto precipitado quase teria se tornado uma fatalidade. Através do relato de Sabelli à agência dos passaportes sobre sua transferência, as autoridades ficaram sabendo que Hofbauer pertencia a uma "organização internacional". Mas isto lhe fora rigorosamente proibido.

Assim mobilizou-se o aparato policial contra o velho sacerdote Hofbauer. Sob a direção de Augustin Braig, cônego catedrático e ex-beneditino da Suábia, sua casa foi revistada. Como conclusão, Braig propôs uma escolha a Hofbauer, ante o abuso de seus plenos poderes: deixar sua Congregação ou emigrar. Hofbauer declarou que nesse caso sairia do país.

Mas não precisou sair. O arcebispo príncipe de Viena, Conde Sigismundo von Hohenwart, conversou pessoalmente com o imperador Francisco I em defesa de Hofbauer. Ele declarou inválida a ordem de Braig.

### A Eminência parda

Em janeiro de 1819 Sabelli viajou para Valsainte. Quando, após a morte de Hofbauer, seu Superior, Passerat, veio para Viena e foi substituído pelo Pe. Alois Czech – que lembra o Pe. Hofbauer com seu jeito ativo e aberto para o mundo –, começaram a se repetir os antigos tormentos de Sabelli. Sentia-se infeliz. Pe. Czech achou-o tristonho e tomado por revelações sobrenaturais, e não teve nada contra quando ele quis ser transferido novamente para a Itália.

Em maio de 1822 Sabelli foi primeiramente para Nápoles; de lá, no fim de setembro, para a casa generalícia em Pagani. O Superior-geral o escolheu para seu secretário por causa de seus bons conhecimentos linguísticos. Durante cerca de vinte anos, uma grande parte do intercâmbio epistolar do governo-geral com a Congregação transalpina passou por Sabelli. Como ele era o único em Nápoles que sabia alemão, todas as cartas escritas em língua alemã passavam por suas mãos. Com isso ele ganhou o título de Eminência parda.

Na verdade, ele não deixava de ter seus caprichos. Em suas traduções de cartas em alemão, entregues ao Superior-geral, por vezes não sobrava muito do sentido original. Passava para os padres transalpinos coisas secretas que vinham sob sigilo. Tais arbitrariedades serviam habitualmente para acirrar os ânimos entre os dois ramos da Congregação.

Muitas de suas cartas estão conservadas até hoje. Revelam um homem que, diversamente de seus anos de juventude, possuía um julgamento sensato. Contudo, nelas se mostra um mestre da ironia –

também da ironia consigo mesmo. Quanto mais velho ficava, tanto mais chula é a linguagem marcada pelo dialeto alemão de sua terra. Assim, por exemplo, saudava a "Revda. Irmã Madre Celestina" da Ordem das Redentoristas com o título "Sumamente venerável Madre Maria Celeste" e dava indicações de como tratar suas Irmãs, esses "pobres caramujinhos".

Também mencionava, às vezes, Hofbauer em suas cartas, mas sem mágoa e amargor. Nos últimos anos de vida, chamava a si mesmo de "mau filho" de Clemente. Foi o primeiro a redigir um memorial sobre Hofbauer, logo após a morte dele.

### Na corte dos Bourbons

Em 1843 Sabelli foi chamado para a corte de Ferdinand II, rei de Nápoles e Sicília. Foi confessor da segunda esposa do rei, Maria Theresia Isabella, arquiduquesa da Áustria. Daí em diante viveu mais no paço real, pelo que não estava sujeito a nenhuma cerimônia de precedência. Assim ele podia comer ordinariamente com os cocheiros e serviçais. Às vezes acontecia do rei supersticioso chamá-lo de repente para sua mesa. É que, mais de uma vez, verificou que havia treze comensais. Então Sabelli devia remediar o problema, sendo o décimo quarto.

Após a morte do rei Fernando em 1859, Sabelli continuou na corte. Era também o confessor de uma senhora extravagante, esposa do jovem rei Francisco I, Maria Sophie Amalie, filha do duque Max Joseph da Baviera e irmã da imperatriz austríaca Elisabeth.

Em 1860 Garibaldi invadiu Nápoles. A família real fugiu para a fortaleza de Gaeta. Em fevereiro de 1861, após longo cerco, o rei Francisco I capitulou e dirigiu-se com sua família para Roma, a convite de Pio IX. Também Sabelli precisou morar no palácio do Quirinal. Preocupado há muito tempo em libertar-se da Corte Real, na festa da Ascensão de 1861, o octogenário Sabelli pôs-se ocultamente a caminho do generalato da Congregação Redentorista – entrementes reunificada –, onde viveu daí em diante, falecendo no dia 24 de fevereiro de 1863.

# VII

## JOSEPH WOLFF

Joseph Wolff deve ser lembrado por ter sido tratado com muita indiferença pelos biógrafos de Hofbauer devido aos caminhos que mais tarde tomou na vida. Deve ser apresentado de modo especial por dois motivos: *Primeiro* porque Hofbauer manifestou para com ele uma simpatia desusada, não obstante algumas reservas. *Segundo* porque ele mesmo – apesar dos caminhos que tomou na vida – nunca perdeu sua estima por Hofbauer.

### Juventude e conversão

Joseph Wolff nasceu em 1795, em Weilersbach/Forcheim (Alta Francônia), de uma família judia. Tinha seis anos quando um vizinho cristão lhe contou que o Messias já tinha vindo. Perguntou a seu pai se era verdade, mas a resposta foi o silêncio. Desde então esta questão não lhe deu sossego.

Em 1806 seu pai, rabino em Württenberg nesse tempo, o enviou para um ginásio protestante em Stuttgart. Estudou inclusive latim, grego e hebraico em Halle e Weimar. Com a leitura de obras de João Miguel Sailer, Fénelon e Bossuet, foi se familiarizando com um tipo de catolicismo que o satisfazia. Finalmente foi para Praga, onde a pregação de um franciscano o entusiasmou. Resolveu deixar-se batizar e preparou-se durante seis meses para a conversão. No dia 13 de setembro de 1812, foi batizado pelo abade do mosteiro beneditino Emaús, perto de Praga. Um de seus dois padrinhos foi Joseph Veith de Klattau, parente próximo de Johann Emanuel Veith.

## Wolff e Hofbauer

Com recomendações a dirigentes orientalistas, como ao barão Joseph von Hammer-Purgstall e ao primo de Hofbauer Martinho Jan, Volff foi logo para Viena.

Mais tarde ele se lembrava:

> Eu andava com estes homens, mas ainda mais com Frederico Schlegel e sua esposa Dorothea, filha de Moses Mendelssohn, como também com o barão Penkler. Eles me favoreceram muito e prepararam o caminho para eu conhecer seu confessor Clemente Maria Hofbauer (SENGELMANN, 9).

Entre Hofbauer e Wolff estabeleceu-se logo uma relação de confiança. Wolff dava-se todo o esforço para se ajustar às exigências de Hofbauer. Este, por sua vez, tratava o jovem intelectual com bastante rigor. "Wolff, Wolff", disse-lhe uma vez, "você é um moleque, e um dia vai parar na forca!". Quando a gente sabe que Hofbauer chamava de "traquinas" os jovens que entravam e saiam de junto dele, deve ver nessa expressão mais um sinal de íntima camaradagem do que de censura.

Contudo, uma certa crítica devia pairar nessas expressões. Wolff exagerava publicamente em sua devoção. Gostava de falar de sua fragilidade para provocar boa impressão no círculo de Hofbauer. Dorothea descobriu a manobra. E observava:

> Há uma espécie de humildade nessas autoconfissões espontâneas que "cheira" muito a altivez e vaidade (SCHLEGEL, vol. 29, 311).

Ela não ligava para tal exaltabilidade. Hofbauer expressou-se de modo semelhante: ele entrevia "um ânimo irrequieto" atrás da piedade de Wolff.

Apesar disso, Hofbauer – ao menos no início – estava afeiçoado ao rapaz que ele recomendava aos amigos por causa de seus bons costumes, seus talentos raros, sua aplicação e seu "conhecimento da Palavra".

Achava que "algo grandioso" podia sair dele. Por sua parte Wolff achou o tempo que passou perto de Hofbauer "o mais feliz" de sua vida.

### Os "partidos religiosos" em Viena

Em suas memórias Wolff fala dos diversos partidos de eclesiásticos que encontrou em Viena. Sua descrição mostra que importância ele dava a Hofbauer. Ele escreve:

> À frente estava a teologia da corte, representada pelo arcebispo de Hohenwart, e o clero revestido das Ordens e honrarias. Ela reconhecia sem dúvida a supremacia da corte romana, mas somente até onde a mesma reconhecia os direitos da igreja nacional.

Wolff cita o pároco da corte, Jakob Frint, como típico representante desse grupo.

> Um segundo partido era o partido da universidade, integrado por Johann Jahn e seus adeptos.

Tratava-se predominantemente de exegetas que seguiam a teologia iluminista do protestantismo, sem contudo abandonar os ensinamentos básicos da Fé.

> Um terceiro partido estava com João Miguel Sailer, o Fénelon alemão, e com Friedrich Leopold von Stolberg. Todavia aqui reinava rigorosa ortodoxia, dedicação ao Papado, admiração pela antiguidade e pelos "santos padres – contudo a infalibilidade era reivindicada somente para a Igreja, não para o Papa.

O quarto "partido místico" consistia de certas exaltações religiosas. Por fim Wolff põe-se a falar do partido de Hofbauer. Era, de longe, o mais importante e apoiado pela "elite dos intelectuais da Alemanha". São lembrados: Frederico Schlegel, sua esposa Dorothea, Zacharias Werner e Adam Müller. Juntaram-se a Hofbauer a alta nobreza polonesa, como os eclesiásticos austríacos do interior, e finalmente até o Núncio papal. Wolff continua:

> Sua grande aspiração era trazer de volta o espírito da Idade Média. Estava firmemente convencido do poder papal. Um amor ardente à Virgem Maria e aos santos e a convicção de que o poder do milagre perduraria para sempre na Igreja romana eram ensinamentos que ele pregava com todo o vigor no púlpito (WOLFF I, 23-25).

### Para Roma e de volta para Hofbauer

Em 1814 Wolff deixou novamente Viena. Queria conhecer outro centro da Reforma Católica. Dirigiu-se, pois, para Münster, a fim de encontrar-se com o conde Friedrich Leopold zu Stolberg. Ficou profundamente impressionado com ele. Surpreendeu-se ao ver o respeito com que o conde falava de Martinho Lutero e sua veneração para com João Hus, como se tributa a um santo. Contudo não demorou-se muito tempo. Visitou o Primaz alemão Karl de Dalberg, que possibilitou-lhe o estudo das línguas orientais em Tübingen. Na viagem para a Suíça quis conhecer pessoalmente Pestalozzi e Madame von Staël.

Deixando Tübingen, em Roma solicitou um lugar no Colégio Urbino, da Congregação para a Defesa da Fé. Hofbauer, a quem ele pediu um parecer, recomendou-o calorosamente. Em Roma parece ter havido dificuldades por causa de sua origem. Contudo, em setembro de 1816, recebeu um lugar para estudar, depois que o enviado prussiano junto à Santa Sé, professor Barthold Georg Niebuhr, o apresentou ao Papa Pio VII.

Contudo, nem dois anos depois, foi despedido do Colégio, porque tivera contato com não católicos na Suíça e fizera críticas contra a Igreja, pelo que recorreu ao conde Stolberg. Tratava-se, sobretudo, do múnus do Papa, seu primado universal e infalibilidade – portanto, dos dogmas do I Concílio Vaticano. Embora o Prefeito da Congregação da Propagação da Fé, Cardeal Litta, um confidente de Hofbauer, como também o professor Ostini procurassem com toda a bondade fazê-lo mudar de opinião, ele permaneceu em seu ponto de vista: dever-se-ia distinguir entre Igreja infalível e Papa falível.

Já que Hofbauer se declarou pronto para recebê-lo novamente no círculo de seus discípulos, Wolff foi ter de novo com ele em Viena, com a intenção de tornar-se redentorista. Hofbauer o recebeu, a princípio, muito amavelmente, tomou seu partido e criticou com ele a Cúria Romana. Após três dias, porém, mandou chamá-lo e explicou:

> Roma é a verdadeira senhora da Igreja Católica; e o Papa, o verdadeiro sucessor de São Pedro. Você não fez bem em descobrir as falhas de nossa Mãe comum (WOLFF I, 24).

Wolff alegrou-se com o crescimento do círculo de Hofbauer. Ele escreve:

> Hofbauer reuniu consigo um grande número de neoconvertidos, entre os quais o matemático Madlener, o filósofo Günther e o Dr. Emanuel Veith, gênio tão poderoso que pode ser colocado ao lado do filósofo Mendelssohn. Eu notei, assombrado, que enorme influência Hofbauer – que parecia ser um homem voltado da Idade Média – conseguiu entre o clero e a nobreza de Viena. Pois a maioria dos intelectuais da Universidade tornaram-se ultramontanos através dele, e as damas da nobreza beijavam-lhe a mão (WOLFF I, 24 s.).

Depois de passar algum tempo com Hofbauer, este o enviou para o Noviciado em Valsainte na Suíça. Contudo Wolff reconheceu logo que não fora chamado para a vida religiosa. Não soube arranjar-se com os exercícios de penitência, que o "manso e cortês" Passerat, Mestre de noviços, ordenara. Entendia de fazer todo o tipo de gracejos, assim os mais sérios exercícios feitos em comum acabavam numa risada geral dos conoviços. Quando, afinal, devia beijar os pés de seus conoviços, mordia-lhes os dedos. Por isso, após sete meses de Noviciado, Passerat aconselhou-o a deixar o Noviciado, o que ele fez prontamente.

### Vida instável de andarilho

Wolff não deixou somente a Congregação, mas também a Igreja Católica Romana e o continente europeu. Foi para Londres e lá entrou na Igreja anglicana. Completou em Cambridge seus estudos de Teologia e línguas orientais.

Em 1821 iniciou suas "viagens missionárias", nas quais ele, "segundo o modelo do apóstolo Paulo", propagou o cristianismo com afogueadas pregações aos judeus e maometanos. Passando pelo Egito, pela Península do Sinai, Palestina e Mesopotâmia, chegou até a Pérsia, e voltou para a Inglaterra em 1826, passando pela Turquia, Geórgia e Península de Krim.

Após o regresso, entusiasmou-se em Londres por Edward Irving, tido como preparador do "Movimento Católico Apostólico" na Inglaterra. Foi também Irving que o introduziu na família do segundo "Earl of Orford Horatio Walpole", com cuja filha, Lady Georgina Mary, se casou em 1827. Ela lhe gerou um filho, que mais tarde se tornou um político importante.

Em 1928 empreendeu sua segunda viagem missionária, que desta vez o levou para as Índias e o Afeganistão até as fronteiras do Tibet. Em 1836 pregou na Abissínia, em Jemen e nas Índias. Encerrando, viajou para os Estados Unidos, onde visitou também um convento redentorista. Em 1837 foi ordenado diácono em Newark (Nova Jersey)

Após sua volta para a Europa, a Universidade de Dublin conferiu-lhe o título de doutor *honoris causa*. Em 1839 recebeu a ordem sacerdotal e foi-lhe confiada a paróquia de Linthwaite em Yorkshire. Falava ainda, sempre entusiasmado, sobre Hofbauer como seu grande modelo. Seus amigos comparavam sua atividade com o empenho caritativo e pastoral de Hofbauer.

Continuou, porém, sua atividade missionária. Em 1839 encontramo-lo em Jemen, mais tarde com os tártaros, depois novamente nas Índias. Suas narrativas missionárias alcançaram numerosas edições.

Em 1845 tornou-se pároco nas Ilhas de Somerset. Em 1860 publicou suas Memórias, nas quais descreveu também suas vivências no círculo de Hofbauer. Pouco antes de sua morte, visitou o convento redentorista em Clapham/Londres, falou entusiasmado sobre Hofbauer e informou-se sobre os colaboradores que ele conheceu em Viena. Profundamente comovido, pediu aos padres sua oração. Wolff morreu no dia 2 de maio de 1862, ocupado com os planos de mais uma viagem missionária.

# VIII

## ZACHARIAS WERNER

O poeta Zacharias Werner representava, sem dúvida, a figura mais marcante do grupo de Hofbauer, que nos autos da polícia é citado "num fôlego só" com Hofbauer, mesmo quando os guardas secretos de Hofbauer admitiam que ele não era um "italiano tão gritalhão" como Werner. Mas quem era esse homem bizarro, magro, com seus longos cabelos pretos ondeantes, de quem Emanuel Veith disse que se deixou dirigir por Hofbauer, "como uma criança sensível e desamparada por seu pai?"

### Juventude instável

Frederico Ludwig Zacharias Werner nasceu no dia 19 de novembro de 1768, filho de um protestante, professor de Eloquência e Pesquisa Histórica em Königsberg. Perdeu seu pai na idade de 13 anos, pelo que o forte apego do jovem supersensível a sua mãe, neurótica em alto grau, se reforçou ainda mais. Em 1784 começou o estudo de Direito. Ouviu aulas de Kant e se entusiasmou por Rousseau, que foi a estrela-guia de sua vida. Em 1789 publicou seu primeiro volume de poesias.

Após a conclusão dos estudos, seguiu-se um decênio de vida agitada, marcado por numerosas aventuras de amor, mas também pela procura de um sentido para a vida, que se mostrou em sua inclinação pela maçonaria, como nas tendências catolicisantes (*Poema a Maria*, 1798). Em 1792 deixou Königsberg, levando consigo uma prostituta com a qual se casou em Varsóvia e da qual se separou já dois anos depois. Foi secretário da Câmara Legislativa e, em 1796, recebeu finalmente uma colocação remunerada como secretário na Câmara Prussiana-Real, em Varsóvia.

Talvez um pouco mais tarde Werner tenha obtido pela primeira vez informações sobre Hofbauer e os Redentoristas de São Beno em Varsóvia, que naquele tempo não o entusiasmaram de maneira alguma. Muito ao contrário. Naquele tempo, assim se expressou, teria preferido moer a cruz "com este sujeito judeu" nas costas dos padres.

O encontro com João Jacó Mnioch o levou para a primeira virada em sua vida. Mnioch o introduziu na loja maçônica "Para a lanterna dourada", na qual Werner chegou logo ao grau de mestre. Por ocasião de uma estadia na terra natal em 1799, casou-se com sua segunda mulher, "que tivera uma legião de amantes". Voltando para Varsóvia, ficou conhecendo Julius Eduard Hitzig, que originalmente chamava-se Isaac Elias Hitzig. Tinha se convertido há pouco tempo ao cristianismo e com isso mudou também seu nome. Hitzig tornou-se o melhor amigo de Werner e, mais tarde, seu biógrafo. Meio ano após a separação da segunda mulher, casou-se uma terceira vez, agora com uma polonesa de 18 anos, da qual separou-se igualmente alguns anos depois.

Em 1804 Werner viveu em Königsberg um profundo abalo na alma. Sua mãe adoeceu gravemente, física e espiritualmente. Por fim apoiou-se na Virgem Maria e em seu Filho Jesus Cristo. Cuidou dela até sua morte, ocorrida no dia 24 de fevereiro. No mesmo dia, pelo menos assim pensou Werner, morreu seu amigo Mnioch. Na verdade ele tinha falecido dois dias antes. Voltando para Varsóvia, travou amizade com E.T. A. Hoffmann e redigiu a primeira parte de seu segundo drama, *A cruz no mar báltico*, para o qual Hoffman compôs a música.

### Uma nova Ordem?

Já antes Werner havia concluído seu primeiro grande drama, *Os filhos do Vale*. Enquanto na primeira parte ele descreve o declínio da Ordem dos Templários; na segunda, "Os irmãos da Cruz" é apresentada numa transfiguração romântica, uma ordem futura – meio maçônica, meio católica –, que como nova Igreja irá divinizar a humanidade pelo amor, pela arte e pela religião. Ele mesmo reuniu um círculo de jovens que deveriam tornar realidade esse ideal. Ele conservou a ideia da Ordem ao longo de sua vida toda; só que mais tarde imaginou uma Ordem que – como o poeta Peter Silbert escreve em seu necrológio para Werner na revista *Ramos de oliveira* – "se deixe alemanizar" e "na qual reine uma circulação grandiosa de ideias e nenhuma obediência cega".

Infelizmente não aconteceu que suas peças fossem logo apresentadas. Isto mudou quando, no outono de 1805, ele realizou seu mais ardente desejo e foi transferido para Berlim, onde entrou em contato com alguns contemporâneos famosos, como Johann Gottlieb Fichte, Johannes von Müller, Alexander von Humboldt e Augusto Guilherme Schlegel. No início de 1806 começou o esboço de sua peça mais conhecida, *Martinho Lutero ou a consagração da força*, que terminou em poucos meses e que o célebre maestro e dramaturgo August Wilhelm Iffland – que também fez o papel principal – levou à cena em junho de 1806 com grande êxito, no Teatro Nacional Prussiano, em Berlim.

### Peregrinação agitada

Em 1807 Werner começou uma caminhada agitada, que durou até 1814, durante a qual ele, sempre criando literariamente, mudou-se para lugares diferentes, travou contatos com mulheres de liderança e homens de vida espiritual, pregou por toda a parte a religião do amor idealizada por ele e, ao mesmo tempo, ficou preso ao amor terreno em todas as suas formas, até passar finalmente para o catolicismo e tornar-se padre.

Primeiramente dirigiu-se para Viena, onde sentiu-se bem por causa do ambiente católico, como também, especialmente, das belas vienenses. Fez amizade com o jovem poeta romântico Anton Passy, para o qual bem mais tarde, em 1822, iria pregar o sermão da missa primicial.

Em Munique ficou conhecendo Friedrich Jacobi e Frederico Guilherme José Schelling. Em dezembro de 1822 encontrou-se pela primeira vez em Jena com Goethe, que providenciou a apresentação de seu drama *Wanda, rainha dos Sarmatas.* Contudo suas aventuras dúbias de amor puseram o ministro de Goethe embaraçado, tanto assim que ele quase o fez deixar Weimar.

Viajou para a Suíça, passando por Berlim e Colônia. Lá encontrou-se com o príncipe herdeiro da Baviera, Ludwig, e andou com ele pelas montanhas suíças. Foi adiante para o norte da Itália e, voltando para a Suíça, encontrou-se com João Henrique Pestalozzi; e de lá, com a senhora von Staël, que o tinha como o maior poeta alemão. Junto com ela encontrou seu consorte, Augusto Guilherme Schlegel, que o procurava a fim de convertê-lo para seus ideais.

Voltou para Weimar, passando por Paris. Lá, estimulado por Goethe, versificou o drama em um ato *O 24° fevereiro*, considerado o primeiro "drama sobre o destino". Em abril de 1809, o primaz alemão príncipe de Dalberg concedeu-lhe um honorário anual vitalício de 1000 florins imperiais. Ele o visitou em Mainz, de onde foi ter novamente com Madame Staël, em cujo "salão literário" foi apresentada sua peça *O 24° fevereiro*. Ele mesmo e Augusto Guilherme Schlegel assumiram um papel.

### Werner torna-se católico

A 2 de novembro de 1809 Werner começou uma viagem para a Itália que iria mudar radicalmente sua vida. No dia 9 de dezembro chegou a Roma e maravilhou-se de imediato diante da basílica de São Pedro, em cuja beleza e grandiosidade viu representado o centro do cristianismo. Entrou em contato com os artistas alemães que viviam em Roma e ficou conhecendo o protetor deles, o professor romano e, posteriormente, Cardeal Pedro Ostini. Presenciou em Nápoles o "milagre do sangue" de São Januário. Enquanto Franz Grillparzer, alguns anos atrás, sentiu-se frustrado pela "tapeação" que pensou estar vendo, Werner ficou profundamente emocionado. Na Quinta-Feira Santa, 19 de abril de 1810, converteu-se perante Ostini ao catolicismo. Como foi dito, tanto este passo tinha a ver com sua natureza agitada, quanto podia ser entendido, no âmago, como uma conversão autêntica e um abandono consciente da "vida desregrada" que levou até aí.

Muitos de seus antigos amigos ficaram realmente espantados. Goethe compôs estes versos:

> Senhor Werner, que poeta abstruso,
> Deixou de ser canalha sensualíssimo,
> Renegou seu amor vergonhoso,
> A luxúria que sempre o atraiu.
> Agora busca novos vestígios do vício;
> A natureza pecadora o atrai
> Para Roma, a meretriz babilônica...
> (João Wolfgang von GOETHE, *Obras reunidas*,
> Weimarer Ausgabe, Neudruck, 1987, vol. 1/ 51, 195).

Com aquele zelo transbordante de convertido, Werner procurou converter para a Igreja outros alemães que viviam em Roma – por exemplo, o pintor Frederico Overbeck –, mesmo à custa de esforços. Seu objetivo agora era tornar-se padre e, se possível, fundar a Ordem religiosa sonhada por ele. Em junho de 1813 deixou Roma e pediu o sacerdócio a seu protetor Dalberg. Depois que, pelo poema *A benção da erva má*, abjurou publicamente seu passado, em janeiro de 1814 foi para o Seminário em Aschaffenburg e, em junho, recebeu lá a ordenação sacerdotal perante seu benfeitor Dalberg – sem realmente ter estudado Teologia.

### Pregador sensacional

Em agosto de 1814 Werner dirigiu-se para Viena, onde queria atuar como pregador para as classes intelectuais. Pontos de contato haviam muitos: seu conhecimento com Anton Passy, mas também a proximidade de Frederico Schlegel, cujo irmão Augusto Guilherme lhe era conhecido desde muito tempo. E lá estava Dorothea Schlegel, mãe do pintor Johannes Veit, a quem ele ficou conhecendo em Roma. Que ele tenha escolhido sua primeira moradia junto dos Servitas, cujo convento representava o centro da renovação católica – semelhante à casa de Clemente –, mostra que logo encontrou entrada nesse círculo.

Como pregador durante o Congresso de Viena, causou forte impressão pela "novidade e singularidade, originalidade mesma de sua figura", como um "Abraão de Santa Clara" ressuscitado, assim escreve em sua autobiografia; também com aquele seu jeito excêntrico e apresentação popular, chegando por vezes até as raias do ordinário, unido com a pronúncia acentuadamente prussiana, não era coisa de cada um. "Ele esbraveja como um doido e fala como um carroceiro", expressava-se um crítico.

O relatório de uma ocorrência policial descreve seu modo de pregar:

> Sua postura no púlpito e sua gesticulação são de um jeito especial e, frequentes vezes, cômico: ele se coloca com as mãos e o rosto na balaustrada do púlpito, frequentemente com todo o corpo em cima, mexe terrivelmente com as mãos para cá e para lá e às vezes bate na beirada do púlpito de tal modo que repercute na igreja (WIEGLER, 109).

Na verdade não faremos justiça a Werner se lermos somente os autos policiais. Suas pregações, publicadas na imprensa, distinguem-se por sua grande compreensão pelas fragilidades humanas. Importa-lhe sempre o essencial, assim, por exemplo, quando fala "dos fariseus de hoje". Assim – pensa ele – alguns vienenses vão à missa todos os domingos e fazem sua confissão anualmente, cumprem cuidadosamente todos os mandamentos da Igreja e se detém nas formalidades externas. Mas esquecem o muito mais importante: o amor desinteressado para com Deus e o próximo.

Quando ele menciona sua própria pessoa, é sobretudo para reconhecer que também ele é um grande pecador, a quem Deus mostrou misericórdia. Apenas um exemplo escolhido a esmo:

> Portanto eu sou orgulhoso. O povo me recrimina porque me confesso de lá do púlpito. Mas isto não é o caso. Quando quero me confessar, vou até meu confessor. Mas quando digo que sou orgulhoso, por ventura não posso ser orgulhoso? Fui criado à imagem de Deus, remido por Jesus Cristo; posso sentir-me orgulhoso pela paternidade divina, pela maternidade de Maria, pela fraternidade de Jesus Cristo" (WERNER, *Ausgewählte Predigten*, vol. 1, 15).

A gente compreende quando um de seus ouvintes – o pároco Johann Michael Korn de Brunn/Gebirge – disse que Werner não prega "uma Moral filosófica, deísta, trivial" como alguns pregadores iluministas, mas "verdades religiosamente bíblicas e cristãs, revelação positiva que eleva o sentido da pessoa para o alto".

### Werner e Hofbauer

Não sabemos quando Werner e Hofbauer se encontraram pela primeira vez. Pode ser que Frederico Schlegel tenha apresentado Werner para Hofbauer.

Mal se pode imaginar um contraste maior do que Werner e Hofbauer. Não somente no exterior, mas no desenvolvimento interior e exterior, na formação e no caráter: aqui o Werner esbelto, magro, doente dos pulmões, com seu rosto afilado, o literato erudito, o excêntrico desestruturado e volúvel; lá, o Hofbauer um tanto curvado e baixote, com seu crânio redondo, o homem prático, que não arranjava tempo para ficar lendo alta literatura, o organizador bávaro firmemente preso ao chão.

Contudo eles se entenderam desde o primeiro olhar. Hofbauer dava o tom. Podia dizer tudo ao poeta, podia criticá-lo diante dos outros e humilhar seu "orgulho prussiano". De ninguém ele gostaria de ouvir – disse Werner um dia de Hofbauer – que não era digno de "desatar a correia de suas sandálias". Quem ele comparou com uma águia em seu necrológio, aceitava qualquer crítica, mesmo que doesse. Assim, por exemplo, quando uma vez Hofbauer mostrou ter entendido muito pouco quando lhe recitou seus versos.

Hofbauer apreciava Werner como pregador, até o chamava "a trombeta de Deus" – apesar de seu "dialeto prussiano". Entretanto não estava sempre de acordo com tudo o que Werner "inventava" no púlpito. "Pare com os versos", disse-lhe uma vez, "não se ria e pregue direitinho!".

Werner tinha o hábito de levar consigo um monte de livros para o púlpito. Hofbauer tentou desacostumá-lo disso. "Agora não se confessa. Vá logo para o púlpito", disse-lhe uma vez, quando Werner queria atender confissão com ele na sacristia. "Eu não tenho nenhuma vez o livro do evangelho comigo", respondeu. Ao que Hofbauer replicou: "Isto não é desculpa. Agora vá para o púlpito".

### Werner se apaixona

Werner nunca perdeu completamente a inquietude de sua vida anterior. Nós o encontramos, ora em Pinkafeld com o pároco Weinhofer, ora em Maria Enzersforf/Viena na casa do advogado judicial Kaspar Wagner, onde mandou arrumar um quarto para si. Em Viena ele ficava geralmente com os Agostinianos; vez por outra, também no palácio do arcebispo Sigismundo von Hohenwart, a quem, após sua morte e a de seu diretor espiritual, Hofbauer, dedicou uma poesia na revista *Ramos de oliveira*.

Além da atuação de sacerdote e pregador, dedicava-se a escrever. Em 1815 apareceu em Viena a peça romântica para teatro *Cunegundes, a santa imperatriz romano-alemã*, produzida anteriormente; em 1816, o drama *A mãe dos Macabeus*. Além disso, editou poemas religiosos e o ciclo de poesias *Exercícios espirituais para três dias*.

De 1816 até o outono de 1817, Werner ficou no castelo condal da família Choloniewski em Janow, na Podolia, antiga Polônia Russa. Hofbauer o havia enviado para lá, a fim de examinar a possibilidade da fundação de um convento. O plano disso amadureceu durante o Congresso de Viena. O governador da Podolia, estando no Congresso, havia lembrado Hofbauer que a família Choloniewski queria possibilitar uma fundação para os Redentoristas.

Werner deveria permanecer três meses em Janow. Ficou mais de um ano, durante o qual se fez nomear cônego de honra do cabido catedrático em Kamieniec e se enamorou da filha da família condal, apenas saída da infância. Ela lhe demonstrava uma veneração sem-fim. E ele? Amava-a acima de tudo, assim escreveu o seu amigo Hitzig. Ela é "meu segundo pensamento de manhã, meu penúltimo à noite, enche meu dia de anseios". Pelo menos o primeiro e o último pensamento a Deus pertenciam.

Repetidas vezes, assim ele escreveu, tem procurado conselho com Hofbauer, seu amigo paterno. Este parece que não o censurou, apenas o tranquilizou. Quando, em 1818, Werner devia viajar a segunda vez para Janow, disse-lhe Hofbauer que o acompanharia, que não precisasse ficar preocupado: "Estou lá... entre vocês dois". Não aconteceu segunda viagem. Mas a jovem condessa entrou para o convento.

### Werner torna-se redentorista

Já em 1818 Werner manifestou desejo de tornar-se redentorista. Contudo Hofbauer e seus conselheiros acharam imprópria, para aquele homem enfermiço, a casa do Noviciado naquela afastada Cartuxa de Valsainte, de clima áspero. Mas, quando, após a morte de Hofbauer, o Noviciado foi transferido para Viena, Werner pressionou seu sucessor Passerat para o receber. Passerat, que exercia também o cargo de Mestre do Noviciado, duvidou. Sabia que um individualista como Werner mal se adaptaria numa comunidade conventual. Finalmente cedeu à pressão de Werner e o recebeu no dia 8 de dezembro de 1821. Era um passo que chamou atenção além de Viena, ainda mais que Werner convidou numerosos hóspedes da fina sociedade para a cerimônia da tomada de hábito. Até Goethe ficou sabendo e caçoou não pouco do "liguorismo" de Werner.

Já na cerimônia da "vestição" deu para suspeitar que a vida de convento iria suscitar problemas para o poeta. Como era costume nessa cerimônia, ele ficou prostrado de bruços, no chão da igreja, enquanto Passerat o admoestava a ser um bom religioso e a tratar seus Superiores com respeito. Contudo Passerat, francês que nunca aprendeu a falar bem o alemão, trocou o artigo da palavra "respeito" – que em alemão é "der Respekt", dizendo "das Respekt". Isso molestou tanto os ouvidos de quem estava prostrado no chão, que este pulou e, em plena cerimônia, corrigiu o Mestre: Fala-se "der Respekt". Mas Passerat repetiu "das Respekt". Assim consta na crônica do Convento de Viena "Maria am Gestade". Conforme a tradição oral, Werner persistiu em sua opinião. Durou um bom tempo até ele ceder e continuar prostrado no chão.

### Inapto para a fábrica de santos

No Noviciado apresentaram-se logo outros problemas, tais e tantos que não tinham nada a ver com o convento. Werner, a quem as coisas mais simples da vida prática frequentemente não davam certo, manteve também no convento seu servente que devia ajudá-lo a se vestir. Ambos, porém, tinham grandes dificuldades com o cinto de pano ao ter de dar mais voltas com ele pela cintura. Werner achou finalmente a solução. Ele prendia firmemente uma ponta do cinto na porta, ia com a outra ponta para o canto oposto do quarto e começava a se enrolar de vagar com o cinto.

As dificuldades eram propriamente de outro tipo. Werner precisou reconhecer que não foi feito para os Redentoristas, pois os definia membros de "uma comunidade religiosa, assinalada ao máximo pela pureza moral, pela aspiração séria e pelo zelo incansável em favor do bem". O ideal sonhado por ele de uma Ordem na qual reinasse um grandioso intercâmbio de ideias e uma obediência não totalmente cega, de uma Ordem que unisse de modo ideal a arte, a ciência e a religião – isso ele não pôde encontrar. Ficou muito mais assustado, como escreveu a Hitzig, "com o excesso de ascese e repressão da individualidade nos conventos de religiosos". Não sentia-se apto para essas "fábricas de santos".

Em outubro de 1822, após dez meses, deixou a Congregação, certamente não só por causa do Mestre de noviços, como Joseph Wolff constata. Ele mesmo deve ter confessado que já praticou muitas tolices em sua vida, mas a maior foi ter entrado no convento.

Contudo, continuou estreitamente unido, mesmo depois de sua saída da Congregação, da qual tornou-se Oblato. Pregou mais de um vez na igreja das Ursulinas em Viena. No 1º Domingo do advento de 1822, começou a missa com estas palavras: "Não vou viver mais muito tempo". Pe. Hofbauer ter-lhe-ia aparecido no meio de uma luz resplandecente e falado: "Vem, Zacharias!"

Morreu no dia 17 de janeiro de 1823 e foi, conforme seu desejo, sepultado no "cemitério dos românticos" em Maria Enzersforf, ao lado de seu "pai" Hofbauer. Designou a Congregação dos Redentoristas sua herdeira universal. Seus despojos, que se encontravam no Convento de Viena ao lado da igreja "Maria am Gestade", se perderam com a devastação do convento durante a revolução de 1848.

# IX

## JOHANN EMANUEL VEITH

Em 1864 teve início em Viena o processo da beatificação de Hofbauer. De fevereiro até novembro foram interrogadas testemunhas contemporâneas sobre sua vida e suas obras. Em quase todas constatou-se que só souberam falar bem dele. Não assim com Johann Emanuel Veith. O "postulador" do processo, Pe. Adão Pfab, receava sua crítica. Contudo aconteceu o contrário. Veith tornou-se a "testemunha da coroação" para Hofbauer. "Nenhuma das testemunhas pintou uma imagem tão apurada como ele" (Johannes HOFER).

Quem foi Johann Emanuel Veith?

### Livre do "espartilho" da Escolástica

Nasceu a 10 de julho de 1787, em Kuttenplan (Chodová Planá), na Boêmia Norte, de uma família judia. Tinha seis anos quando o pai quis fazer dele um rabino, e por isso "condenou-o" a estudar o Talmude. Na verdade, o esperto menino aprendeu logo a língua hebraica, contudo pareceu que a vocação escolhida pelo pai lhe era pouco sedutora. O pai não sabia que ele pulava uma cerca de tábuas da casa e ficava lendo avidamente os livros armazenados no outro lado, entre eles as obras de Goethe e Voltaire. O filho se impôs à vontade paterna. Decidiu, então, nunca mais em sua vida deixar-se apertar numa "escolástica", como quer que apresentasse.

Veith frequentou o ginásio, depois a Karls-Universidade de Praga, onde, de 1803 a 1806, fez os cursos de preparação para a Filosofia e se entusiasmou por seu professor Bernard Bolzano. Aqui ele ficou conhecendo Anton Günther, com quem continuou unido pela amizade ao longo de toda a sua vida. A visita a Goethe em Karlsbad, durante as férias semestrais, deixou nele uma impressão profunda e duradoura.

Veith estudou Botânica, Medicina e Zoomedicina em Viena. Formou-se em 1812. Tornou-se assistente, professor de Universidade, em 1816 diretor provisório, e efetivo em 1817 do Instituto Botânico-Zoológico de Viena. Em 1813 publicou duas obras sobre Botânica; em 1815, um compêndio de Patologia e Terapia geral; em 1817, um *Manual de conhecimentos sobre Veterinária*.

Além disso ele – que com 16 anos havia publicado seu primeiro poema – mandou para o prelo poemas e novelas e escreveu livros de texto para óperas e espetáculos teatrais. Em 1814 foi encenada sua opereta *A volta do imperador* no teatro de Viena. Tocava violino e exercitava-se talentosamente no desenho.

### Hofbauer e Veith

Em 1816 Veith se converteu ao catolicismo. Os motivos que o moveram a isso, assim acentuava, foram de natureza pessoal, sem a influência de ninguém. Pouco mais tarde veio a conhecer o Pe. Hofbauer por intermédio do professor Roman Zängerle, como de Georg Passy e Johannes Madlener.

Em 1817 começou o estudo da Teologia sob a influência deles. Teve também participação decisiva na revista *Ramos de oliveira*, estimulada por Hofbauer. As *Cartas entre dois amigos* sobre questões filosóficas e teológicas da época – com numerosas narrativas em seu estilo típico, bizarro e humorístico –, publicadas na citada revista em 1819 por ele e seu amigo Johannes Madlener, suscitaram notável interesse, até por parte dos mais altos círculos governamentais.

Durou pouco tempo o contato de Veith com Hofbauer. Em compensação, foi extraordinariamente intenso. Veith ia quase diariamente à casa de Hofbauer, e não raramente permanecia lá até além da meia-noite. Foi seu médico. Assim, foi ele que o acompanhou em sua dolorosa doença mortal.

O próprio Veith descreve o relacionamento entre ele e Hofbauer como o de um pai para com seu filho. Sempre mostrou grande compreensão para com ele. Assim, não lhe permitiu levantar-se cedo, pois isto prejudicaria sua saúde. Todavia, Hofbauer também lhe disse: "Você é ladino, mas a mim você não engana". Ele acreditava que realizaria coisas extraordinárias, desde que seus Superiores soubessem "levá-lo a sério".

## Pregador famoso, mas sempre médico

No dia 21 de junho de 1821, Johann Emanuel Veith ingressou no Noviciado dos Redentoristas; no dia 28 de setembro de 1821, foi ordenado padre; no dia 8 de março de 1822, emitiu os votos religiosos. Quem assumiu sua função como diretor do Instituto, com um alto salário de dois mil florins por ano, foi seu irmão João Elias, com quem viveu sempre unido, mesmo quando Elias, diversamente dele, não se converteu.

Logo no verão de 1824, o Vigário-Geral Passerat propôs Veith para seu consultor. No dia 29 de agosto de 1824, sua nomeação foi ratificada pelo Superior-geral.

Veith tornou-se logo o pregador mais conhecido de Viena. O povo comparava-o a Zacharias Werner. Todavia, se Zacharias Werner brilhou na pregação por causa do "como pregava", para Veith foi por causa "do que pregava", isto é, o conteúdo, a exposição clara e lógica dos tratados teológicos mais difíceis. A isto acrescia-se sua exposição plástica, ilustrada com exemplos e anedotas, frequentemente também com humor e ironia.

Dizia-se que ele tinha seus ouvintes "na mão". Assim, uma vez os mesmos ouvintes que riram à vontade quando ele fez a descrição caricaturesca do avarento, pouco depois ficaram comovidos até as lágrimas. As pregações quaresmais de Veith nos anos de 1826 até 1830, na igreja de "Maria am Gestade", eram acontecimentos da cidade. Já depois das primeiras pregações Passerat afirmou:

> A igreja não podia mais comportar o povo. Via-se, no meio dos ouvintes, também nosso arcebispo, gente do paço imperial e até arquiduques (HOSP, 1953, 99).

Contudo, o mesmo homem que à tarde estava no púlpito, durante o dia era o médico homeopata do convento. Achava que as duas vocações, a de sacerdote e a de médico, podem se entrelaçar. Quando certa vez foi enviado a Steiermark para pregar, aproveitou o tempo entre as pregações para colher plantas medicinais nos montes próximos.

### Saída da Congregação – Plano de Deus?

Como foi que Hofbauer disse? "Veith tornar-se-á um bom religioso, mas somente quando a gente souber compreendê-lo corretamente".

Isto, de fato, não era simples, especialmente com o Pe. Passerat. Ele queria fazer dos redentoristas monges afastados do mundo. A ciência significava para ele um perigo para a vida religiosa. Mas Veith, como membro de uma Ordem religiosa, trouxe muito "mundo" para dentro de sua vida e atividade. Talvez até demais. Atuava normalmente como médico, editava revistas literárias e publicava narrativas (também sobre Hofbauer). Um homem assim daria certo no convento?

Contudo, ainda não era tudo. Joseph Wolff escreve em suas memórias:

> Junto com toda a sua rudeza, Hofbauer tinha uma amplitude espiritual muito maior e podia lidar muito melhor com as pessoas do que Passerat. E não resta a menor dúvida de que o poeta Werner, Emanuel Veith e outros não queriam submeter-se aos métodos humilhantes de Passerat e foram forçados por ele a sair (WOLFF I, 115).

Por que aconteceu isso? Passerat queria – diversamente de Hofbauer, como vimos – plasmar inteiramente a Congregação, também na Áustria, conforme o modelo dos napolitanos. Pe. Franz Springer foi enviado para Nápoles, exatamente para verificar como se observava a Regra no sul. Passerat procurou, pois, introduzir também em Viena os "exercícios de penitência" do sul da Itália, como a chamada "prostratio" (prostração), na qual um padre se estirava no chão para que os outros passassem por cima dele. Veith achava isso uma "infantilidade", o que fazia Passerat insistir mais ainda nisso. Ele explicava "que também faz bem, até para os 'intelectuais', não ter tais exercícios de humildade na conta de ninharias".

Primeiramente Veith achava, como escreveu a seu irmão João Elias, que "hiperortodoxias" e "supostas heterodoxias" já deveriam encontrar um meio-termo. Pois sentia-se tratado como urso dançarino de circo. O que o incomodava, sobremaneira, era precisamente seu amigo de infância, Johannes Madlener, ter-se tornado o mais fiel seguidor de Passerat, e cujo sobrenaturalismo ele até procurava sobrepujar. Para Veith isso era uma prova de que ele era um "covarde" que ficou "fraco da cabeça".

A coisa chegou ao cúmulo quando Veith percebeu que Passerat iria romanizar a Congregação. Passerat replicava que era preciso ater-se à tradição. Que ele não era fundador de Ordem. E Veith por sua vez: "O senhor deveria ser". Pouco mais tarde a ruptura pareceu estar decidida. Passerat lhe propôs uma retratação bem cordial, com a qual o estaria chamando, indiretamente, de herege. Isto cresceu ainda mais quando Veith tomou como base para suas pregações quaresmais a obra *Ensaio sobre a Teologia especulativa*, de Anton Günther, tida como herética na Congregação da Propaganda da Fé.

Um incidente foi a decisão final, quando Veith adoeceu e ficou aparentemente sem sentidos em seu quarto. Ouviu então um padre dizer: "Agora, mais essa: ele acaba sendo ainda um peso para nós". Isto Veith não queria ser de modo algum. Deixou a Congregação. A 16 de abril de 1830 recebeu a dispensa dos votos.

Pe. Johannes Kral escreveu na crônica do convento de "Maria am Gestade":

> É certo que a maioria dos congregados lamentou muito sua saída, porque de fato gostavam dele. Mas de fato parece não estar nos planos de Deus que a Congregação tenha homens famosos e sábios (KRAL, *Crônica I*, 35).

### Pregador da catedral de Santo Estevão

Em 1831 Veit foi pregador oficial na catedral de Santo Estevão, em Viena. Conforme o testemumho do Cardeal Melchior von Diepenbrock, foi tido como o orador sacro mais importante da Áustria, reconhecido como tal até junto aos protestantes. O *leitmotiv* de suas pregações era a palavra de Hofbauer: "O Evangelho deve ser pregado de maneira totalmente nova". Quando, em 1831, grassou a epidemia da cólera em Viena, não somente proferiu um sermão que ficou célebre, como também prestou socorros médicos. O fruto de suas experiências foi um tratado sobre a cura e a profilaxia da cólera.

Veith era tido como um intelectual alheio ao mundo. Dele se dizia: "Com Veith não se pode imaginar nada. Ele é mesmo um gênio". O Cardeal Schwarzenberg pensava assim:

> Ele é um mestre de obras por atacado, mas a quem faltam as ferramentas comuns. Os grandes homens não foram feitos para o uso diário (WOLFFS-GRUBER I, 232).

Veith permaneceu sempre um homem profundamente piedoso. Entre suas publicações encontram-se muitos escritos edificantes, especialmente os que tratam de Maria Santíssima, além de devocionários e novelas espirituais. Também suas pregações, quase todas publicadas, dão testemunho da profunda piedade de Veith.

Acresce que ele se preocupava sempre mais com a "popularidade". Queria pregar de tal maneira que até um simples "porteiro" pudesse entender. Qualquer polêmica, fosse com judeus ou protestantes, lhe era estranha.

Em suas pregações preocupava-se também em tornar os pensamentos do amigo Anton Günther frutuosos para a vida prática do cristão. Veith foi, junto com ele, o centro espiritual da escola de Günther e sua "filosofia cristã". Editou com Günther e Laurenz Greif o dicionário filosófico de bolso *Lydia* contra o hegelialismo, colocado posteriormente no "índice". Fez parte, com Günther e Laurenz Greif, do círculo de amigos do Cardeal Friedrich, príncipe de Schwarzenberg, em cuja missa proferiu o sermão primicial e nomeou-o cônego honorífico de Salzburg e Praga.

Em 1834 recebeu, por iniciativa do líder católico Joseph von Görres, um convite para a Universidade de Munique. Ele o recusou, como também uma posição oferecida em 1846 no cabido de Friburgo.

## 1848 – Ano tempestuoso

Chegou 1848, o ano da tempestade. Então Veith, o intelectual avesso ao mundo, entrou na arena da campanha política. Ele não podia ficar atrás num tempo em que por toda a parte ecoava o grito da liberdade. Se já eram ouvidas suas pregações quaresmais durante a Revolução da Primavera, mais conhecido foi tornando-se dia por dia para além de Viena quando, a 15 de maio de 1848, criou a associação católico-vienense, com os amigos do círculo de Günther e com os círculos grão-burgueses e judeu-cristãos, conforme o modelo da "Pia Associação" de Mogúncia. Ao mesmo tempo editou a revista *Para cima*, de curta duração, com o subtítulo "Folha popular pela Fé, Liberdade e Cultura". Suas "Pregações políticas sobre a Paixão" na primavera de 1849 causaram grande sensação.

Veith simpatizou-se também com os projetos do então legado protestante de Württenberg, August Friedrich Gfrörer da igreja de Paulo, pela reconstrução de uma igreja alemã em união com os protestantes. As concessões exigidas por Gfrörer – além da repressão da devoção popular, das romarias e do culto às relíquias, também a proibição de fundações para jesuítas e redentoristas em solo alemão – encontraram sua aprovação. A confissão auricular, proposta por Gfrörer, foi simplesmente afastada.

Como objetivos da "Associação Católica", Veith – que se designou "ultramontano moderado" – mencionou: liberdade para a Igreja frente ao Estado, mas também liberdade maior na Igreja, codeterminação do baixo clero, dos leigos e recusa do princípio da "jesuítica" obediência cega.

As atividades de Veith na "Associação Católica" atingiram o ponto alto em sua palestra de 1º de agosto de 1848, que o próprio orador chamou de "exortação inofensiva", embora não fosse tanto assim. Ele referiu-se à colocação do dia entre a festa de Inácio de Loyola, fundador dos Jesuítas, e Afonso de Ligório, fundador dos Redentoristas, duas Ordens que teriam como princípio a obediência cega e que por isso deveriam ser afastadas da Associação.

Ele expôs que o princípio da obediência cega na Fé, nas ideias, no agir, contradiz a "lei eterna e a vontade de Deus" e coloca a pessoa humana numa situação de dependência. E literalmente:

> Sua religião torna-se mais uma exterioridade que quanto mais intimamente se alegra com um maior número de velas queimando no altar, tanto mais profunda é a escuridão mística que conserva a Fé de carvoeiro, completamente vazia de pensamentos na cabeça e no coração; não resistirão a nenhuma provação séria contra a Fé, porque não conhecem suficientemente aquela que não é a escuridão, mas a Luz do mundo (*Aufwärts 1*, 1848, n. 11, p. 93-96).

Evidentemente esta palestra, como as demais iniciativas de Veith, não despertou o entusiasmo nos Jesuítas ou Redentoristas, nem no príncipe arcebispo de Viena, Eduard von Milde, e seu sucessor, Othmar von Rauscher. Como em outras cidades alemãs, os bispos procuraram eclesialisar e interagir, numa piedosa confraternização, a democrática Associação Católica, apoiada pela liberal classe média católica. Foi o que aconteceu afinal, provocando a saída do fundador Veith da Associação.

### Renovação da missão popular?

Em 1850 o Cardeal Schwarzenberg pediu a Veith que fosse a Praga. Lá ele atuou como pregador e mestre de retiros para padres e foi a alma da Associação Católica de Praga. Ainda continuava vendo nos jesuítas, mas também em seu antigo amigo Madlener – desviado para Praga no avanço do tumulto da revolução –, os adversários de uma Fé iluminada pela Razão.

Em Praga, Veith retornou a seus primeiros anos de sacerdote. A ideia de uma Ordem moderna, com a qual Zacharias Werner já havia sonhado, ocupou de novo seu campo visual. Contudo, pouco antes, Günther fizera reviver essa ideia em seu tratado *A Ceia do peregrino*. Veith e Günther pensaram num "Port-Royal" alemão na ilha Nonnenwerth do Reno, no pé da montanha Rothaar. Deveria surgir "um convento para a cultura da ciência católica alemã", como seu discípulo e amigo, o teólogo Franz Peter Knoodt, formulou – uma ideia que permaneceu viva durante muito tempo. Mais de vinte anos atrás, outro discípulo seu, Joseph Hubert Reinkens planejou um "convento" de intelectuais católicos numa ilha do Reno, perto de Bingen.

Juntamente com o Pe. Anton Schöfl, que – após a saída de Veith era tido como o mais importante pregador dos Redentoristas, mas queria também deixar a Congregação – planejou, se não já uma nova Ordem, contudo uma renovação da Missão Popular. No lugar de um apelo unilateral aos sentimentos e à vontade, deveria entrar uma instrução básica da Fé. Somente assim a Fé poderia tornar-se frutuosa hoje, e a Missão deixaria de ser fogo de palha.

Dever-se-ia deixar claro aos ouvintes que a Fé não é cega de modo algum, que fé e razão não se contradizem, antes pelo contrário, é razoável ter fé. Isto correspondia a uma convicção fundamental da Filosofia de Günther, que Veith seguia sempre em suas pregações. Ele sofria ao ver que no século XIX chegou-se a uma separação sempre maior entre a Fé e a Razão. Assim exprimiu isto uma vez:

A Ciência antigamente
Estava contente porque
Sua esposa era a Fé;
Agora está separada
De cama e também de mesa.
Sem mais vontade de casar.

(em Knoodt, Corpus Christi 1875,
Arquivo do bispado dos Antigos católicos.)

### Flagelado por muitas moléstias

Em 1855 Veith voltou para Viena. Estava sofrendo de gota há muito tempo. Agora um problema no ouvido o levou à surdez quase total. Esperava ter um pouco de sossego em Viena. Trabalhava diligentemente em seus escritos espirituais, cercado por numerosas plantas decorativas da altura de um homem, as mais das vezes envolto na fumaça de seu cachimbo.

Aí aconteceu um fato, que não chegou de maneira totalmente inesperada para ele, mas que o abalou profundamente. Já em 1852 ele escrevera: pode acontecer que o raio do Vaticano acendido pelos "desalmados inimigos da ciência, que agora reinam sozinhos na Igreja", se não extermina, contudo tira chamusco". Junto com o Cardeal Schwarzenberg tentou impedir o pior através de cartas para Roma e para os bispos alemães. Foi em vão. No dia 8 de janeiro de 1857, as obras de seu amigo Günther foram julgadas heréticas por Roma e colocadas no índex dos livros proibidos – e Veith soube que alguns membros de sua Congregação de outrora não foram totalmente inocentes no desencadeamento do processo.

Günther ficou quebrado psiquicamente. O Cardeal Schwarzenberg procurou salvar o que se podia salvar. Pediu a Günther que se submetesse. Só após longa insistência ele cedeu. Mas não foi capaz de escrever. Então o Cardeal rogou a Veith que redigisse o termo de submissão. Veith atendeu ao pedido. Redigiu o termo de tal maneira que, basicamente, representava um justificação da Filosofia de Günther. Ele mesmo só pôde ser salvo da condenação de suas obras devido à intervenção de Schwarzenberg. Günther morreu em 1863. Pouco depois Veith ficou cego.

## Reconciliação com os Redentoristas

Em julho de 1860, o Cardeal Schwarzenberg escreveu ao Cardeal da Cúria Girolamo D'Andrea sobre Veith: "Que ele tenha deixado a Congregação dos Redentoristas – isto nunca lhe será perdoado".

E contudo veio a reconciliação – e foi um mérito póstumo de Hofbauer. Veith depôs no processo de beatificação de Hofbauer um brilhante parecer sobre ele, que, além do mais, também constitui a correção de alguns depoimentos das testemunhas. A imagem de Hofbauer descrita por Veith é a de um "amigo da juventude", de um homem bondoso que era tudo para todos, *sempre alegre e jovial,* de um zeloso cura espiritual e socorro dos pobres, de um padre com largueza de espírito.

O agradecimento dos Redentoristas por seu testemunho foi a admissão de Veith entre os Oblatos da Congregação pelo Superior-geral, Pe. Nikolaus Mauron, no dia 25 de dezembro de 1865 em "consideração do especial amor solícito que demonstra pela Congregação".

Também continuou viva a memória de Veith na Congregação, não somente a luta de 1848. Por volta de 1900, Adolf Innerkofler dignificou Veith no dicionário *Wetzter und Weltes Kirchenlexicon*, como também numa pequena biografia, como importante discípulo de Hofbauer e renovador da pregação. Foi com justiça que os autores posteriores da Congregação Redentorista destacaram sua proximidade com Hofbauer, sendo assim inserido na família.

### Tempestades no outono da vida

Totalmente cego e quase surdo, visitado por enfermidades contínuas, Veith trabalhou até sua morte como escritor religioso, auxiliado por mulheres abnegadas. Todavia ele e seus amigos, quase todos judeu-cristãos, sentiram-se machucados profundamente pelas notificações de Roma. Parecia-lhe que todo o empenho científico no catolicismo estava sendo reprimido.

Por outro lado, não faltou reconhecimento. As Universidades de Praga e Viena conferiram a Veith o título de doutor *honoris causa* em Teologia. Em 1871, por ocasião do 50º jubileu de sacerdócio, recebeu o título de cidadão honorário da cidade de Viena. Mas foi ignorado pelas autoridades eclesiásticas.

Era o tempo do I Concílio Vaticano. A tempestade que o Concílio desencadeou com os dogmas da infalibilidade e do primado universal na Igreja Alemã abalou o velho intelectual até o mais fundo de seu sentir, pensar e crer. Muitos de seus amigos e alunos, liderados pelos professores Joseph Hubert Reinkens e Peter Knoodt, encontraram seu refúgio espiritual com os "antigos católicos" e forçaram-no a colocar-se à frente da "Igreja Antiga" na Áustria.

E Veith? Mantinha sua posição crítica perante o dogma da infalibilidade. Como é que o Papa, durante sua vida terrena, poderia saber também o que era indubitavelmente a última verdade? Para ser um verdadeiro "pontífice" entre a verdade de lá e a realidade de cá, ele – assim pensava Veith – já devia ter chegado à outra margem.

> Os devotos se contentam com o culto fetichista de medalhas e escapulários e sentem-se felizes por venerar uma língua que infalivelmente diz a verdade. Este "oráculo vivo" está acima de toda a Teologia e Moral (WENZEL, 55 s.).

Em 1871 o cego Veith escreveu com as próprias mãos ao historiador eclesiástico Johann Joseph Ignaz von Döllinger de Munique que nos dogmas vaticanos notou um desvio da Fé antiga da Igreja:

> Todo o peso imenso do trabalho descansa sobre seus ombros. Ao senhor revmo. foi confiado o cargo de ser a coluna central... e me dói somente porque me é negado tomar parte nisso... (WEISS, 1991, 17).

Contudo, como Döllinger, também Veith não deu o passo final para o "antigo catolicismo". Na verdade ficou unido até o fim de sua vida à pequena católica e antiga "Igreja reprimida", embora o caminho que ela tomou tenha-lhe parecido estar desviando-se da verdadeira Fé. Numa de suas últimas cartas, ele – que sempre acentuou o papel da razão para a fundamentação da Fé – advertiu seus amigos "católicos antigos" sobre um falso racionalismo "iluminista" (ao professor Peter Knoodt):

> E a Fé? Às vezes ela pode impor-se realmente na Igreja docente, mesmo sem a ciência, e iluminar os povos. Mas não pode querer ser nem platônica ou aristotélica, nem espinosista, kantista, schellingnista, mas deve continuar paulina, petrina, joanina (Festa do Corpo de Cristo, 1875, Arquivo do bispado católico antigo, Bonn).

### E não obstante: Hofbauer até o fim

É notável como Veith sempre volta a falar de seu mestre Hofbauer em suas cartas até em seus últimos dias de vida, mesmo naquelas aos dirigentes da Antiga Igreja Católica. Repetia constantemente em novas variações sua sentença: aqueles que ousam pensar de maneira independente, criam inimigos por toda a parte. Günther, em sua ingenuidade, não acreditou nesta afirmação de Hofbauer. Mas infelizmente o exigir – como Hofbauer bem o sabia – consegue menos que o "pedir favor", "ao menos entre nós na Igreja militante com suas espadas pseudoescolásticas enferrujadas".

Pode ser que, na idade avançada, Veith tenha tido vontade de voltar ao Hofbauer descomplicado e à sua palavra confortadora. Formou-se uma solidão a seu redor e sofreu disso como muitos convertidos do judaísmo, e pôde experimentar, tanto da parte dos judeus como dos cristãos, que ele propriamente não lhes pertencia. Não obstante, dedicava-se sempre à redação de tratados religiosos. Trabalhou até a morte na tradução e no comentário do *Cântico dos Cânticos* e *Eclesiastes*.

Veith morreu no dia 6 de novembro de 1876 e foi sepultado, com grande participação popular, ao lado de Anton Günther. A sepultura comum dos amigos Veith, Günther e Laurenz Greif encontra-se hoje no Waldmüller-Parque, antigo cemitério Matzleinsdorfer, em Viena.

Em 1892 o conhecido padre beneditino de Munique, Odilo Rottmanner, ele mesmo um conceituado pregador, assim escreveu sobre Veith, "discípulo de Hofbauer": "Ele era um dos mais iluminados, competentes teólogos e naturalistas de nosso tempo, sem ser, em todo o caso, promotor da 'Fé cega'".

# X

# ANTON GÜNTHER

Entre todos os discípulos de Hofbauer, nenhum deles alcançou tal celebridade, já em vida, como Antônio Günther, mas também nenhum deles se decepcionou tanto, como ele, com a Igreja que ele amava. Hofbauer mesmo o estimou como nenhum outro dos jovens que se juntaram a ele, exceto talvez Johannes Madlener, que mais tarde tornou-se adversário decidido de Günther.

Quando Günther encontrou-se com Hofbauer, era um homem à procura, cujo coração não encontrava sossego. "Meu Agostinho" chamava-o Hofbauer, certamente porque se ocupava intensivamente com o pensamento filosófico do grande doutor da Igreja, Agostinho de Hipona, mas também por causa de seu coração inquieto. Hofbauer parecia apontar-lhe o rumo firme que ele procurava.

### Etapas da procura

Anton Günther nasceu no dia 17 de novembro de 1783, em Lindenau (norte da Boêmia, mais tarde uma parte de Zwickau, hoje Cvikov), filho de um ferreiro empobrecido. Após a conclusão da escola primária em 1796, o frágil rapazinho se mostrou pouco inclinado ao ofício de seu pai. Queria ser padre e seus pais o apoiaram quanto puderam. Tomou instruções com os Piaristas em Haida e frequentou o renomado ginásio em Leitmeritz. Concluiu sua formação escolar, recebendo a nota "com distinção".

Mas a vocação e visão do mundo do rapaz entraram em crise nesses anos. Ela aumentou depois que no outono de 1803 ele se inscreveu na Universidade de Praga, para primeiramente frequentar o curso letivo de três anos de Filosofia, prescrito para todos os estudantes. Amigos iluministas sugeriam-no renunciar a sua aspiração de tornar-se padre. Ele mesmo foi desviando-se sempre mais desse objetivo.

Seu professor do terceiro ano foi o filósofo Bernard Bolzano, que ensinava Filosofia da Religião. Aconselhou-se com ele a respeito do caminho a prosseguir. Bolzano o acolheu, como ele descreve em suas memórias, com a máxima cordialidade. Contudo, entrando em seu problema principal, Bolzano não entendia por que era necessária uma revelação sobrenatural. Por fim o aconselhou a estudar Direito até encontrar uma clareza. Também como jurista, ainda poderia estudar Teologia mais tarde.

Günther iniciou o estudo de Direito, ganhou seu pão como professor e preceptor em casas da nobreza e aprofundou-se nas obras de Kant, Fichte e Schelling.

### Encontro com Johann Michael Korn

Em 1810 foi quase por acaso a Viena. Mudou-se com a família condal, na qual atuava como professor particular. Chegando a Viena, porém, ficou sabendo que ele não era mais necessário. Encontrou nova colocação como preceptor numa casa de príncipes, no verão de 1811 viajou de férias para Brunn/Gebirge com o jovem príncipe confiado a ele, e lá encontrou o pároco Johann Korn, encontro que deu um rumo inesperado para sua vida.

O pároco Korn mostrou-lhe que é possível unir formação científica e devoção. Estimulou-o para a leitura da Sagrada Escritura. Günther abraçou a ideia. Através do estudo criticamente científico do texto, chegou a uma compreensão mais profunda da Bíblia. A pergunta à qual Bolzano não pôde responder, pareceu-lhe resolvida agora. Ficou sabendo que uma "religião natural", por perfeita que possa ser, não basta para fazer a gente realmente feliz, pois ela permanece no nível do conhecimento e do saber. A religião cristã revelada, porém, não parou nesse nível. Ela deixou claro que a pessoa pode encontrar a salvação, não através de um conhecimento, embora grande, mas somente pela ação – a ação salvífica de Deus. O conhecimento não estava errado, mas era preciso que fosse santificado pela Fé, isto é, pela ação salvífica de Deus.

Com isso Günther achou logo em princípio uma "embocadura" para seu futuro ensaio filosófico-teológico sobre a coordenação recíproca da Fé e da Ciência, isto é, da ciência que precisa da fé para conhecer o sobrenatural; e da Fé que não pode permanecer uma Fé confiadamente cega, mas uma Fé iluminada pela Razão.

### Encontro com Hofbauer

Ao primeiro passo, seguiu-se o segundo. No verão de 1813 a família real, onde Günther estava empregado, saiu novamente de férias, dessa vez para Baden/Viena. Aqui ele encontrou-se com um antigo conhecido, Leopold Horny, que o proveu de obras literárias, entre elas um volume com canções espirituais. Estimulado por esta leitura, chegou à decisão de dar uma virada em sua vida e confiar-se a um padre na confissão. Mas a quem deveria ir?

Conversou com seu amigo Horny, este lhe falou dos estudantes e professores que se reuniam com Hofbauer. Então foi ter com Hofbauer. Günther relata:

> Meu amigo Leopold Horny levou-me até Hofbauer...e imediatamente firmou-se o pensamento em mim: é este e nenhum outro com quem queres conseguir uma avaliação de tua vida passada. E eu não me enganei...
>
> Logo reconheci o que Zacharias Werner entendeu quanto à "grandeza de alma de Hofbauer". Era a grandeza de alma de um confessor de filhos perdidos, aos quais a vergonha bloqueia a palavra na língua. Sobre tais quedas ele não disse nenhuma outra palavra, se não esta: "Então, só para frente; já sei o que você quer dizer!"...
>
> Daí em diante Hofbauer foi meu conselheiro em todas as situações de minha vida interior, até sua morte... (KNOODT, I, 113-115).

## Enfim, padre

Agora, finalmente, Günther decidiu tornar-se padre. Como sua posição de preceptor não lhe permitia frequentar aulas, Hofbauer o aconselhou a estudar Teologia em particular. Ele assim o fez sob a direção competente de dois amigos de Hofbauer, os professores Ziegler e Zängerle.

Também seu horizonte como filósofo ampliou-se no círculo de amigos de Hofbauer. Ficou conhecendo Adam Müller e Frederico Schlegel. Um tornou-o familiarizado com o pensamento organizador do Estado e da sociedade, o outro corroborou-o no conhecimento de que a luz da razão precisa da Fé no Deus que se revela em seu amor.

Com Hofbauer, ele reencontrou-se também com um velho amigo dos tempos de escola em Praga: Johann Emanuel Veith. Ambos travaram estreita amizade com outro penitente de Hofbauer, Laurenz Greif, natural de Biberach em Württenberg, preceptor na casa dos príncipes Schwarzenberg. Todos os três permaneceram estreitamente unidos daí em diante, tanto nos dias bons como nos maus.

Como a maioria dos estudantes reunidos ao redor de Hofbauer e orientados pelo professor de matemática Johannes Madlener estudavam Teologia, Günther deu o nome para o Noviciado dos Redentoristas, a ser aberto logo que a Congregação fosse reconhecida na Áustria. Após a morte de Hofbauer, Passerat foi seu sucessor. Aí, Günther voltou atrás com sua resolução: "Fora retirado o ímã que o atraía para a Congregação" (LÖWE, 142).

Em 1821 Günther foi ordenado padre em Stuhlweissenburg, com a idade de 37 anos. Em 1822 entrou com Horny para o Noviciado dos jesuítas na Galícia, que logo depois deixaram. Günther voltou para Viena, a fim de viver daí em diante totalmente para a Filosofia como professor particular.

## "O maior pensador alemão de seu tempo"

Após seu retorno para Viena, Günther bateu-se penosamente ao longo da vida. Para ganhar seu pão cotidiano, tornou-se censor de escritos filosóficos e jurídicos do Estado. Continuou atuando como preceptor. Dedicava o tempo restante a seu novo projeto filosófico. Quando, nos anos 1828-1829, apresentou sua obra em dois volumes *Ensaio sobre a teologia especulativa do cristianismo positivo*, nele já estava basicamente contido em grandes traços todo o seu sistema filosófico-teológico. Suas publicações posteriores serviram para aprofundar e complementar o sistema.

A obra, na forma de um intercâmbio simulado de cartas entre o tio, o pároco Peregrinus Niger (Johann Michael Korn) e seu sobrinho Tomás Wendeling (Anton Günther), despertou grande interesse na Áustria e em toda a Alemanha. Por toda a parte os acadêmicos acharam que finalmente apareceu alguém que podia competir com os grandes filósofos protestantes do idealismo alemão, e mesmo superá-los e refutá-los.

Günther foi o portador da esperança do catolicismo alemão. Seu seguidor, Sebastian Brunner, denominou-o "o maior pensador alemão vivo da atualidade". O líder católico e professor de Munique Joseph von Görres procurou por três vezes – 1831, 1832 e 1838 – trazê-lo para a Universidade de Munique. Günther recusou, como também o convite para as Universidades de Bonn (Bona), Breslau e Giesen. Ele seria menos contrário ao convite já planejado para a Universidade de Viena. Os adversários, contudo, começaram a ser tornar tão poderosos em terreno próprio, que o convite malogrou.

### Fé e Ciência

Aqui não é o lugar para expor com minúcias o sistema filosófico de Günther, que pode ser entendido como uma conversa com Hegel. Sejam expostos somente alguns pensamentos, enquanto estes estavam em contraposição com a ideologia que, após a morte de Hofbauer, se formou no governo de Passerat, entre os redentoristas da Áustria.

Primeiramente a relação entre Fé e Ciência. Para Günther trata-se do seguinte: a fé requer a ciência, a ciência procura a Fé.

Isto significa para Günther que é muito pouco ter uma fé confiadamente cega, mas também que a Teologia não lidera nenhum "princípio católico de autoridade" ou "princípio de Fé", e que, como ciência, está sujeita aos princípios da ciência, conforme o axioma *fides quaerit intelectum* (a fé requer a razão).

Com isso Günther colocava-se contra alguns conhecidos seus do círculo de Hofbauer, muito especialmente o redentorista Johannes Madlener, que, de matemático e adepto de Fichte, tornou-se um "fideísta" e supranaturalista.

Colocou-se ainda em contraposição a seu mestre Bolzano. Este, seguindo o iluminismo, estava convencido de que, somente com o auxílio da razão, se pode provar que a religião católica é a mais perfeita e, com isso, a religião certa, porque, como nenhuma outra, fomenta a virtude, e assim leva à felicidade.

Daí, o "matemático" Bolzano era para Günther o representante de um "racionalismo" superantiquado. Günther o censurava por defender este ponto de vista: "Somente Mathesis é sabedoria; Filosofia é mero 'opinar, achar'; História é mera probabilidade" (KNOODT, II, 11 s.).

Bolzano por sua vez, que na realidade representava um objetivismo metafísico pré-vaticano, via simplesmente fantasmagorias no "romântico" sistema de Günther, como no idealismo alemão. Denominava a obra *Ensaio sobre a teologia especulativa* um "mau sinal do tempo", pois estava continuando o "movimento retrógrado" de Hegel.

### Dualismo contra o monismo e o panteísmo

Como característica do novo sistema filosófico de Günther, seu dualismo de natureza e de espírito poderia ser válido, retornando-se para Agostinho e Descartes. Sobre isso alguma coisa em nossa síntese:

Günther e seus discípulos estavam convencidos de que, não somente o dualismo alemão culminando em Hegel, mas também as tradicionais filosofias escolásticas católicas, representam um monismo filosófico, mais ainda, uma espécie de panteísmo. O antagonismo substancial entre Deus e o mundo, como entre o ser imaterial, espiritual, e a natureza material, pareceu-lhes não estar contido em todos esses sistemas. Só quando este contraste parecer claro, assim pensavam, poder-se-ia manter a doutrina da criação.

Deixemos para lá estas "dicas" incompletas e voltemo-nos para as consequências que Günther e sua "escola vienense" tiraram de seu sistema dualístico para a construção da Sociedade, do Estado e da Igreja. Para eles, pois, qualquer tipo de monismo estava errado. Não somente na Filosofia, também no Estado e na sociedade. Por isso rejeitavam igualmente tanto a monarquia absoluta como a simples e pura democracia. Segundo o conceito de Günther, só valia a monarquia constitucional da "filosofia cristã", que ele equiparava a seu sistema. Propagou em 1848 essa "dupla soberania", a soberania do monarca e a do povo, numa monarquia constitucional, na revista *Aufwärts* (Para cima), editada por seu amigo Emanuel Veith.

## Liberdade para a Igreja – Liberdade na Igreja

Dualismo, isto significava para Günther e seus adeptos que nem o Estado estava sujeito à Igreja, nem a Igreja estava sujeita ao Estado. Por isso em 1848 lutaram pela liberdade da Igreja, sem qualquer tutela do Estado.

Os adeptos de Günther aplicaram o princípio da "dupla soberania" também na própria Instituição Igreja. O clero comum e os fiéis da Igreja não deviam, daí em diante, ser entregues ao "domínio dos escrivães" e do "regime eclesiástico do papel" pelos funcionários e dignitários. Naturalmente esbarravam na forte resistência, que deu chance para o güntheriano Johann Emanuel Veith escrever:

> A velha burocracia eclesiástica, que trabalha cuidadosa e ativamente no entrelaçamento de sua rede protetora sobre o jardim vivo da Igreja, coloca denunciadoramente seu nariz para ver se, mesmo de longe, detecta algum perigo de democracia nas asas estendidas (*Associação dos católicos*, em: Wiener Kirchenzeitung 3, 1851, n. 98, p. 505).

O papado também não ficou excluído do princípio dualístico. Conforme a "filosofia cristã" de Günther, o Papa não podia ser um "monarca absoluto" como foi apresentado no fórum de debates sobre a infalibilidade, em consequência das ideias de Joseph de Maistre, mas apenas "monarca constitucional" perante os bispos e os fiéis. Esta era uma concepção que, em 1870, levou grande parte de seus discípulos que entrementes estudavam nas Universidades alemãs a rejeitar os dogmas da infalibilidade e do primado universal do Papa e a fundar a Igreja dos antigos católicos.

### Madlener e Günther: discípulo de Hofbauer contra discípulo de Hofbauer

Graças à força integradora de sua personalidade, Hofbauer manteve a sua volta um grupo de jovens. Mas logo após sua morte começaram a se fazer notar as tensões, latentes no seio de seus "discípulos" – a gente é tentado a dizer, até em torno da própria personalidade de Hofbauer. Num lado os Redentoristas estavam sendo liderados pelos "ultramontanos" Pe. José Amando Passerat e Pe. Johannes Madlener. No outro lado estava Frederico Schlegel, mas depois Anton Günther, cujo círculo de palestras de cunho social e científico, conforme o testemunho do discípulo de Günther, barão Johann Baptist von Hoffinger, superou logo de longe em seriedade e conteúdo as "balelas românticas das associações predecessoras de Schlegel" (HOFFINGER, 1876).

Enquanto Veith, amigo de Günther, vivia na Congregação, pôde impedir conflitos abertos de ambos os grupos. Mas depois de sua saída aconteceu coisa diferente. Aliás, esta saída já estava condicionada por sua proximidade com Günther.

Pe. Madlener já estava atuando como caçador de hereges, junto com o convertido Ernst Carl Jarcke, sucessor de Gentz como secretário de Metternich. Em 1833 ambos desempenharam um papel perante a Inquisição Romana, na condenação do filósofo renano Georg Hermes. Logo em 1835 o amigo de Günther, João Henrique Papst observava numa carta para Günther: "Será que esses dois heróis da ciência e vigias de Sião vão dar sossego? Provavelmente nossa insignificância está avançando na fila". Realmente, desde a saída de Veith, Madlener trabalhou na condenação de Günther.

## Pe. Rudolph von Smetana
## e Ernst Carl Jarcke contra Günther

No lugar de Madlener entrou mais tarde o Pe. Rudolph von Smetana, que deveria ser o sucessor de Passerat na Congregação Redentorista. Estava unido estreitamente pela amizade com Jarcke desde 1840. Já em 1838 este apontou Johann Heinrich Pabst para "aliado muito perigoso do hermesianismo". Em 1841, num artigo da revista *Historisch-politischen Blätter*, lançou abertamente suspeita de heresia sobre Günther e sua Escola.

Além do "semirracionalismo" de Günther, o secretário de Metternich rejeitou, principalmente, as consequências que Günther tirou de seu sistema sobre o Estado, a Sociedade e a Igreja. Quando em 1848 tinha de deixar Viena com Metternich, para seu exílio de Munique, combateu num artigo anônimo o constitucionalismo de Günther, que não era outra coisa do que comunismo. Na primavera de 1850 Günther observou, numa carta a seu discípulo Knoodt, que estava havendo intriga contra ele junto aos Redentoristas, por parte de Jarcke (KNOODT II, 76).

Desde 1952 levantaram-se ataques de diversos lados contra Günther e sua filosofia. Também Smetana, redentorista, sempre esteve entre os acusadores. Em 1853 foi encarregado oficialmente pela inquisição romana para montar um parecer contra Günther. Nele Günther é acusado de "racionalismo cartesiano" herético.

### Condenação de Günther

Depois que o arcebispo de Viena, Othmar von Rauscher, que quando estudante assentava-se com Günther bem junto de Hofbauer nas "Tardes de leitura", pressionado pelo Cardeal de Colônia, Johannes von Geissel, e pelo Núncio papal, Michele Viale Prelà, em 1852 deu o tiro inicial para a caçada oficial de Günther, demorou cinco anos até Pio IX, em 1857, sem especificação dos erros segundo o costume, condenar os ensinamentos de Günther como heréticos. O Cardeal Friedrich Schwarzenberg, que sempre manteve sua mão protetora sobre seus preceptores Laurenz Greif e Anton Günther, como também seu pregador de primeira missa Johann Emmanuel Veith, não conseguiu desviar a condenação. Mas, ainda bem, conseguiu, com auxílio de Veith, que Roma escolhesse uma forma suave de condenação. Por insistência de Schwarzenberg e Veith, Günther submeteu-se à sentença de Roma. Mas estava diante da ruína da obra de sua vida e psiquicamente "arrebentado". Morreu em Viena, no dia 24 de fevereiro de 1863.

Seus discípulos, sobretudo Johann Emanuel Veith, não o esqueceram. Levaram avante suas ideias básicas, mesmo que a neoescolástica e o neoabsolutismo austríaco procurassem reprimi-las. Veith, especialmente, parecia estar convencido de que a condenação de Günther não era a última palavra. Após a morte do Cardeal Rauscher, com seus 88 anos, assim escreveu para o professor Peter Knoodt:

> Agora o triunvirato bem-aventurado, Viale Prelà, Geissel e Rauscher, está novamente junto e pode combinar planos honrosos para nós, contanto que lhes seja permitido este encontro pela polícia atual (*Arquivo do bispado católico antigo*, Bonn [Bona]).

Hoje a Teologia é unânime nisto: na sentença contra Günther tratava-se de um erro de julgamento. Nem o Pe. Smetana, nem os outros peritos estavam em condições de compreender Günther realmente, pois lhes era estranho seu conceito moderno. Ele é tido, com razão, o mais importante filósofo católico do século XIX. O que quis levar a efeito era estabelecer a Teologia como ciência, que pode competir com qualquer outra ciência. Tratava-se de lembrar que Fé e Razão se entendem mutuamente, que isto correspondia à tradição católica, como foi sempre corroborada também pelo Papa atual, Bento XVI.

# XI

## FRANZ SERAPH SCHMID, OUTRO CURA ESPIRITUAL VIENENSE

Não poucas biografias (de São Clemente) deixam a impressão de que, de 1808 a 1820, Hofbauer atuou inteiramente sozinho na completamente arruinada Viena sem Deus, no combate contra o Iluminismo, a descrença e a imoralidade.

"Após decênios da longa dependência da Igreja a um aparato absolutista de dominação" e depois do "alheamento das formas religiosas de vida", ele, conforme assegurou seu biógrafo Fleischmann em 1988, reconduziu seus contemporâneos aos "fundamentos da Fé católica" e trabalhou para que "nós, hoje, pudéssemos usufruir da legítima Fé, Liturgia e Tradição da Igreja Católica".

Já em 1916 Hermann Bahr escreveu coisa semelhante. Segundo ele, Hofbauer veio para Viena como um novo Jonas numa nova Nínive, e mudou as pessoas "com a verdade poderosa de seu ser". Mas a polícia, que estava atrás dele, respirou quando ele morreu. Contudo, a partir deste morto, a Áustria voltou a ser católica (BAHR, 17).

Palavras maravilhosas, que foram repetidas por muitos admiradores de Hofbauer. Não obstante, eles disseram, no máximo, a metade da verdade. Pois quando ele veio para "sua cidade" em 1808, a cidade de Viena era bem outra coisa do que uma Nínive abandonada de Deus; e mesmo que tivesse sido, Hofbauer foi talvez o Jonas mais importante nesta cidade, mas não o único. Hofbauer sabia disso e estava contente com isso. Sim, pode-se falar de modo absoluto, de uma rede pastoral, da qual Hofbauer fazia parte.

## O confessor de Hofbauer

Em primeiro lugar deve-se mencionar o amigo e confessor de Hofbauer, o Diretor do Seminário e cura da catedral de Santo Estevão, Dr. Franz Schmid, parente chegado do padeiro Weyrig, antigo patrão e mestre de Hofbauer. Hofbauer poderia tê-lo conhecido durante seus estudos em Viena. Schmid era, então, com nem vinte anos de idade, noviço dos Franciscanos. Durante os difíceis anos iniciais de Hofbauer em Varsóvia, Schmid – ordenado padre em 1788 e tendo assumido a direção do Seminário – o apoiou.

Schmid administrou a Hofbauer os últimos sacramentos, dirigiu com Zacharias Werner seus funerais. Schmid era, por assim dizer, a edição abrandada de Hofbauer. O povo chamava-o "São Padre Schmid". Como Hofbauer, ele também cuidava dos pobres e enfermos. Foi durante muitos anos cuidador dos encarcerados e devia acompanhar os condenados à morte até o lugar do suplício. Como Hofbauer, era incansável no confessionário. Seus penitentes foram exatamente a imperatriz Caroline Augusta, bem como numerosos fiéis, simples e desconhecidos.

Pregava raramente, devido a sua voz fraca e a sua saúde sempre agredida, no que diferia de Hofbauer. Em compensação atuava pastoralmente através de seus escritos: devocionários redigidos por ele e livros de leitura para os doentes e encarcerados, e para todos os estados e classes, por exemplo, o manual dos seminaristas, no qual os iniciava numa boa vida sacerdotal e frutuosa atividade na cura espiritual.

Hofbauer dizia dele: "Se Viena tivesse apenas três Schmid, seriam suficientes para converter a cidade inteira". Por isso mesmo, Schmid era como Hofbauer, completamente outra coisa do que um obscurantista sombrio. Coube-lhe este altíssimo elogio sobre seu tipo liberal:

> Ali não havia segunda intenção jesuítica, nenhum intuito de manter o povo na bobice e na ignorância, mas a mais pura elevação do coração a Deus, acompanhada por uma simplicidade natural, que atraía ricos e pobres (WURZBACH, vol. 30, 242).

### Os Servitas em Rossau

Mas Schmid não foi o único cuidador pastoral conhecido na cidade inteira que trabalhou junto com Hofbauer. Devem ser mencionados os Padres Bernardin Hoffmann e Maximus Thalhammer, "pregadores positivos" e confessores queridos do Convento dos Servitas em Rossau, 9º distrito de Viena. Já antes da chegada de Hofbauer a Viena, o convento formava um centro religioso com sua igreja, na qual o jovem Franz Schubert tocava órgão. Penkler, antigo amigo de Hofbauer, ia e vinha de lá. Adam Müller converteu-se nessa igreja, em 1805.

Quando, em 1808, Hofbauer transferiu-se para o arrabalde da cidade, portanto no 9º distrito de Viena, estabeleceu logo contato com os Servitas, auxiliado pelo barão Penkler, ou – o que é mais provável – renovou antigos contatos de seus anos de Viena, como oficial de padeiro e estudante de Teologia. Acolheu por sete anos no Convento dos Servitas o irmão Matthias Widhalm, que fora expulso de Varsóvia com ele. Permaneceu sempre unido com os Padres Bernardino e Máximo, como demonstram os autos policiais do ano 1818.

### Um beneditino sábio

Hofbauer entendia-se brilhantemente também com outro pregador conhecido, o beneditino Dr. Adrian Gretsch, do mosteiro Schottenstift de Viena. Gretsch combateu com veemência em suas pregações, quase todas impressas, as excrescências do iluminismo eclesiástico e do josefinismo tardio. Mas não ficou só na polêmica; introduziu no meio do anúncio – como Hofbauer – as verdades centrais da Fé. Contra o "falso iluminismo", segundo o qual as pessoas "formam para si uma religião conforme o impulso das paixões", ele colocava o "verdadeiro iluminismo" trazido por Jesus Cristo. Hofbauer pôde contatar-se com Gretsch na difusão da Fé. Convidou-o mais vezes para ser o pregador da festa na igreja Santa Úrsula.

## O confessor da imperatriz

Deve ser mencionado mais um homem que, como Hofbauer, empenhou-se pela "Renovação Católica" em Viena: Sebastian Franz Job. O então professor de Teologia de Regensburg, oriundo de Oberpfalz e depois pregador católico da corte em Stuttgart, mudou-se para Viena com sua penitente Caroline Augusta, irmã do príncipe herdeiro da Baviera, após seu casamento com o imperador Francisco I; mas não lhe bastou cuidar da imperatriz, fez nome tanto como pregador e cura espiritual, quanto como cuidador dos pobres em Viena. Por intermédio de Hofbauer, foi introduzido no assim chamado Clube-Széchényi, que se empenhava por um cristianismo vivo na cidade imperial, dentro do carisma da *"Amicizia cristiana"*.

## Professores suavos em Viena

Finalmente devemos mencionar os contatos de Hofbauer com os professores da Universidade de Viena. Que ele havia tido estes contatos, aparece estranho à primeira vista, pois Hofbauer não estaria disposto a falar bem da Universidade. No dia 8 de maio, ele escreveu para Sophie Schlosser: "Causa nojo aos jovens bons aquilo que lhes é exposto na Universidade".

Hofbauer deve ter pensado no jovem Friedrich von Held, que reclamou com ele a respeito de seu professor de Filosofia, Leopold Rembold. Rembold foi aluno de Jacó Salat, teólogo iluminista de Württenberg. Estava com Bolzano e foi mais tarde professor do filósofo e reformador da escola Franz Cox Exner. Para o jovem Friedrich von Held, contudo, Rembold era "um intelectual contaminado pelo espírito moderno que propagava até ideias abertamente revolucionárias e anticristãs ao máximo". De fato, em 1824 foi dispensado sem indenização por causa de "manifestações revolucionárias".

Contudo os professores da Universidade, sobretudo os teólogos, não eram todos da mesma orientação. Provam isso três ex-beneditinos suavos que após a supressão de seus conventos, e depois de longas caminhadas, tornaram-se professores em Viena: Augustin Braig, do mosteiro de Weingarten; Roman Zängerle e Gregor Thomas Ziegler do mosteiro de Wiblingen/Ulm. Enquanto Braig permaneceu josefinista da água mais limpa, já os teólogos Ziegler e o neoexegeta representavam "a nova linha eclesiástica". A eles juntaram-se o exegeta do Antigo Testamento Peter Ackermann, cônego do cabido de Klosterneuburg/Viena. Todos os três viviam na companhia de Hofbauer. Quando bispo de Linz, Ziegler levou à frente os estímulos que recebera do cura espiritual Pe. Hofbauer. O mesmo vale para Zängerle, o futuro bispo reformador de Seckau.

# TENTATIVA DE UM BALANÇO

Estamos no fim de nossa caminhada. Em sempre novas aproximações tentamos encontrar-nos com o homem Clemente Maria Hofbauer – como ele foi realmente. Nem sempre seguimos as estradas já transitadas dos biógrafos que surgiram até hoje; tentamos caminhos novos.

Os contemporâneos de Hofbauer nos ajudaram, conhecidos ou desconhecidos, célebres ou esquecidos. Nós olhamos para ele com os olhos deles. Vivenciamos como sua vida se espelha na vida deles. No fim as diversas perspectivas, as cores variegadas do prisma se juntam numa imagem: Clemente Hofbauer, uma pessoa com quinas e arestas, um homem "esperto" que ninguém gostaria de enganar, um "conhecedor de gente" com faro finíssimo, um cuidador incansável do corpo e da alma que, cheio de delicadeza e compreensão, dava apoio e segurança às pessoas quebradas, aos marcados pela sorte, aos inseguros e vacilantes, mesmo quando nem todos seguiam seus conselhos.

Seguramente, uma pessoa de seu tempo, com os preconceitos de seu tempo, um homem que se deixava dominar pela ira, que podia ficar teimoso, que se agarrava firmemente – ao menos no caso de João Miguel Sailer – ao julgamento uma vez concebido, e não permitia ser orientado por seus amigos. Não o modelo incondicionalmente ideal de um santo canonizado; mas, talvez exatamente por isso, mais próximo de nós do que todos aqueles que já em sua vida terrena parecem estar arrebatados ao céu, mas que, aliás, para nada mais são aproveitados.

Um "santo problemático?" Talvez. Mas não por isso menos simpático. Em todo o caso, mais simpático do que certas estátuas de santos belamente maquiadas, do que algum "santarrão" sem defeito, que paira elevado acima de tudo o que é terreno.

Mas onde estão os milagres em sua vida, que, contudo, supostamente, fazem parte da vida de cada santo? Se a gente espera aparições sobrenaturais, revelações particulares, graças místicas – está procurando em vão. Por isso Hofbauer foi chamado "o santo sem milagres". Mas foi dito também: "Sua vida mesma foi um milagre ininterrupto".

A frase pode estar certa caso a gente a entenda corretamente, isto é, quando significa isto: Hofbauer, não obstante todas as resistências, se manteve fiel no serviço a seu próximo. Ele pôde, porque permaneceu profundamente enraizado na Fé e na confiança em Deus.

Convicto disto, de que Deus dirige cada vida, que não quebra o caniço rachado e não apaga a mecha fumegante, e que no fim pode ajuntar também os cacos de uma vida quebrada, Hofbauer administrou as horas difíceis de sua própria vida e ao mesmo tempo ajudou os outros na necessidade. Porque ele mesmo confiou em Deus, pôde dar um novo rumo a vida deles: a um Anton Günther, a um Zacharias Werner, a um Johann Emanuel Veith – e a muitos anônimos.

É sobretudo isto que sua vida parece ensinar, vida semelhante a nossa em muitas coisas, com suas imperfeições.

Quisemos iluminar Hofbauer com "flashes" para compreendê-lo melhor. Pode ser que um ou outro aspecto de sua vida, cheia de vicissitudes, tenha recebido pouca luz. Quem já ouviu falar dele, pode ter dado pela falta de algum episódio – ou, diríamos, de alguma anedota – de que gostou. Por exemplo, a narrativa segundo a qual, num dia em que faltou pão e alimento para as boquinhas famintas confiadas a ele em Varsóvia, Hofbauer foi bater à porta do tabernáculo e rezou: "Senhor, ajuda! É tempo!". E o Senhor ajudou. Ou a outra narrativa, relatando como Hofbauer foi certo dia pedir ajuda numa taberna para seus órfãos. Um dos homens ter-lhe-á cuspido no rosto, ao que ele respondeu: "Isto foi para mim. Agora me dê alguma coisa para meus órfãos". E o homem, profundamente envergonhado, o ajudou generosamente.

São narrativas que fazem parte das mais antigas tradições da vida de Hofbauer, se bem que já em 1927 Johann Emanuel Veith sentiu-se na necessidade de constatar que tais episódios são contados "de forma semelhante" em relação a outros grandes homens. Em outras palavras, trata-se da sublimação de algo que é típico (nos santos): Hofbauer é incluído entre os grandes homens e os santos. Se isso não aconteceu com ele, poderia muito bem ter acontecido. Por isso, estas narrativas não são falsas. São verdadeiras, mesmo se tiverem sido inventadas, pois exprimem uma verdade que vai além de um simples fato ou "facticidade". Elas querem dizer que "este era uma pessoa incomum, sim, uma pessoa santa".

Mostrar isso também foi o objetivo deste livro, mesmo quando a gente se ateve aos simples "casos".

Omitimos alguns relatos da vida de Hofbauer ou tocamos neles pelas beiradas, porque talvez possam ter importância para os historiadores – por exemplo, a expulsão dos Redentoristas de Varsóvia –, que mal, porém, acrescentam cores novas à imagem de Hofbauer.

Outros relatos teriam merecido uma exposição mais detalhada. Assim, as viagens de Hofbauer pelas estradas da Europa, nas quais não raramente foi perseguido pelos agentes da polícia estatal. As mais das vezes tratava-se de viagens de fundações. Num tempo quando, por toda a parte, conventos eram supressos, ele se empenhava em fundar novas casas, novas casas redentoristas. Estava tão dominado por essa ideia, que seu amigo Zacharias Werner disse: "Ele já seria seguramente um grande santo, se não pensasse tanto na expansão de sua Congregação". Morreu pouco antes da realização de seu grande sonho, a fundação de um convento em sua querida Viena. À semelhança de Moisés no alto do monte Nebo, ele pôde vislumbrar um futuro feliz. Entrar nesse futuro não lhe foi concedido.

Ao leitor que quiser saber mais sobre tudo isso, recomenda-se a biografia de Hofbauer escrita por Josef Heinzmann.

Mas, ao autor deste livro, resta no final uma confissão: Clemente Maria Hofbauer é, para mim, mais que uma simples figura da História. Ele me acompanhou durante toda a minha vida.

Eu tinha dez anos quando me encontrei com ele a primeira vez. Foi quando achei sua biografia escrita por Matthias Bauchinger numa biblioteca paroquial. Ficou pendurada (na memória) uma e outra frase: a palavra da mãe, "Daqui em diante ele deve ser o seu pai". A suposta expressão de um camponês suavo da região de Babenhausen: "Eu sou um sujeito rude, com quem ninguém se dá bem; mas, apesar disso tudo, eu gosto dele (do padre Clemente).

Em 1961 recebi o encargo de preparar um livreto sobre Clemente Hofbauer para uma exposição literária. Desde então ele sempre se encontrou novamente comigo em meus estudos. Não foram apenas encontros de pesquisa científica. Eu o admirava, ficava zangado com ele, discutia com ele. *Mas ele* nunca "me deixou na mão". Penso que, em diversos momentos de minha vida, ele ficou a meu lado e, sério e bondoso, murmurou estas palavras: "Isto não é nada! Não é mesmo nada!"

Eu ficaria contente se, após a leitura deste livro, algo semelhante acontecesse a um ou outro leitor.

# Indicações bibliográficas à escolha

## 1. Fontes (em geral)

Arquivo dos Redentoristas em Gars am Inn, Roma e Viena.
*Monumenta Hofbaueriana,* 15 volumes, editados por Wladislaw Wojciech SZOLDRSKI, Krakau-Thom-Roma 1915-1951; vol. I, Krakau 1915; vol. II-XII, Thorn 1929-1939; vol. III, Krakau 1939, vol. XIV-XV, Roma 1951; vol. XVI, hg. Editado por HANS SCHERMANN und Marian BRUDZISZ, Innsbruck, 1998.

## 2. Biografias

PÖSL, Friedrich, *Clemens Maria Hoffbauer, der erste deutsche Redemtorist in seinem Leben und Wirken. Nebst zwei Gesängen von seinem Freunde F. L. Zacharias Werner,* Regensburg, 1844.

BRUNNER, Sebastian, *Clemens Maria Hoffbauer und seine Zeit. Miniaturen zur Kirchengeschichte von 1780-1820,* Viena, 1858.

HARINGER, Michael, *Leben des ehrwürdigen Dieners Gottes und vorzüglichsten Verbreiters der Congregation des allerheiligsten Erlösers, Clemens Maria Hofbauer, General-Vicars und vorzüglichsten Verbreiters der Congregation des allerheiligsten Erlösers,* Viena 1877, Regensburg, 1880.

BAUCHINGER, Matthias, *Der selige Clemens M. Hofbauer. Ein Lebensbild,* Viena, 1889.

INNERKOFLER, Adolf, *Lebensbild des heiligen P. Klemens Maria Hofbauer, des vorzüglichsten Verbreiters der Redemptoristenkongregation,* Regensburg, 1910. Segunda edição: *Der heiLige Klemens Maria Hofbauer, ein österreichischer Reformator und der vorzüglichste Verbreiter der Redemptoristencongregation,* Regensburg, 1913.

HOFER, Johannes, *Der heilige Klemens Maria Hofbauer. Ein Lebensbild,* Freiburg,1922; *segunda e terceira edição, aumentada,* Freiburg, 1923.

Hosp, Eduard, *Der heilige Klemens Maria Hofbauer (1751-1820),* Viena, 1951.

DUDEL, Erwin, *Klemens Hofbauer. Ein Zeitbild,* Bonn, 1970.

HEINZMANN, Josef, *Das Evangelium neu verkünden. Klemens Maria Hofbauer,* Freiburg/ Schweiz, 1986.

FLEISCHMANN, Kornelius, *Klemens Maria Hofbauer. Sein Leben und seine Zeit,* Graz, 1988.

SCHERMANN, Hans (editor), *Klemens Maria Hofbauer. Profil eines heiligen,* Viena, 2001.

WEISS, Otto, *Klemens Maria Hofbauer und seine Biographen. Eine Rezeptionsgeschichte,* Roma, 2001.


### 3. Bibliografia geral

BAHR, Hermann, *Rudigier,* Munique, 1916.

GATZ, Erich (Hg.), *Die Bischöfe* der deutschsprachigen Länder 1785/1803 até 1945. Dicionário biográfico, Berlin 1983.

GRASSL, Hans, *Aufbruch Zur Romantik.* Contribuição da Baviera para a História religiosa da Alemanha *1765-1785,* Munique, 1968.

HERSCHE, Peter, *Der Spätjansenismus in Österreich,* Viena, 1977.

Hosp, Eduard, *Kirche Österreichs im Vormärz,* 1815-1850, Viena/ Munique, 1971.

LOEWE, Johann Heinrich. *Johann Emanuel Veith.* Biografia, Viena, 1879, 74-76.

NIPPERDEY, Thomas, *Deutsche Geschichte 1800-1866, Bürgerwelt und starker Staat,* Munique, 1985.

PAMMER, Michael, *Glaubensabfall und Wahre Andacht. Barockreligiosität, Reformkatholizismus und Laizismus in Oberösterreich 1700-1820,* Munique, 1994.

RUMPLER, Helmut (editor), *Bernard Bolzano und die Politik. Staat, Nation und Religion als Herausforderung für die Philosophie im Kontext von Spätaufklärung, Frühnationalismus und Restauration,* Viena e outros, 2000.

SCHLEGEL, Friedrich, kritische Ausgabe, editado por Ernst BEHLER, Paderborn-Munique-Viena-Zürich, 1956 ss.

SCHÖNHOLZ, Friedrich Anton von Schönholz, *Traditionen zur Charakteristik Österreichs*, ed. por Gustav GUGITZ, vol. 2, Munique, 1914.

WEISS, Otto, *Die Redemptoristen in Bayern (1790-1909). Ein Beitrag zur Geschichte des Ultramontanismus*, St. Ottilien, 1984.

WEISS, Otto, *Katholiken in der Auseinandersetzung mit der kirchlichen Autorität. Zur Situation des katholischen Wien und des Wiener Katholikenvereins in den jahren 1848-1850*, em Rottenburger Jahrbuch für Kirchengeschichte 10 (1991), 23-54.

WEISS, Otto, *Wie ultramontan war Klemens Maria Hofbauer? Überlegungen anlässlich einer neuen Hofbauerbiographie*, em Spicilegium Historicum CSSR 39 (1992), 41-98.

WEISS, Otto, *Zur Religiosität und Mentalität der österreichischen Katholiken im 19. Jahrhundert. Der Beitrag Hofbauers und der Redemptoristen*, em Spicilegium Historicum CSSR 43 (1995), 337-396.

WENZEL, Paul, *Das wissenschaftliche Anliegen des Güntherianismus. Ein Beitrag zur Theologiegeschichte de 19. Jahrhunderts*, Essen 1961.

WINTER, Eduard, *Der Josefinismus. Die Geschichte des österreichischen Reformkatholizismus*, Berlin, 1962.

WINTER, Eduard und Maria, *Domprediger Johann Emanuel Veith und Kardinal. Friedrich Schwarzenberg. Der Güntherprozess in unveroffentlichten Briefen und Akten*, Viena, 1972.


## Bibliografia sobre temas específicos

As obras indicadas na bibliografia geral são mencionadas na frente, somente com títulos breves. Fundamental para todos os textos é a obra *Monumenta hofbaueriana*, como também as diversas biografias.


### Introdução

BAHR, Hermann, *Rudigier*, 16-20.

KRALIK, Richard von Kralik, *St. Klemens Maria Hofbauer*, em *Festschrift und Festbericht der jahrhundertfeier des heiligen Klemens Maria Hofbauer*, Viena, 1920, 10-16.

SCHWEDT, Hermann H., *Michael Haringer C.SS.R. (1817-1887), Teólogo no Concílio Vaticano I e consultor do Index*, em Hermann HAMMANS e outros (ed.), *Geist und Kirche. Studien zur Theologie im Umfeld der beiden Vatikanischen Konzilien*, Paderborn, 1991, 439-489.

SPAHN, Martin, Clemens Maria Hoffbauer. *Aus Anlass seiner Heiligsprechung am 29 Mai 1909*, em Hochland 6/II (1908/09), 299-333.

WINTER, Ernst Karl, *Gotik, Barock, Romantik in Österrreich*, em *Die Schönere Zukunft* 2 (1926/27), 414-416, 435-437:

## PARTE I – APROXIMAÇÕES

### I. Tempo e ambiente

### Derrotou o Iluminismo?

BRUNNER, Sebastian, *Die theologische Dienerschaft am Hofe Josephs II.*, Viena, 1868.

BRUNNER, Sebastian, *Die Mysterien der Aufklärung in Österreich*, Viena, 1869.

MERKLE, Sebastian *Die katholische Beurteilung des Aufklärungszeitalters*, Berlim, 1909.

MERKLE, Sebastian, *Die kirchliche Aufklärung im katholischen Deutschland. Eine Abwehr und zugleich ein Beitrag zur Charakteristik "kirchlicher" und "unkirchlicher" Geschichtsschreibung*, Berlim, 1910.

### A época de Hofbauer – Início de um tempo novo

### Em geral:

KOSSELECK, Reinhart *Das 18. Jahrhundert als Beginn der Neuzeit*, em *Epochenschwelle und Epochenbewustsein. Politik Hermeneutik XII*, Munique, 1987, 269-283.

NIPPERDEY, Thomas, *Deutsche Geschichte 1800-1866*

*Iluminismo:*

AMMERER, Gerhard – HASS, Hans (ed.), *Ambivalenzen der Aufklärung*. Festschrift für Ernst Wangermann, Viena-Munique, 1997.

CASSIRER, Ernst, *Die Philosophie der Aufklärung*, Tübingen, 1932.

SCHNEIDERS, Werner, *Die wahre Aufklärung. Zum selbstverständnis der deutschen Aufklärung*, Freiburg-Munique, 1974.

VAN DÜLMEN, Richard, *Anfänge einer geistigen Neuorientierung in Bayern zu Beginn des 18. Jahrhunderts. Eusebius Amorts Briefwechsel mit Pierre François Le Courrayer in Paris*, em *Zeitschrift für Bayerische Landesgeschichte* 26 (1963), 493-559.

*Revolução francesa:*

GRIFFITHS, Bernard (Ed.), *Révolution française et «vandalisme révolutionaire»*, Paris, 1992.

MAIER, Hans, *Revolution und Kirche. Zur Frühgeschichte der christlichen Demokretie*, Freiburg i. B. u. a., 1988.

VOVELLE, Michelle, *Die Französische Revolution. Soziale Bewegung und Umbruch der Mentalitäten*, Frankfurt/ Main, 1982.

VOVELLE, Michelle, *La Révolution contre l'église*, Bruxellas, 1998.

*Romantismo:*

DROZ, Jacques, *Le romantisme catholique en Allemagne*, Paris, 1963.

FUNK, Philipp, *Von der Aufklärung zur Romantik, Studien zur Vorgeschichte der Münchener Romantik*, Munique, 1925.

GRASSL, Hans, *Aufbruch zur Romantik.*

KORFF, Hermann August, *Geist der Goethezeit.* 4. Teil: *Hochromantik*, Leipzig, 1958.

SCHREIER, Josef, *Die katholische deutsche Romantik – Gestalten und Probleme*, em CORETH, Emerich e outros, *Christliche Philosophie im katholischen Denken des 19/ 20. Jahrhunderts.* Vol. I: *Neue Ansätze im 19. século*, Graz-Viena-Köln, 1987,127-147.

*A "piedade" dos habsburgos:*

DOLLINAR, France e outros (Ed.), *Katholische Reform und Gegenreformation in Innerösterreich 1564-1628*, Klagenfurt, 1994.

*Uma religião barroca:*

ARDAILLOU, Pierre, *Les confréries Viennoises aux XVIIe et XVIIIe siecle,* em *Revue d'histoire de l'Eglise de France* 87 (1992), 745-758.
CORETH, Anna, *Pietas Austriaca,* Viena, 1982.
CORETH, Anna, *Liebe ohne Mass. Geschichte der Herz-Jesu-Verehrung in Österreich im 18. Jahrhundert,* Maria Roggendorf, 1994.
KAPNER, Gerhardt, *Barocker Heiligenkult in Wien,* Viena, 1978.
SCHÜSSEL, Therese, *Kultur des Barock in Österreich,* Graz, 1960.

**Convocação para as reformas:**

HERSCHE, Peter, *Religiosità popolare e riforme giuseppine,* em: CITERIO, Ferdinand – VACCARO, Luciano, *Storia religiosa dell'Austria* (Europa ricerche 4), Milano, 1997,199-222.
KLINGENSTEIN Grete, *Radici del riformismo asburgico,* em CITERIO – VACCARO, *Storia religiosa,* 143-168.
KLINGENSTEIN Grete, *Staatsverwaltung und kirchliche Autorität.* Das Problem der Zensur in der theresianischen Reform, Viena, 1970.
PAMMER, Michael, *Glaubensabfall und Wahre Andacht.*

**Josefinismo e Iluminismo eclesiástico na Áustria:**

*Em geral:*

MAASS, Ferdinand (Ed.), *Der Josephinismus. Quellen zu seiner Geschichte in Österreich,* 3 volumes, Viena, 1951-61.
WINTER, Eduard, *Der Josefinismus.*
KLUETING, Harm (Ed.), *Der Josephinismus,* Darmstadt, 1995.

*Febronianismo:*

JANSON, Edmund, Das Kirchenverständnis des Febronius, Pirmasens, 1979.

*O Iluminismo eclesiástico:*

GARMS-CORNIDES, Elisabeth, *Ludovico Antonio Muratori und Österreich,* em Römische Historische Mitteilungen 13 (1971), 333-351.

KLUETING, Harm (Ed.), *Katholische Aufklärung* – Aufklärung im katholischen Deutschland, Hamburgo, 1993.

Kovács, Elisabeth, *Katholische Aufklärung und Josephinismus,* Viena, 1979.

MORSCHER, Edgar – NEUMAIER, Otto (Ed.), *Beiträge zur Bolzano-Forschung,* St. Augustin, 1991ss.

REEB, Silvaine, *L'Aufklärung catholique à Salzbourg (1772-1803),* 2 vol., Frankfurt e outros, 1995.

RUMPLER, Helmut (Ed.), *Bernard Bolzano und die Politik.*

VAN DÜLMEN, Richard, *Propst Franziskus Töpsl (1711-1796) und das Augustinerchorherrnstift Polling. Ein Beitrag zur Geschichte der katholischen Aufklärung in Bayern,* Kallmünz, 1967.

*O Jansenismo:*

DEINHARDT, Wilhelm, *Der jansenismus in deutschen Landen* (Münchener Studien zur Historischen Theologie 8), Munique, 1929.

HERSCHE, Peter, *Der Spätjansenismus.*

*As Reformas Josefinistas:*

HOLLERWEGER, Hans, *Die Reform des Gottesdienstes zur Zeit des Josephinismus in Österreich* (Studien zur Pastoralliturgie 1), Regensburg, 1976.

SCHNEIDER, Christine, *Der niedere Klerus im josephinischen Wien zwischen staatlicher Funktion und seelsorgerischer Aufgabe,* Viena, 1999.

WINNER, Gerhard, *Die Klosteraufhebungen Josephs II in Niederösterreich und Wien,* Forschungen zur Kirchengeschichte, Josephinische Abteilung, vol. 3, Viena-Munique, 1967.

ZINNHOBLER, Rudolf, *Josephinismus,* em Lexikon für Theologie und Kirche 5 (1996), 1008-1010.

## II. As raízes

**Em geral:**

WEISS, Otto, *Wie ultramontan war Klemens Maria Hofbauer?*

### *Louvor a Deus com corpo e alma:*

OWCZARSKI, Adam, *Die immerwährende Mission in der Kirche von st. Benno in Warschau,* em SCHERMANN, Hans (Ed.), Klemens Maria Hofbauer, 66-75.

BRUDZISZ, Marian, *Le "devozioni" nella chiesa di San Benone e le costituzioni dei novizi Redentoristi a Varsavia, 1787-1808,* em Spicilegium Historicum CSSR – 49 (2001), 87-136.

### O primo Jahn:

BRUNNER, Sebastian, *Clemens Hoffbauer,* 16.

HERSCHE, Peter, *Der Spätjansenismus,* 300, 303s.

WURZBACH, Constant von, *Jahn, Johann Martin,* em *Biographisches Lexikon des Kaiserthums Österreich,* vol. 10, Viena, 1864, 42-47.

### Peregrino e eremita:

FERRERO, Fabriciano, *San Clemente Maria Hofbauer CSsR y el eremitismo romano del siglo XVIII y XIX,* em *Spicilegium Historicum* CSSR 17 (1969) 225-353; 18 (1970) 129-209; 330-370.

FERRERO, Fabriciano, *Significado dei eremitismo en la vida y en la espiritualidad de San Clemente,* em *Ser Redentorista según san Clemente Hofbauer* (Espiritualidad Redentorista, 4), Comisión de Espiritualidad CSsR, Santafé de Bogotá 1994, 97-108.

HEINZMANN, Josef, *Das Evangeliun neu verkünden,* 37-41.

HOSP, Eduard, *Der heilige Klemens,* 16-18.

*Professores jansenistas e outros:*

BRUNNER, Sebastian, *Der Prediger-Orden in Wien und Öesterreich,* Viena, 1867, 13.

Kovács, Elisabeth, Ultramontanismus und Staatskirchentum im Theresianisch-Josephinischen Staat. *Der Kampf der Kardinäle Miggazzi und Franckenberg gegen den Wiener Professor der Kirchengeschichte Ferdinand Stöger,* Viena, 1975.

HERSCHE, Peter, *Spätjansenísmus.*

HOSP, Eduard, *Der heilige Klemens,* 21-27.

MENZEL, Beda Franz, *Abt Frallz Stephan Rautenstrauch von Brevnow-Braunau. Herkunft, Umwelt und Wirkungskreis,* Königstein/ Ts., 1969.

WINTER, Eduard, *Josefinismus.*

*Ao primeiro toque dos sinos:*

*Monumenta Hofbaueriana* Xl, 158, 267.

Löw, Joseph – SAMPERS, Andreas, *De S. Clemente testimonia nondum edita, Dominus Kaufmann, Testimonium de Sancto Clemente Hofbauer em Spicilegium Historicum CSSR* 7 (1959), 188-200.

WERNER, F. L. Zacharias, *Clemens Maria Hoffbauer, General-Vicar des Ordens zum heiligsten Erlöser. In zwey Gesängen,* em *Oelzweige* 2 (1820), 273-292.

*Dois homens do Norte tornam-se redentoristas:*

Biographien Hofbauers.

Orlandi, Giuseppe, *Gli anni 1784-1787 nella vita di S. Clemente Maria Hofbauer. Sugestões para um releitura,* em *Spicilegium Historicum CSSR* 34 (1986), 177-281.

## III. A pessoa e o sacerdote Hofbauer

### Um "gênio forte":

*Das Tagebuch von Ignaz Speckle, Abt von St. Peter im Schwarzwald.* Segunda parte 1803-1819, bearbeitet von Ursmar ENGELMANN, Stuttgart 1966, 99 s.

## O "ecumênico":

*Apaixonado pela Igreja Católica:*

KRALIK, Richard von, *Der hl. Klemens und die Rekatholisierung der Welt*, em *Das Neue Reich* 3 (1921), 794-796.

LOEWE, Johann Heinrich. *Johann Emanuel Veith*, 74-76.

VEREECKE, Louis, *La spiritualité de Saint Clément Marie Hofbauer*, em *Spicilegium Historicum CSSR* 31 (1983), 103-123.

*A vontade salvífica de Deus ultrapassa os muros da Igreja:*

PERTHES, Clemens Theodor, *Friedrich Perthes Leben. Nach dessen schriftlichen und mündlichen Mittheilungen aufgezeichnet*, 3 vol., Gotha, 1855-1856.

PAJALICH, Bartholomäus, *Erinnerungen aus dem Leben des E. D. G. Johann Clemens Maria Hofbauer*, em *Monumenta Hofbaueriana XII*, 134-233.

*Os judeus... os livre-pensadores...:*

GÖRRES, Ida Friederike, *Aus der Welt der Heiligen*, Frankfurt 1955, 78-83.

## O "iluminista":

Döker, Thomas, *Klemens Maria Hofbauer im pastoralen Zeichen*. Diplomarbeit an der Rheinischen Friedrichs-Wilhelms-Universität, Bonn, 1995.

### Mestre e catequista:

STANZEL, Josef, *Die Schulaufsicht im Reformwerk des J. I. von Felbiger (1724-1788). Schule, Kirche und Staat in Recht und Praxis des aufgeklärten Absolutismus*, Paderborn, 1976.

PAMMER, Michael, *Glaubensabfall und Wahre Andacht*.

OWCZARSKI, Adam, *Die Redemptoristengemeinde von St. Benno in Warschau (1788-1808)*, em *Spicilegium Historicum CSSR* 42 (1994), 249-290.

ZINNHOBLER, Rudolf, *Gall, Joseph Anton*, em GATZ, Die Bischöfe, 228 s.

Os alemães gostam de ler:

Hosp, Eduard, *Kirche Österreichs im Vormärz*, 277-281.
SCHÖNHOLZ, Friedrich Anton von (1801-1845), *Traditionem*.
SCHWEITZER, Walburga (Maria Baptista), *Kirchliche Romantik. Die Einwirkung des heiligen Klemens Maria Hofbauer auf das Geistesleben in Wien*, Dissertação, Viena, 1926.
WEISS, Otto, Klemens Hofbauer – *Ordensmann und Redemptorist – auch in seinen Wiener Jahren 1808-1820*, em *Spicilegium Historicum CSSR* 46 (1998), 341-365.

## E contudo: politicamente incorreto:

*Hofbauer e as mulheres:*

SAMPERS, Andreas, *Der heilige Klemens und die Frauen. Mit einem Brief von Dorothea Schlegel und einem Brief von Philipp Veit*, em *Spicilegium Historicum CSSR* 7 (1959), 68-86.

### O "batismo da criança judia":

*Monumenta Hofbaueriana* XI, *141*.
BAUCHINGER, *Der selige Klemens*, 448-451.
KERTZER, David I, *Die Entführung des Edgardo Mortara. Ein Kind in der Gewalt des Vatikans*, Munique-Viena, 1998.
*Du wirst dich vielleicht stossen, lieber Leser*, em *Kirche Intern* 14 (2000), Nr. 3.
NIPPERDEY, *Deutsche Geschichte 1800-1866*,115-117,121s., 127, 141 s., 812.

## IV. Exposições e debates

### Johann Sailer:

DUSSLER, Hildebrand, *Johann Michael Feneberg und die Allgäuer Erweckungsbewegung. Uma contribuição histórico/ eclesiástica das fontes para a geografia de Allgäu*, Kempten-Nürnberg, 1959.

GRASSL, *Aufbruch zur Romantik*, 75f., 264-266.

HAUSBERGER, Karl, *Sailers Weg zur Bischofswürde*, em: Georg SCHWAIGER - Paul MAl (Ed.), *Johann Michael Sailer und seine Zeit (= Contribuições para a história do bispado de Regensburg*, vol. 16), Regensburg, 1982, 139-159.

SAILER, Johann Michael, *Aus Fenebergs Leben*, Munique, 1814.

SCHIEL, Hubert, *Johann Michael Sailer, Leben und Briefe*, 2 volumes., Regensburg, 1948/52.

WEISS, Otto, *Klemens Maria Hofbauer, Repräsentant des konservativen Katholizismus und Begründer der katholischen Restauration in Österreich. Um estudo sobre seu 150. anivesário de morte*, em: *Zeitschrift für Bayerische Landesgeschichte* 34 (1971), 211-237.

WEISS, Otto, *Wie ultramontan war Klemens Maria Hofbauer?*

ZAUPSER, Andreas, *Der Jesuit in der Apokalypse oder die Plage der ausserordentlichen Gattung der Heuschrecken in der Offenbarung Johannis, IX. Kapitel*, Munique, 1775.

### Ignaz Heinrich von Wessenberg:

Crônica do Convento redentorista de Altöting, Arquivo de Gars am Inn.

SCHLEGEL, Friedrich, *Die Epoche der Zeitschrift Concordia (6. November 1818 – Mai 1823)*, ed. von Eugène SUSINI, (= Kritische Friedrich Schlegel Ausgabe, vol. 30, Terceira parte: *Briefe von und an Friedrich und Dorothea Schlegel)*, Paderborn-Munique-Viena-Zürich, 1980.

BISCHOF, Franz X., *Das Ende des Bistums Konstanz. Hochstift und Bistum Konstanz im Spannungsfeld von Säkularisation und Suppression (1802/03-1821/27)*, Stuttgart, 1989.

Färber, Konrad M., *Carl von Dalberg. Erzbischof und Staatsmann (1744-*

*1817)*, Regensburg, 1994.

HAUSBERGER, Karl (ed.), *Carl von Dalberg. Der letzte geistliche Reichsfürst*, Regensburg, 1995.

SEPP, Johann Nepomuk, *Ludwig Augustus, König von Bayern*, Regensburg, 1903.

WEIS, Eberhard, *Montgelas 1759 - 1838. Eine Biographie.* Einbändige Sonderausgabe, Munique, 2008.

WEISS, Otto, *Die Redemptoristen in Bayern (1790-1909). Uma contribuição para a História do ultamontanismo*, St. Ottilien, 1984.

WEISS, Otto, *Gründungs Versuche der Redemptoristen in Deutschland und der Schweiz in den Jahren 1790-1808*, em: *Spicilegium Historicum CSSR* 47 (1999) 279-306.

WEITLAUFF, Manfred, *Zwischen katholischer Aufklärung und kirchlicher Restauration. Ignaz Heinrich [>011 Wessenberg (1774-1860), der letzte Generalvikar und Verweser des Bistums Konstanz*, em: *Rottenburger Jahrbuch für Kirchengeschichte* 8 (1989), 111-132.

**Os "italianos" e os "romanos":**

AYRENHOFF, Karl Heinrich von, *Briefe über Italien in Absicht auf dessen sittlichen und politischen Zustand*, Viena, 1803.

RAICH, Johann Michael, *Dorothea von Schlegel, geboren Mendelsohn und deren Söhne Johannes und Philipp Veit. Intercâmbio epistolar*, Mainz, 1881.

SCHLEGEL, Friedrich, *Vom Wiener Kongress zum Frankfurter Bundestag (10. September 1814 - 31. Oktober 1818)*, ed. von Jean-Jacques ANSTETT unter Mitarbeit von Ursula BEHLER (= Kritische Friedrich-Schlegel-Ausgabe, vol. 29, Terceira divisão : *Cartas de e para Frederico e Dorothea Schlegel)*, Paderborn-Munique-Viena-Zürich, 1980.

SCHLEGEL, Friedrich, *Die Epoche der Zeitschrift Concordia.*

**Os "napolitanos":**

SABELLI, Johannes Joseph, *Correspondance - Documents (1807-1863)*, 4 volumes reunidos e providos de notas por Jean Beco, Generalatsarchiv der Redemptoristen in Rom.

CHIOVARO, Francesco (ed.), *Storia della Congregazione del Santissimo Redentore*, 1/1, Rom, 1993.

WEISS, Otto (Ed.), *Storia della Congregazione del Santissimo Redentore,* II/1, Roma, 2009.

Hosp, Eduard, *St. Klemens und das Generalat,* em: *Spicilegium Historicum CSSR* 2 (1954) 83-101.

Hosp, Eduard, *St. Klemens und der heilige Stifter,* em: *Spicilegium Historicum CSSR* 2 (1954) 432-450.

Hosp, Eduard, *Geschichte der Redemptoristen-Regel in Österreich (1819-1848),* Viena,1939.


## PARTE II – PESSOAS LIGADAS A HOFBAUER

### Tadeu Hübl:

*Monumenta Hofbaueriana*
Biografias de Hofbauer

### Nikolaus Joseph Albert von Diessbach:

BONA, Candido, *Le "amicizie". Società segrete e rinascita religiosa 1770-1830,* Turin, 1962.

CALLIARI, Paolo (Ed), *Carteggio de Venerabile Padre Pio Bruno Lanteri (17591830),* 5 volumes, Turin, 1975/76, Vol. I, 187-252.

DE ROSA, Gabriele, *Il movimento cattolico in Italia. Dalla Restaurazione all'età giolittana,* Bari, 1988,1-16.

HOFER, Johannes, *P. Joseph Anton von Diessbach,* em *Klemensblätter* 4 (1932) 40-42, 74-76.

SANTORO, Armando, *Il cammino spirituale de P. Pio Bruno Lanteri (159-1830), Fondatore della Congregazione dei Padri della Maria Vergine,* Rom, 2007.

WINTER, Ernst Karl, *P. Nikolaus Joseph Albert von Diessbach,* em: *Zeitschrift für schweizerische Kirchengeschiehte* 18 (1924) 22-41, 282-304.

WINTER, Eduard, *Der josefinismus.*

### Barão Joseph von Penkler, Conselheiro da Corte:

SPILLER, Barbara, *Joseph Freiherr von Penkler (1751-1830),* Dissertation, Viena, 1966.

*Der Romantikerfriedhof in Maria Enzersdorf. Klemens Maria Hofbauer und seine Zeit.* Ausstellungskatalog der Marktgemeinde Maria Enzersdorf am Gebirge, Maria Enzersdorf, 1989.

### Frederico e Dorothea Schlegel:

SCHLEGEL, Friedrich, kritische Ausgabe, ed. von Ernst BEHLER.

BEHLER, Ernst, *Friedrich Schlegel. Mit Selbstzeugnissen und Bilddokumenten. 7.* Edit. Hamburg, 2004.

DECOT, Rolf, *Hofbauer in "Gespräch" und Auseinandersetzung mit seiner Zeit,* em SCHERMANN, Hofbauer, 40-65.

HORN, Gisela, *Frauenaufbruch. Das Leben der Dorothea Mendelssohn- -Veit-Schlegel; em: Edith-Stein-Jahrbuch* 2 (1996), 124-144.

KAMINSKI, Nicola, *Kreuz-Gänge. Romanexperimente der deutschen Romantik,* Berlin-New York, 2001.

ROTTMANNER, Max, *Friedrich Schlegels Briefe an Frau Christine von Stransky,* Viena, 1907.

STERN, Carola, *"Ich moechte mir Flügel wünschen". Vida de Dorothea Schlegel,* Reinbek, 1991.

TILL, Rudolf, *Hofbauer und sein Kreis,* Viena, 1951, 59-62.

### José Amando Passerat:

BOLAND, Samuel J., *The Passerat Regime: A Watershed in Redemptorist History,* em: *Spicilegium Historicum CSSR 42* (1994), 291-318.

DEBOGNIE, Pierre, *Un juste proscrit. Joseph-Amand Passerat, Supérieur des rédemptoristes transapins (1772-1858),* Paris, 1938.

DESURMONT, Achille, *Le R. P. Passerat et sous sa conduite les Rédemptoristes pendant le guerres de l'"Empire,* Montreuil-sur-mer, 1893.

GIROUILLE, Henri, *Vie du vénérable Pere Passerat, premier Rédemptoriste français, 1772-1858,* Paris, 1924.

SEGALLEN, Jean-Marie, *Prier 15 jours avec Joseph Passerat,* Montrouge, 2002.

SCHERMANN, Hans, *joseph Amand Passerat, Nachfolger des hl. Klemens M. Hofbauer. Unterwegs auf Europas Strassen (Kurzbiographie),* Innsbruck- -Viena, 2008.

SCHÖNHOLZ, Friedrich Anton von, *Traditionen.*

WEISS, Otto, *Die Redemptoristen in Bayern.*

WEISS, Otto, *Die "transalpinen Redemptoristen" und der Zeitgeist,* em: *Rottenburger Jahrbuch für Kirchengeschichte* 6 (1987), 43-55.

WEISS, Otto, *La corrispondenza tra il rettore maggiore Ripoli e il vicario generale Passerat, aprile 1833-gennaio 1834,* em *Spicilegium Historicum CSSR* 40 (1992), 263-337.

## Johannes Sabelli, a "cruz" de Hofbauer:

SABELLI, Johannes Joseph, *Correspondance – Documents (1807-1863),* 4 volumes, reunidos e providos com notas por Jean Beco, Arquivo Geral dos Redentoristas em Roma.

Löw, Joseph, (Kurzbiographie Sabellis), em: *Spicilegium Historicum CSSR* 2 (1954), 297-300.

## Joseph Wolff:

*Monumenta Hofbaueriana XIV, 67-89.*

WOLFF, Joseph, *Travels and Adventures,* 2. volumes, London, 1860 (21861).

HOPKINS, Hugh Evan, *Sublime vagabond: vida de José Wolff – missionary extraordinary,* Worthing, 1984.

PALMER, Felix Henry Price, *Joseph Wolff. His romantic life and travels,* London, 1935.

SENGELMANN, Heinrich, *Dr. Joseph Wolff. Ein Wanderleben,* Hamburg 1863, 9f.

WEISS, Otto, *Zur Religiosität und Mentalität.*

## Zacharias Werner:

FLOECK, Oswald (Ed.), *Briefe des Dichters Fr. Ludwig. Zacharias Werner,* 2 volumes, Munique, 1914.

KRAL, Johannes, *Chronik von Maria am Gestade,* Manuskript, Prov.-Archiv Viena 9/7/3/1, Vol., 190-194.

WERNER, Friedrich Ludwig Zacharias, *Sämmtliche Werke. Aus* seinem schriftlichen Nachlasse hg. Von seinen Freuden, 15 Bde,

Grimma, 1840-1841. – Zacharias Werner's ausgewählte Predigte, [von Weihnachtem 1820 bis zum IV. Adventsonntag 1821], Bd. 1: *vom Weinachtsfest bis zum fünften Sonntage nach Ostern*, Grimma, 1841.

[HITZIG, Julius Eduard], *Lebens-Abriss Friedrich Ludwig Zacharias Werners*. Beilage zu der 3. Ausgabe der Söhne des Thals, Berlin, 1823.

KOZIELEK, Gerard, *Friedrich Ludwig Zacharias Werner. Sein Weg zur Romantik*, Wroclaw [Breslau], 1963.

KOZIELEK, Gerard, *Prediger und Poet. Zacharias Werners Wirken in Vien*, em *Aurora. Jahrbuch der Eichendorff-Gesellschaft* 41 (1981), 93-134.

KOZIELEK, Gerard, *Friedrich Ludwig Zacharias Werner*, em Benno von Wiese (Ed.), *Deutsche Dichter der Romantik. lhr Leben und Werk*, 1983, 485-504.

KOZIELEK Gerard, *Zacharias Werner und Polen*, em Ders., *Reformen, Revolutionen und Reisen. Deutsche Polenliteratur im 18. und 19. Jahrhundert*, Wroclaw [Breslau] 1990, 162-187.

LOIDL, Franz, *Pfarrer Johann Michael Korn und Hofbauerjünger*, em: *Festschrift zum 100-jährigen Bestehen des Vereins der Landeskunde von Niederösterreich*, Viena 1964, 556 ff.

PICHLER, Caroline, *Denkwürdigkeiten aus meinem Leben 1769-1843*, editado. von E. K. BLÜMML, 2 vol., 2. edição 1914, 320-322.

WEiSS, Otto, *Werner, Zacharias,* em *biographisch-bibliographisches Kirchenlexikon*, ol. XIII (1998), 850-864.

WEISS, Otto, *Zur Religiosität und Mentalität*.

WIEGLER, Paul, *Geschichte der deutschen Literatur*, Berlin 1930,104-109.

### Johann Emanuel Veith:

Arquivo do "bispado católico antigo", Bonn.

Arquivo da cidade e interior, Viena.

*Aufwärts:* Folha popular para promover a Fé, a liberdade, a civilidade, Viena, 1848.

KRAL, Johannes, *Chronik von Maria am Gestade*, Manuscrito, Arquivo da Prov. de Viena 9/7/3/1.

BRUNNER, Sebastian, *Geschichten, Gedanken, Bilder und Leute aus meinem Leben*. Segunda parte. Segunda edição, aumentada, Regensburg 1865, 41-43, 239-244.

HOFFINGER, Johann Baptist Ritter von, *Dr. Johann Emmanuel Veith,* Viena, 1876.

Hosp, Eduard, *Erbe des hl. Klemens Maria Hofbauer.* Missionários s na Austria 1820-1951, Viena, 1953.

Innerkofler, Adolf, *Dr. Johannes Emmanuel Veith. Eine biographisch-literarische Studie,* em: Kultur 3 (1902), 471-488

LOEWE, Johann Heinrich, *Johann Emanuel Veith.*

PLEYER, Karl, *Johann Emanuel Veith und sein Kreis,* Dissertation, Viena, 1934.

SAMPERS, Andreas, *Quaedam adnotationes et documenta circa discessum P.is Veith e Congr. SS. Redemptoris,* em: Spicilegium Historicum CSSR *14 (1966), 155-162.*

*SCHWEITZER, Kirchliche Romantik, 148-164, 258f., 302-305.*

STANEK, Christian - Mache, Christa, *Zur Frühgeschichte der Wiener tierärztlichen Bildungsstätte: die Persönlichkeit von Johann Emanuel Veith (1787-1876) und Johann Elias Veith (1789-1885). Sudetendeutsche Familienforschung,* vol. 9 (2004), 125-131.

WENZEL, Paul, Das wissenschaftliche Anliegen, 54-56.

WEISS, Otto, Döllinger und die Redemptoristen, em: *Beiträge zur altbayerischen Kirchengeschichte* 40 (1991), 7-53.

WEISS, Otto, Veith, *Johann Emanuel,* em: *Biographisch-bibliographisches Kirchen-lexikon,* vol. XII (1997), 1194-1204.

WEISS, Otto, *Zur Religiosität und Mentalität.*

WEISS, Otto, *Katholiken in der Auseinandersetzung.*

WEISS, Otto, *Gli eredi di Hofbauer nella Vienna del 1848, l'anno della rivoluzione, em: Spicilegium Historicum* 47 (1999), 51-104.

WEISS, Otto, *Die Viener Katholiken im Revolutionsjahr 1848,* em: *Rottenburger Jahrbuch für Kirchengeschichte* 19 (2000), 107-142.

VIDMAR, Constantin Joseph, *Dr. Johann Emanuel Veith. Ein Gedenkblatt zu seinem hundertsten Geburtstag,* Viena, 1887.

WINTER, Eduard, *Kardinal Friedrich Schwarzenberg und Domprediger Veith,* em: *Zeitschrift für deutsche Geistesgeschichte* 3 (1937), 42-54.

WINTER, Eduard und Maria, *Domprediger Johann Emanuel Veith.*

WOLFFSGRUBER, *Friedrich Cardinal Schwarzenberg,* 3 volumes., Vien und Leipzig, 1906-1917.

WURZBACH, Constant von, *Veith, Johann Emanuel,* em: *Biographisches Lexikon des Kaiserthums Öesterreich,* vol. 50 (1884), 81-95.

**Anton Günther:**

Arquivo do bispado católico-antigo, Bonn

Günther, Anton, *Die doppelte Souveränetät* em: *Aufwärts* (1848) 54-57, 84-88, 132-134,233-235,242-246.

BERLIS, Angela, *Frauen im Prozess der Kirchwerdung. Eine historisch--theologische Studie zur Anfangsphase des deutschen Altkatholizismus (1850-1890)*, Frankfurt am Main e outros, 1998.

FLIEDER, Victor – KOVÁCS, Elisabeth (Ed.), *Festschrift Franz Loidl*, 3 vol., Viena, 1970.

KNOODT, Peter, *Anton Günther. Eine Biographie*, 2 vol., Vien, 1881.

MANN, Erwin, *Das "zweite Ich" Anton Günthers, Johann Heinrich Papst*, Viena, 1970.

Loewe, Johann Heinrich, *Johann Emanuel Veith.*

PRITZ, Joseph, *Glauben und Wissen bei Anton Günther. Eine Einführnmg in sein Leben und Werk.* Mit einer Auswahl aus seinen Schriften, Viena, 1963.

PRITZ, Joseph, *Zur Geschichte der philosophisch-theologischen Schule Anton Günthers,* em *Sacerdos et Pastor, semper ubique. Franz Loidl* – 40 Jahre Priester, Viena, 1972, 105-123.

REIKERSTORFER, Johann, *Anton Günther (1783-1863) und seine Schule,* em CORETH, *Christliche Philosophie* I, 266-284.

SCHWEDT, Hermann H., *Die Verurteihmg der Werke Anton Günthers (1857) und seiner Schüler,* em *Zeitschrift für Kirchengeschichte* 101 (1990), 303-345.

WEISS, Otto, *Bolzanisten und Güntherianer in Wien 1848-1851,* em RUMPLER (Ed.), *Bernard Bolzano,* 247-280.

WEISS, Otto, *Katholiken in der Auseinandersetzung.*

WEISS, Otto, *Rudolph Ritter von Smetana, der dritte Generalvikar der transalpinen Redemptoristen (1802-1871),* em *Spicilegium Historicum CSSR* 54 (2006), 37-150.

WINTER, Eduard, *die geistige Entwicklung Anton Günthers und seiner Schule*, Paderborn, 1931.

WINTER, Eduard, *Differenzierungen in der katholischen Restauration und Österreich,* em *Historisches Jahrbuch* 52 (1932), 442-450.

WINTER, Eduard und Maria, *Domprediger Johann Emanuel Veith.*

WENZEL, Paul, *Das wissenschaftliche Anliegen.*

**Franz Seraph Schmid, outro cura espiritual vienense:**

BAHR, Hermann, *Rudigier.*

DILGSKRON, Carl, *P. Friedrich von Held. Ein Beitrag zur Geschichte der Kongregation des allerheiligsten Erlösers,* Viena, 1909.

HOSP, Eduard, *Kirche Österreichs im Vormärz.*

HOSP, Eduard, *Sebastian Franz Job. Ein Karitasapostel des Klemens--Hofbauer- Kreises,* Mödling bei Wien, 1952.

HOSP, Eduard, *Bischof Gregorius Ziegler. Ein Vorkämpfer gegen den Josephinismus,* Linz, 1956.

LEIPOLD, Ägidius, *Zängerle, Roman Sebastian,* em GATZ, Bischöfe 1983, 829-832. SENTZER, Bonifacius, *Roman Sebastian Zängerle, Fürstbischof von Seckau und Administrator der Leobener Diöcese 1771-1848,* Graz, 1901.

WURZBACH, Constant von, *Schmid, Franz Seraph,* em: *Biographisches Lexikon des Kaiserthums Österreich,* vol. 30 (1875), 240-242.

ZINNHOBLER, Rudolph, *Ziegler, Gregorius Thomas,* em GATZ, *Bischöfe* 1983, 834-837.

# QUADRO CRONOLÓGICO DA VIDA DE CLEMENTE MARIA HOFBAUER

| | |
|---|---|
| 1751 | 26 de dezembro: Nascimento em Tasswitz/Znaim. |
| 1767 | 31 de março: Aprendiz de padeiro em Znaim. |
| 1769 | Setembro: Primeira peregrinação a Roma. |
| 1772-1777 | Estudos ginasiais em Klosterbruck. |
| 1777-1779 | Eremita emx Roma e Mühlfraun/Tasswitz. |
| 1779-1780 | Ajudante de padeiro em Viena; curso de catequese em Viena/Santana. |
| 1780-1784 | Estudo de Filosofia e Teologia em Viena. |
| 1783 | Outono: Eremita em Roma? |
| 1784 | 24 de outubro: Entrada no Noviciado dos Redentoristas em Roma. |
| 1785 | 18 de março: Profissão religiosa. |
| 1785 | 29 de março: Ordenação sacerdotal. |
| 1785-1786 | Curso de Catequese em Viena. |
| 1787-1808 | Superior e Vigário-Geral em Varsóvia/São Beno. |

| | |
|---|---|
| 1797-1807 | Tentativas de fundações na Suíça e sul da Alemanha. |
| 1808 | 20 de junho: Supressão do Convento de São Beno. |
| 1808 | Setembro: Chegada a Viena. |
| 1808-1813 | Cuidador espiritual da igreja dos Minoritas em Viena. |
| 1813-1820 | Reitor da igreja de Santa Úrsula e confessor das Irmãs Ursulinas. |
| 1820 | 15 de março: Morte em Viena. Sepultamento em Maria/Enzersdorf. |
| 1862 | 4 de novembro: Transladação para a igreja Maria/Gestade em Viena. |
| 1888 | 29 de janeiro: Beatificação pelo Papa Leão XIII. |
| 1909 | 20 de maio: Canonização pelo Papa Pio X. |
| 1914 | 14 de janeiro: Proclamado Patrono de Viena. |

# QUADRO CRONOLÓGICO
# DA HISTÓRIA EM GERAL

| | |
|---|---|
| 1745-1780 | Imperatriz Maria Theresia. |
| 1749 | Nascimento de Goethe. |
| 1751 | Nascimento de J. M. Sailer. |
| 1756-1763 | Guerra dos sete anos. |
| 1772 | Nascimento de Frederico Schlegel. |
| 1773 | Dissolução da Ordem Jesuíta pelo Papa Clemente XIV. |
| 1765-1790 | Imperador José II: Iluminismo – Josefinismo – Febronianismo. |
| 1781-1784 | Reformas josefinistas, dissolução das Ordens religiosas. |
| 1789 | Revolução francesa. |
| 1792-1835 | Imperador Francisco II (desde 1806, Francisco I da Áustria). |
| 1795 | Inícios do Romantismo. |
| 1803 | Fim das delegações do império, secularização. |
| 1806 | Fim do Império Alemão, Mediatização. |

| | |
|---|---|
| 1804-1814 | Napoleão e suas guerras. |
| 1804 | Morte de Kant. |
| 1808 | Frederico Schlegel em Viena. |
| 1814 | Restauração dos Jesuítas por Pio VII. |
| 1814-1815 | Congresso de Viena. |
| 1820 | Reconhecimento dos Redentoristas na Áustria. |
| 1832 | Morte de Goethe e Sailer. |
| 1848 | Revolução Europeia. |
| 1856 | Condenação de Anton Günther por Roma. |
| 1870 | I Concílio Vaticano. |

# ÍNDICE

Prefácio – 5
Introdução – 9
*Breve currículo da vida de Clemente M. Hofbauer* – 10
      Infância e juventude, 10 – Ingresso na Congregação dos Redentoristas, 11 – Pastoreio em Varsóvia, 11 – Fundações no sul da Alemanha e na Suíça – Expulsão de Varsóvia, 12 – Pastoral em Viena, 12 – Morte – Beatificação – Canonização, 13 – Um santo problemático?, 13.


**Parte I**

Aproximações

I. Tempo e ambiente – 17
*"Derrotou o Iluminismo?"* – 17
*Avaliação católica da época do Iluminismo* – 18
*Sebastian Brunner* – 18
*A época de Hofbauer – Início de um novo tempo* – 19
      Tempo de transição, 20 – A Revolução Francesa e o caos napoleônico, 21 – O Romantismo, 21 – Românticos em Viena, 22 – A "piedade" dos habsburgos, 23 – Uma religião barroca, 24.
*Convocação para as reformas* – 25
*Josefinismo e Iluminismo eclesiástico na Áustria – Os fundamentos* – 26
      O Febronianismo, 26 – O Iluminismo eclesiástico, 27 – O Jansenismo, 27.
*As Reformas Josefinistas* – 29

II. As raízes – 31

*Pátria e juventude* – 31

A família, 32 – Em casa com a mãe, 33 – Aprendiz de padeiro e estudante, 33.

*Feliz de mim se eu pudesse morrer de puro amor por Ti!* – 35

Piedade Barroca, 35 – Louvor a Deus com corpo e alma, 36.

*Quem canta, reza duas vezes* – 38

*O primo Jahn* – 39

Uma estrada íngreme, 40 – Um sábio controvertido, 41 – "Isto não é mais católico", 42.

*Peregrino e eremita* – 43

Eremita em Quintiliolo e Mühlfraun, 44 – Novamente no "Instituto dos eremitas"?, 44 – O Noviciado de sua vida, 45.

*Estudo na Universidade de Viena* – 46

Três benfeitoras e dois amigos, 46 – "Estudava de dia e de noite", 47 – Professores jansenistas e outros, 48 – Antes o dominicano Koffler do que o beneditino Rautenstrauch, 49.

*Ingresso nos Redentoristas em Roma* – 50

Nikolaus Joseph Albert von Diessbach e os Redentoristas, 51 – Ao primeiro toque dos sinos, 52 – Dois "homens do Norte" tornam-se Redentoristas, 53.

III. O homem e sacerdote Clemente Hofbauer – 55

*Perfil de um santo* – 55

*Um "gênio forte"* – 57

Uma personalidade forte..., 57 – ... com feições humanas, 58 – Como ele procedia com a bebida?, 59.

*"Infelizmente, este é meu defeito"* – 59

Cenas da vida de um santo "vivo", 60 – "Eu chegaria a beijar minha própria mão", 61.

*O pregador e confessor* – 62

O Abraão de Santa Clara ressuscitado, 62 – "Como a água encobre esta pedra...", 63.

*Cuidador da alma e do corpo* – 63

*O "ecumênico"* – 65

Enamorado pela Igreja Católica..., 65 – ... contudo, aberto ao ecumenismo, 66 – A vontade salvífica de Deus ultrapassa os muros da Igreja, 67 – Os judeus... os livre pensadores..., 68.

*O iluminista* – 69

Uma medida cheia de "bom-senso", 70 – Sensível no trato com o próximo, 71.

*Mestre e catequista* – 72

Um catequista nato, 72 – Educador prendado, 73 – Seu coração batia pelos jovens, 74.

*Os alemães gostam de ler* – 75

Palestras vespertinas de Hofbauer, 76 – A biblioteca para empréstimo na rua das Dorotheias, 77 – Revista literária *Ramos de oliveira*, 77.

*E contudo: politicamente incorreto* – 79

Hofbauer e as mulheres, 79 – Uma velha carcaça, 80 – Café na casa de Hofbauer, 81.

*O "batismo da criança judia"* – 82

Irmã Tadeia conta, 82 – Hofbauer e o "caso Mortara", 83 – Uma Teologia desumana?, 84.


IV. Exposições e Debates – 87

*João Miguel Sailer* – 87

Os jesuítas de São Salvador, 88 – Sailer é destituído, 89 – O movimento renovador de Allgäu, 90 – Sailer é "reabilitado", 91 – Encontro memorável em Ebersberg, 92 – Hofbauer continua desconfiado, 93 – Um parecer que faz a gente pensar, 94 – Um testemunho horrível!, 95 – Um santo pode ser teimoso?, 96.

*Ignaz Heinrich von Wessenberg* – 97

Reforma a partir do Evangelho, 97 – Pela Igreja alemã, 99 – Dois curas aprendem a se estimar, 99 – Uma ordenação sacerdotal e suas consequências, 101 – "Idiotas fanáticos, visionários e beatos", 102 – Hofbauer, adversário de Wessenberg no Congresso de Viena, 103 – Um príncipe herdeiro com problemas de consciência, 104 – A concordata bávara, 105 – Tratou-se da política eclesial e também de Wessenberg, 106 – Os amigos de Hofbauer se aborrecem, 107 – A Vossa Alteza, afeiçoadíssimo Príncipe herdeiro, 107.

*Os "italianos" e os "romanos"* – 108

Peripécias de viagem, 109 – A nação "indolente", 110 – "Todo o mal vem de Roma", 110 – "Rebelde, mas nitidamente católico", 111.

*Os "napolitanos"* – 112
Uma Congregação partida, 113 – Um Superior dinâmico segundo o coração de Hofbauer, 114 – Dois "Cabeças Duras", 114 – Os "napolitanos" tomam as rédeas, 116 – Sem escola, a coisa não vai, 117 – "Os napolitanos são um povo detestável" – 117.

## Parte II

### Pessoas ligadas a Hofbauer

I. Tadeu Hübl – 121
Estimado Superior, professor e cura espiritual, 122 – "Como podes imaginar que eu não iria esperar a tua volta?", 123 – Roma ou Nápoles?, 124 – Situação de crises em Viena, 126 – "O escudo está quebrado", 127.

II. Nikolaus Joseph Albert von Diessbach – 129
De major a missionário, 129 – De Turim para Viena, 130 – Renovação estatal e reforma eclesiástica, 131 – *Amicizia cristiana*, 132 – Hofbauer, Diessbach e a Amizade cristã, 133 – O grupo vienense da *Amicizia cristiana*, 134 – Os Oblatos: "Apóstolos leigos" de Hofbauer, 135.

III. Barão Joseph von Penkler, Conselheiro da Corte – 137
Ascensão e declínio social, 137 – Diessbach, Hofbauer e a "Amizade cristã", 138 – O cemitério dos românticos de Maria Enzersdorf, 140.

IV. Frederico e Dorothea Schlegel – 141
Lucinda, 141 – Dorothea, 142 – De Dresden para Viena, passando por Paris e Colônia, 143 – O "círculo Schlegel-Hofbauer", 143 – Fé *versus* Moral, 145 – Frederico Schlegel e Hofbauer, 145 – "Você é sempre o meu Frederico", 146 – Dorothea Schlegel e Hofbauer, 147 – Após a morte de Hofbauer, 148.

V. José Amando Passerat – 149

Origem – Formação – Itinerário, 150 – Encargos no convento, 151 – Hofbauer e Passerat, 152 – O novo Vigário-Geral, 153 – A ultramontanização dos Redentoristas transalpinos, 154 – Refundação interna, 155 – Pérolas da Ascese, 155.

VI. Johannes Sabelli, a "cruz" de Hofbauer – 159

Sabelli se encontra com Hofbauer, 159 – De Varsóvia para Viena, passando pelo sul da Alemanha e pela Suíça, 160 – "Vá de mansinho, para o velho não perceber", 161 – "Em Viena, eu sou o Papa", 162 – Expulsão de Hofbauer da Áustria, 163 – A Eminência parda, 164 – Na corte dos Bourbons, 165.

VII. Joseph Wolff – 167

Juventude e conversão, 167 – Wolff e Hofbauer, 168 – Os "partidos religiosos" em Viena, 169 – Para Roma e de volta para Hofbauer, 170 – Vida instável de andarilho, 171.

VIII. Zacharias Werner – 173

Juventude instável, 173 – Uma nova Ordem?, 174 – Peregrinação agitada, 175 – Werner torna-se católico, 176 – Pregador sensacional, 177 – Werner e Hofbauer, 179 – Werner se apaixona, 180 – Werner torna-se redentorista, 181 – Inapto para a fábrica de santos, 181.

IX. Johann Emanuel Veith – 183

Livre do "espartilho" da Escolástica, 183 – Hofbauer e Veith, 184 – Pregador famoso, mas sempre médico, 185 – Saída da Congregação. Plano de Deus?, 186 – Pregador da catedral de Santo Estevão, 187 – 1848 – Ano tempestuoso, 189 – Renovação da missão popular?, 190 – Flagelado por muitas moléstias, 191 – Reconciliação com os Redentoristas, 192 – Tempestades no outono da vida, 193 – E não obstante: Hofbauer até o fim, 194.

X. Anton Günther – 197

Etapas da procura, 197 – Encontro com Johann Michael Korn, 198 – Encontro com Hofbauer, 199 – Enfim, padre, 200 – "O maior pensador alemão de seu tempo", 200 – Fé e Ciência, 201 – Dualismo contra o monismo e o panteísmo, 202 – Liberdade para a Igreja – Liberdade na Igreja, 203 – Madlener e Günther: discípulo de Hofbauer contra discípulo de Hofbauer, 204 – Pe. Rudolph von Smetana e Ernst Carl Jarcke contra Günther, 205 – Condenação de Günther, 205.

XI. Franz Seraph Schmid, outro cura espiritual vienense – 207

O confessor de Hofbauer, 208 – Os Servitas em Rossau, 209 – Um beneditino sábio, 209 – O confessor da imperatriz, 210 – Professores suavos em Viena, 210.

Tentativa de um balanço – 213

Indicações bibliográficas à escolha – 217
*1. Fontes (em geral) – 217*
*2. Biografias – 217*
*3. Bibliografia geral – 218*
*Bibliografia sobre temas específicos – 219*

Quadro cronológico da vida de Clemente Maria Hofbauer – 237

Quadro cronológico da História em geral – 239